ENZYKLOPÄDIE
DEUTSCHER
GESCHICHTE
BAND 28

ENZYKLOPÄDIE
DEUTSCHER
GESCHICHTE
BAND 28

HERAUSGEGEBEN VON
LOTHAR GALL

IN VERBINDUNG MIT
PETER BLICKLE,
ELISABETH FEHRENBACH,
JOHANNES FRIED,
KLAUS HILDEBRAND,
KARL HEINRICH KAUFHOLD,
HORST MÖLLER,
OTTO GERHARD OEXLE,
KLAUS TENFELDE

BEVÖLKERUNGSGESCHICHTE UND HISTORISCHE DEMOGRAPHIE 1500–1800

VON
CHRISTIAN PFISTER

2. Auflage

R. OLDENBOURG VERLAG
MÜNCHEN 2007

Bibliografische Information der Deutschen Nationalbibliothek

Die Deutsche Nationalbibliothek verzeichnet diese Publikation in der Deutschen Nationalbibliografie; detaillierte bibliografische Daten sind im Internet über <http://dnb.d-nb.de> abrufbar.

© 2007 Oldenbourg Wissenschaftsverlag GmbH, München
Rosenheimer Straße 145, D-81671 München
Internet: oldenbourg.de

Das Werk einschließlich aller Abbildungen ist urheberrechtlich geschützt. Jede Verwertung außerhalb der Grenzen des Urheberrechtsgesetzes ist ohne Zustimmung des Verlages unzulässig und strafbar. Das gilt insbesondere für Vervielfältigungen, Übersetzungen, Mikroverfilmungen und die Einspeicherung und Bearbeitung in elektronischen Systemen.

Umschlaggestaltung: Dieter Vollendorf
Umschlagabbildung: Die Hochzeit, s.d. Franz Nikolaus König (1765–1832). Zur Bildinterpretation s. S. VIII.

Gedruckt auf säurefreiem, alterungsbeständigem Papier (chlorfrei gebleicht)
Druck und Bindung: buch bücher dd ag, Birkach

ISBN 978-3-486-58157-7 (brosch.)

Vorwort

Die „Enzyklopädie deutscher Geschichte" soll für die Benutzer – Fachhistoriker, Studenten, Geschichtslehrer, Vertreter benachbarter Disziplinen und interessierte Laien – ein Arbeitsinstrument sein, mit dessen Hilfe sie sich rasch und zuverlässig über den gegenwärtigen Stand unserer Kenntnisse und der Forschung in den verschiedenen Bereichen der deutschen Geschichte informieren können.

Geschichte wird dabei in einem umfassenden Sinne verstanden: Der Geschichte der Gesellschaft, der Wirtschaft, des Staates in seinen inneren und äußeren Verhältnissen wird ebenso ein großes Gewicht beigemessen wie der Geschichte der Religion und der Kirche, der Kultur, der Lebenswelten und der Mentalitäten.

Dieses umfassende Verständnis von Geschichte muss immer wieder Prozesse und Tendenzen einbeziehen, die säkularer Natur sind, nationale und einzelstaatliche Grenzen übergreifen. Ihm entspricht eine eher pragmatische Bestimmung des Begriffs „deutsche Geschichte". Sie orientiert sich sehr bewusst an der jeweiligen zeitgenössischen Auffassung und Definition des Begriffs und sucht ihn von daher zugleich von programmatischen Rückprojektionen zu entlasten, die seine Verwendung in den letzten anderthalb Jahrhunderten immer wieder begleiteten. Was damit an Unschärfen und Problemen, vor allem hinsichtlich des diachronen Vergleichs, verbunden ist, steht in keinem Verhältnis zu den Schwierigkeiten, die sich bei dem Versuch einer zeitübergreifenden Festlegung ergäben, die stets nur mehr oder weniger willkürlicher Art sein könnte. Das heißt freilich nicht, dass der Begriff „deutsche Geschichte" unreflektiert gebraucht werden kann. Eine der Aufgaben der einzelnen Bände ist es vielmehr, den Bereich der Darstellung auch geographisch jeweils genau zu bestimmen.

Das Gesamtwerk wird am Ende rund hundert Bände umfassen. Sie folgen alle einem gleichen Gliederungsschema und sind mit Blick auf die Konzeption der Reihe und die Bedürfnisse des Benutzers in ihrem Umfang jeweils streng begrenzt. Das zwingt vor allem im darstellenden Teil, der den heutigen Stand unserer Kenntnisse auf knappstem Raum zusammenfasst – ihm schließen sich die Darlegung und Erörterung der Forschungssituation und eine entsprechend gegliederte Auswahlbibliographie an –, zu starker Konzentration und zur Beschränkung auf die zentralen Vorgänge und Entwicklungen. Besonderes Gewicht ist daneben, unter Betonung des systematischen Zusammenhangs, auf die Abstimmung der einzelnen Bände untereinander, in sachlicher Hinsicht, aber auch im Hinblick auf die übergreifenden Fragestellungen, gelegt worden. Aus dem Gesamtwerk lassen sich so auch immer einzelne, den jeweiligen Benutzer besonders interessierende Serien zusammenstellen. Ungeachtet dessen aber bildet jeder Band eine in sich abgeschlossene Einheit – unter der persönlichen Verantwortung des Autors und in völliger Eigenständigkeit gegenüber den benachbarten und verwandten Bänden, auch was den Zeitpunkt des Erscheinens angeht.

Lothar Gall

Inhalt

Vorwort des Verfassers	1
I. Enzyklopädischer Überblick	3
1. Quellen und Methoden der Bevölkerungsgeschichte	3
2. Entwicklung der Bevölkerung	8
3. Die Ausprägung des (west-)europäischen Heiratsmusters	24
4. Fruchtbarkeit	32
5. Sterblichkeit	35
6. Wanderungen	44
6.1 Binnenwanderung	45
6.2 Einwanderung	49
6.3 Auswanderung	54
II. Grundprobleme und Tendenzen der Forschung	59
1. Abriß der Forschungsgeschichte	59
2. Theorien und Schlüsselbegriffe	63
3. Quellen und Methoden	66
4. Bevölkerungsentwicklung	73
5. Heiratsmuster	81
6. Illegitimität	86
7. Fruchtbarkeit	89
8. Sterblichkeit	95
9. Wanderungen	104
9.1 Binnenwanderung	105
9.2 Einwanderung	109
9.3 Auswanderung	112
10. Räumliche Varianten generativer Verhaltensweisen	116
10.1 Die Bevölkerungsweise der Stadt	116
10.2 Gibt es eine proto-industrielle Bevölkerungsweise?	119
10.3 Bevölkerungsweisen im Alpenraum	122
10.4 Das Küstengebiet als demographischer Schwundraum	123

III. Quellen und Literatur 125
  1. Quellensammlungen und Bibliographien 125
  2. Darstellungen 126
Register 141
Themen und Autoren 149

Erläuterung der Umschlagabbildung

Es gehört zu den Besonderheiten der demographischen Entwicklung in Westeuropa, dass Brautleute bei ihrer Heirat einen eigenen Hausstand zu gründen hatten. Dies entzog den betreffenden Familien Arbeitskraft und Vermögen. Deshalb hatten die Eltern ein Vetorecht nicht nur gegen die Person des gewünschten Ehepartners, sondern gegen die Eheschließung eines Kindes überhaupt. Almosenempfänger durften von 1743 an nicht mehr gegen den Willen der Gemeinde heiraten, weil diese die finanziellen Konsequenzen einer Vermehrung der Armenlasten zu tragen hatte. Im frühen 19. Jahrhundert wurde den Armen eine Eheschließung sogar erst gestattet, wenn sie der Gemeinde die ausgerichteten Unterstützungsgelder zurückbezahlt hatten. Frauen, die Kinder außerehelich gebaren, wurden zu mehrmonatigen Zuchthausstrafen verurteilt. Auf Kindsmord stand die Todesstrafe. Diese repressiven Bestimmungen wurden erst in der zweiten Hälfte des 19. Jahrhunderts aufgehoben.

Wie das Bild zeigt, hatte das Brautpaar während der Zeremonie vor dem Pfarrer niederzuknien. Das hereinfallende Sonnenlicht symbolisiert wohl den göttlichen Segen. Im Hintergrund sitzt vor der gebannt lauschenden Gemeinde der Geiger, der den geladenen Hochzeitsgästen anschließend zum Tanze aufspielt.

aus: CHRISTIAN PFISTER: Im Strom der Modernisierung. Bevölkerung, Wirtschaft und Umwelt im Kanton Bern (1700–1914). Geschichte des Kantons Bern seit 1798, Bd. 4, Bern 1975.

Vorwort des Verfassers

Seit dem Werk von Keyser (1938/41) ist für die deutsche Bevölkerungsgeschichte der Frühen Neuzeit – im Unterschied zu den meisten anderen Gebieten der Historiographie – keine Synthese mehr verfaßt worden. Mit der Übernahme dieses Themas stellte sich mir die schwierige Aufgabe, die Forschungsergebnisse eines halben Jahrhunderts ins Korsett der ‚Enzyklopädie' hineinzuzwängen, ohne mich dabei auf bewährte ältere Standardwerke stützen zu können. Wo neue Ergebnisse erarbeitet werden mußten oder als Frucht des erstmaligen Überblicks anfielen, konnten sie aus Rücksicht auf den feststehenden Umfang nicht ausdiskutiert werden, vielschichtige Probleme konnten oft nur mit ein paar Strichen angedeutet werden.

Die räumliche Orientierung am vielfältigen, schwer überblickbaren und veränderlichen Bestand des Heiligen Römischen Reiches deutscher Nation hätte ein Ausgreifen weit über die Grenzen der heutigen Bundesrepublik zur Folge gehabt. Statt dessen wurde, nicht immer ganz konsequent, der heutige deutsche Sprachraum als Referenzpunkt angestrebt, durchaus in dem Bewußtsein, daß dies keine Ideallösung darstellt. Dabei fiel als wesentlicher Gesichtspunkt die Möglichkeit ins Gewicht, die Ergebnisse (deutsch-)schweizerischer und österreichischer Forschung einschließen zu können, die an manchen Stellen zur Abrundung des Bildes beigetragen haben.

„Bevölkerungsgeschichte" und „historische Demographie" werden oft als zwei verschiedene Zugänge zum Verständnis des Bevölkerungsprozesses betrachtet. Die „Bevölkerungsgeschichte" deckt anhand von (proto-)statistischen Massendaten demographische Makrostrukturen für ganze Länder oder Staaten wie „Deutschland" auf, liefert Aussagen über Grobtrends und zeigt die räumliche Dimension von Wanderungsbewegungen auf. Die im Mikrobereich angesiedelte historische Demographie rekonstruiert und interpretiert, vom einzelnen Kirchenbucheintrag ausgehend, die Vielfalt der demographischen Ziffern auf regionaler oder lokaler Ebene, welche in ihrem Zusammenspiel den Bevölkerungsprozeß in international vergleichbarer Weise charakterisieren, und sucht die gewonnenen Muster aus der lokalen Lebenswelt – den geltenden Normen, den sozialen Beziehungen und den Eigenarten des Arbeitsrhythmus – heraus zu deuten. Diese beiden Perspektiven bedingen und ergänzen einander; sie werden deshalb beide hier eingebracht.

Wenn das vorliegende Bändchen den Anstoß dafür liefert, daß in Deutschland endlich eine Bevölkerungsgeschichte der Frühen Neuzeit angepackt wird, welche diesem Namen gerecht zu werden vermag – Vorbilder liefern die französische und die englische Forschung –, dann hat es seinen Zweck erfüllt.

Für das sorgfältige Lesen des Manuskripts, aufbauende Kritik, weiterführende Denkanstöße und Literaturhinweise bin ich meinen Kollegen Peter Blickle, Bern, und Walter G. Rödel, Mainz; Jörn Sieglerschmidt, Mannheim; Ulrich Pfister, Zürich; Heinrich R. Schmidt, Bern, sowie Adolf Dieckmann vom Oldenbourg Verlag zu großem Dank verpflichtet.

Dem Schweizerischen Nationalfonds, der mir durch einen Persönlichen Beitrag den nötigen zeitlichen Freiraum gewährt hat, sei diese Arbeit gewidmet.

Bern, den 30. Juni 1992   Christian Pfister

Zur zweiten Auflage

Demographische Themen haben parallel mit dem Bevölkerungsdiskurs in der Öffentlichkeit an Bedeutung eingebüßt.[1] Dass nach 12 Jahren eine zweite Auflage des vorliegenden Bandes ansteht, lässt jedoch darauf schließen, dass eine Basisnachfrage nach historisch-demographischem Grundwissen weiterhin besteht. Bei dieser Gelegenheit hätte ich die Darstellung gerne auf den neuesten Stand gebracht. Bei steigender administrativer Belastung und dem Engagement in mehreren großen Projekten war dies jedoch innerhalb der gewünschten Zeit nicht möglich. Deshalb erscheint die zweite Auflage in unveränderter Form.

Bern, 15. August 2006   Christian Pfister

---

[1] J. SIEGLERSCHMIDT, Bevölkerungsgeschichte, in Sozial- und Wirtschaftsgeschichte: Arbeitsgeschichte – Probleme – Perspektiven. 100 Jahre Vierteljahrschrift für Sozial- und Wirtschaftsgeschichte VSWG Beih 169 (2004) 249–282, hier 250.

I. Enzyklopädischer Überblick

1. Quellen und Methoden der Bevölkerungsgeschichte

Die generativen Komponenten – Heirat, Fruchtbarkeit, Sterblichkeit – sind zu einem System vernetzt, für welches Mackenroth den Begriff der Bevölkerungsweise oder der generativen Struktur geprägt hat. Auf einer höheren Betrachtungsebene ist die Bevölkerungsweise Bestandteil des sozialen Systems und als solche mit den anderen Elementen dieses Systems in einen gegenseitigen Bedingungszusammenhang eingebunden. Sie wird durch das jeweilige kulturelle und ökologische Umfeld beeinflußt und wirkt ihrerseits auf dieses ein. Die Eigenart dieses Zusammenspiels unterliegt geschichtlichem Wandel. Aufgabe der historischen Demographie im engeren Sinne ist es, die Eigenart der generativen Struktur einer Gesellschaft und ihre Veränderungen aufzudecken. Dazu bedarf es unter anderem einer ausgefeilten Methode und eines statistischen Instrumentariums. In ihrer Rolle als sozialgeschichtliche Disziplin ist die historische Demographie im weiteren Sinne aufgerufen, die Eigenart der Wechselbeziehungen zwischen der Bevölkerung und den übrigen Elementen des sozialen Systems herauszuarbeiten. Das kann nur in einem interdisziplinären Dialog mit Nachbarwissenschaften oder anderen historischen Subdisziplinen geschehen. Dabei stößt der historische Demograph schon bald auf Fragen, die alle „Wissenschaften vom Menschen" angehen und auch das Verhältnis des Menschen zur Natur einschließen. Ein einschlägiger Fragenkatalog ist gleichbedeutend mit „einem Inhaltsverzeichnis der Forschungsgebiete aller angesprochenen Disziplinen und mehr noch all ihrer Subdisziplinen (IMHOF). Von ihrem Gegenstand her ist die historische Demographie somit einer interdisziplinären Betrachtungsweise verpflichtet.

Bevölkerung als Bestandteil des sozialen Systems

Die Bevölkerungslehre unterscheidet zwischen Bestandes- und Bewegungsmassen: Bevölkerungsstand und -struktur werden periodisch in Form von Zählungen oder Erhebungen diachron erfaßt. Bewegungsmassen – Geburten, Todesfälle, Heiraten – werden laufend synchron aufgezeichnet. Um Veränderungen in der Bevölke-

Bestandes- und Bewegungsmassen

rungszahl festzustellen und demographisch zu interpretieren, müssen die Bestandes- und Bewegungsmassen entsprechend der simplen Grundgleichung zueinander in Beziehung gesetzt werden, wonach sich das Bevölkerungswachstum zwischen zwei Zeitpunkten aus der Bilanz von Geburten und Todesfällen einerseits und jener von Zu- und Abwanderung andererseits zusammensetzt.

<small>Huldigungsrollen und Mannschaftsrödel</small>

Während sich vitalstatistische Bewegungsmassen aus den bis ins 16. Jahrhundert zurückreichenden Kirchenbüchern, den kirchlichen Registern der Taufen, Heiraten und Begräbnisse, gewinnen lassen, allerdings nur lückenhaft und mit großem Aufwand, steht die Bevölkerungsgeschichte vor dem Problem, daß Bestandesmassen vor der im 18. Jahrhundert einsetzenden protostatistischen Periode nicht erhoben worden sind. Für die vorangehende Zeit kann der Historiker auf Quellentypen ausweichen, die zur Ausübung von Landes-, Grund- oder Leibherrschaft angelegt wurden. Erfaßt wurden darin Einwohner eines Ortes, nicht weil sie Einwohner waren, sondern in ihrer Eigenschaft als Untertanen, Zinspflichtige oder Leibeigene einer bestimmten Herrschaft. Die verzeichneten Gruppen gilt es auf die Wohnbevölkerung hochzurechnen. Weil es in der Frühen Neuzeit eine Vielzahl unterschiedlichster Herrschaftsträger gab, ist es schwierig, für größere Gebiete ein flächendeckendes Datenmaterial oder wiederkehrende, einigermaßen vergleichbare Angaben über längere Zeiträume hinweg zu gewinnen. Im folgenden werden die Typen der einschlägigen Quellen kurz vorgestellt.

Huldigungsrollen und -listen enthalten die Namen all jener, die den Huldigungseid leisteten oder zu leisten hatten. Mit diesem Eid hatten die Untertanen bei jedem Regierungswechsel das gegenseitige Treueverhältnis zum Landesherrn im Rahmen einer Zeremonie neu zu beschwören. Bei militärischen Erhebungen muß abgeklärt werden, ob die Wehrpflicht an die Person oder das Haus gebunden war, ob sie durch eine Geldzahlung abgegolten werden konnte und inwieweit Befreiungen aus wirtschaftlichen oder sonstigen Gründen üblich waren.

<small>Fiskalische Erhebungen</small>

Fiskalische Erhebungen müssen als Resultat eines Prozesses begriffen werden, bei welchem dem Interesse der Zähler an einer Registrierung ein Interesse der Pflichtigen an Nichtregistrierung entgegenwirkte. Man darf davon ausgehen, daß die Resultate um so aussagekräftiger werden, je näher der Registrator mit der zu erfassenden Bevölkerung zusammenlebte. Bei Repartitionssteuern wurde von einem Territorium eine feststehende Summe erwartet, die auf einzelne Ämter verteilt und in Form von Teilsummen schließlich

1. Quellen und Methoden der Bevölkerungsgeschichte

auf Gemeinden und gemäß Vermögen auf die einzelnen steuerpflichtigen Einheiten umgelegt wurde. Dabei stellt sich das Problem, daß die Steuerzahler, die zur Wohnbevölkerung zu rechnen sind, nicht oder nur schwer von jenen zu unterscheiden sind, bei denen dies nicht der Fall war. Bei Quotitätssteuern hatten die Steuerpflichtigen einen bestimmten Prozentsatz ihres Vermögens abzuführen. Demographisch am aussagekräftigsten sind die Daten dort, wo auf die Zahl der Wohnhäuser geschlossen werden kann, wie dies unter anderem in Kursachsen der Fall war.

In den Leibbüchern wurden die Leibeigenen einer Herrschaft namentlich aufgezeichnet; sie dienten als ein Beweismittel für herrschaftliche Rechtsansprüche. Da Freie und Leibeigene anderer Leibherren in der Regel nicht erfaßt sind, lassen sich diese Verzeichnisse nur in Ausnahmefällen („Volkszählung" von 1530 im Hochstift Speyer) zur Schätzung der Gesamtbevölkerung heranziehen. Für die Untersuchung der Vitalstruktur stellen sie jedoch neben den Kirchenbüchern die wichtigste Quelle dar, da häufig auch Frauen und Kinder angegeben sind.   *Leibbücher*

Mit Listen der Kommunikanten oder der Admittierten wollten alle Konfessionen die kirchlichen Praktiken überprüfen und dabei insbesondere Ketzer und Wiedertäufer aufspüren (nicht erfaßt wurden die Juden). Dabei ist zwischen Admissionsrödeln, Verzeichnissen der Erstkommunikanten oder Konfirmanden und Zählungen von Osterkommunikanten zu unterscheiden. Gelegentlich dienten solche Rödel auch als Register für Einkünfte des Pfarrers: So hatte etwa im Bistum Merseburg jeder Kommunikant, unabhängig von seiner Beteiligung am Abendmahl, viermal im Jahr einen Opferpfennig an den Pfarrer zu zahlen. Die Kirchenbücher waren zugleich Instrumente der religiösen Disziplinierung und der zivilen Kontrolle. Gelegentliche Vermerke über die Entlassungen von Gemeindegliedern, die sogenannten Dimissionen, liefern Hinweise auf Abwanderungen. Neben den oben erwähnten Versorgungszählungen sind kirchliche Registrierungen *(Status animarum)* zu nennen, die in Form von Haushaltsverzeichnissen angelegt wurden. Im Altenburger Land (513 km^2) hatten die Pfarrer schon 1580 haushaltsweise sämtliche Gemeindeglieder mit Einschluß des Gesindes (fast 30 000 Personen) namentlich aufzuführen. Im Schweizer Kanton Zürich wurde die Anlage solcher Haushaltsverzeichnisse von 1634 an wiederholt angeordnet.   *Kirchliche Erhebungen*

Mit den rund 250 000 gedruckten Leichenpredigten wird seit 15 Jahren eine Massenquelle systematisch erschlossen, die über die   *Leichenpredigten* zwei Jahrhunderte 1550 bis 1750 hinweg demographisch-statistische Angaben für die lutherischen Ober- und Mittelschichten mit geringen Ausuferungen in die Unterschichten liefert und auch die Natur der innerfamiliären Beziehungen beleuchtet.

Versorgungszählungen

In Notzeiten wurden vom 15. Jahrhundert an gelegentlich Versorgungszählungen angeordnet, um die in den Haushaltungen vorhandenen Getreidevorräte und die Zahl der Esser zu registrieren und dadurch der Hortung und Spekulation entgegenzuwirken. Zunächst geschah dies vorwiegend in Städten, vom späten 17. Jahrhundert an auch in ländlichen Gebieten. Wegen der Befürchtung einer Überregistrierung wurde oft peinlich genau nach der Ortsanwesenheit aller Familienmitglieder und nach den für das folgende Jahr benötigten Mengen für die Aussaat gefragt. Während der großen europäischen Krise der 1690er Jahre wurden beispielsweise auf der Basler Landschaft, jeweils im November, nicht weniger als vier „Früchtezählungen" durchgeführt.

Bürgerbücher

Bürgerbücher, d. h. Listen der neu ins Bürgerrecht Aufgenommenen, manchmal auch als Listen, Rollen oder Briefe bezeichnet, wurden angelegt, um den mit einem besonderen Rechtsstatus ausgestatteten Kreis der Bürger zu identifizieren. Im Falle Danzigs gehen die Bürgerbücher fast lückenlos bis ins 14. Jahrhundert zurück.

Demographisch motivierte Zählungen

Nach dem Aderlaß des Dreißigjährigen Krieges erwachte mit dem Problem des Menschenmangels ein demographisches Interesse. Das von Veit Ludwig von Seckendorff im „Fürstenstaat" entworfene Leitbild einer erfolgreichen Verwaltung fordert die genaue Kenntnis der natürlichen und menschlichen Ressourcen als Voraussetzung ihrer Vermehrung. Als Folge davon wurden obrigkeitliche Erhebungen häufiger als bisher auf die Erfassung der ganzen Wohnbevölkerung angelegt, indem neben den Steuersubjekten auch die übrigen Mitglieder der Haushalte mit aufgenommen wurden. Nachdem in Brandenburg von 1684 an eine jährliche Zusammenstellung über die Taufen, Trauungen und Todesfälle üblich gewesen war, wurden in Preußen von 1719 an zunächst jährlich, dann im Dreijahresrhythmus Populationstabellen eingefordert. In den 1740er Jahren kam der Diskurs über die Bevölkerung unter dem Einfluß der Schriften Süssmilchs, Achenwalls und v. Justis europaweit in Gang. Mit dem Übergang zu tabellarischen Erhebungs- und Darstellungsformen erfolgte ein organisatorischer, mit der Schaffung des ersten statistischen Amtes der Welt in Schweden (1749) ein institutioneller Durchbruch. Auch im deutschen Sprachraum häuften sich die Versuche, den Bevölkerungsstand einzelner Territorien zu einem gege-

1. Quellen und Methoden der Bevölkerungsgeschichte 7

benen Zeitpunkt festzustellen: 1742 in Hessen-Darmstadt, ab 1747 in Hessen-Kassel. 1748 wurden die preußischen Populationstabellen im Sinne einer allgemeinen Zählung ausgebaut, 1754 wurde die erste „Seelenkonskription" in den deutschsprachigen Ländern der Habsburgermonarchie angesetzt, 1755 folgte Sachsen, 1757 Württemberg, 1764 Bern, 1766 die Kurpfalz, 1767 Baden-Durlach, 1777 Bayern. Aus den Ergebnissen schöpften die obrigkeitlichen Verwaltungen ein Wissen, das es ihnen erlaubte, in Form von Besteuerung, militärischer Aushebung oder religiöser Disziplinierung immer nachhaltiger und lückenloser auf das einzelne Individuum zuzugreifen. In manchen Fällen regte sich offener oder versteckter Widerstand: Sich zählen zu lassen galt als ein Akt der Unterwerfung, wogegen sich privilegierte Gruppen zur Wehr setzten; während die Nichtprivilegierten hinter der Registrierung beim ersten Mal eine Vorbereitung zur Vermehrung der Auflagen witterten. Bei späteren Zählungen wurden sie vertrauensvoller, als sie erkannten, daß keine neuen Steuern folgten. Durch die Maschen schlüpften in der Regel die mobilen Randgruppen – Bettler, Hausierer, Wanderarbeiter – sowie manchmal das Gesinde. Auch bei Vollzählungen dürften somit kaum alle Bevölkerungsteile erfaßt worden sein.

Bei Teilzählungen muß im Unterschied zu Vollzählungen nach der gezählten Einheit gefragt werden, die es zur Gesamtbevölkerung in Beziehung zu setzen gilt. Zur Hochrechnung sind sogenannte ‚Schlüsselzahlen' oder Reduktionsfaktoren geläufig, deren Verwendung problematisch sein kann. Deshalb sollte man den Unschärfegrad dieser indirekt gewonnenen Werte offenlegen.

Die gezählten Einheiten lassen sich in die folgenden fünf Kategorien gliedern:

1. Huldigungspflichtig bei einem Regierungswechsel waren je nach Herrschaft alle männlichen Untertanen einschließlich der Knechte. Im Idealfall kann die gesamte erwachsene männliche wohnberechtigte Bevölkerung erfaßt werden nebst jenen Frauen, die einem Haushalt vorstanden. Von der Schwurpflicht ausgenommen waren Personenverbände in rechtlicher Sonderstellung (Adel, Geistlichkeit, Beamtenschaft etc.) sowie teilweise die Beisassen. Im Bistum Bamberg, wo alle steuerbaren Haushaltungsvorstände huldigungspflichtig waren, sind Huldigungsrollen in fast lückenloser Folge vom 16. bis ins 18. Jahrhundert erhalten. *Erfaßte Einheiten bei Teilzählungen*

2. Wehrpflichtige sind, wo die Wehrpflicht auf der Person ruhte, mit den männlichen Erwachsenen gleichzusetzen. In jenen Gebieten, wo die Wehrpflicht an das Haus gebunden war, wurden Häuser ge-

zählt. In Thüringen des 16. Jahrhunderts hatte jedes ländliche oder städtische Haus mit wenigen Ausnahmen (Gebäude im unmittelbaren Besitz des Landesherrn und des Adels, Pfarrhäuser) einen Wehrpflichtigen zu stellen, selbst wenn ihm eine Frau vorstand. In mitteldeutschen Territorien sind die auf Häusern beruhenden Mannschaftsverzeichnisse deshalb wohl geeignet, einen Einblick in die Verteilung und Entwicklung der Bevölkerung zu geben, obschon Inwohner oder „Hausgenossen" nicht erfaßt sind.

3. Wenn die Feuerstätte als Zähleinheit Verwendung findet, ist wenn möglich abzuklären, ob der Begriff als Haus, Haushaltung oder wirklich als Feuerherd interpretiert werden muß. Haushalt ist in erster Annäherung stets als „ganzes Haus" zu verstehen, das als Produktions- und Konsumgemeinschaft unter der Weisungsbefugnis des Hausvaters Träger der politischen und wirtschaftlichen Rechte in der Gemeinde und damit Grundeinheit der Gesellschaft war.

4. Zählungen von Kommunikanten umfassen jenen Teil der Bevölkerung, der – bei regional und konfessionell uneinheitlichen Altersgrenzen – Zutritt zum Abendmahl oder zur Kommunion hatte.

5. Bürgerbücher halten die Namen jener städtischen Zuwanderer fest, die das Bürgerrecht erwarben und sich damit für selbständige Lebensführung als Gewerbetreibender, die sogenannte „bürgerliche Nahrung", und für den Erwerb von Grundbesitz qualifizierte.

2. Entwicklung der Bevölkerung

Bevölkerung als homöostatisches System

Die derzeit gültige Lehrmeinung geht davon aus, daß das Bevölkerungsgeschehen der traditionalen Gesellschaften sich selbst im Sinne einer Anpassung an den Nahrungsspielraum zu regulieren vermochte. Dies geschah im Rahmen eines homöostatischen Systems, das durch soziale Regelungsmechanismen relativ flexibel auf exogene Störungen (Kriege, Epidemien, Mißernten, Klimaschwankungen) und wirtschaftliche Expansionsmöglichkeiten (Heimindustrie, neue Kulturpflanzen und produktivere Anbausysteme) reagieren konnte. Angeregt durch entsprechende Konzepte der Biologie (WYNNE-EDWARDS) und der Anthropologie, wo das Verhältnis zwischen Bevölkerung und Ressourcen unter dem Einfluß des Ökosystem-Konzepts seit langem stärker im Blickpunkt steht, hat die Forschung in den letzten Jahrzehnten die Wirksamkeit homöostatischer Regelungsmechanismen als Charakteristikum traditionaler Bevölkerungsweisen herausgearbeitet. Es hat sich durchweg gezeigt, daß Ge-

2. Entwicklung der Bevölkerung

burt, Tod und Wanderungen bei aller Vielfalt der aufgezeigten Spielarten in ihrem Zusammenspiel das Verhältnis zwischen der Bevölkerung und ihrem sozioökonomischen Umfeld im Sinne eines Ausgleichs zu regulieren vermochten. Als Regelgröße wirkt dabei die Fruchtbarkeit im Sinne eines „preventive Check", wie dies der englische Pfarrer Thomas Robert Malthus in seiner Bevölkerungstheorie 1798 postuliert hatte. Während der Tod seiner Eigengesetzlichkeit folgte, ließ sich die Fruchtbarkeit im Rahmen des westeuropäischen Heiratsmodells durch soziale Mechanismen kontrollieren. Mit seiner strikten Trennung von Geschlechtsreife und Heiratszeitpunkt, dem Zwang für Neuvermählte zur Gründung eines eigenen Haushalts, dem Einschub einer Phase des Gesindedienstes vor der Heirat und der Ausgrenzung einer „Reservearmee" von dauernd 10–20% Ledigen stellte dieses Regelsystem die zur Aufrechterhaltung eines dynamischen Gleichgewichts zwischen Bevölkerung und Ressourcen benötigte Resilienz (d. h. Fähigkeit zur Erholung) sicher. Das Bevölkerungswachstum wurde prinzipiell dadurch begrenzt, daß die Heirat an eine – in der Regel nur durch Erbgang verfügbare – ‚Stelle' gebunden war.

Bei der Interpretation roher Geburten- und Sterbeziffern und von Wachstumsraten ist stets zwischen Struktureffekten und Wachstumseffekten zu unterscheiden: Der Altersaufbau reflektiert immer zugleich die Geschichte einer Bevölkerung und deren zukünftige Wachstumsaussichten. Im Zusammenhang mit der Dimension Zeit wirkt er wie ein „Reservoir", in dem einst empfangene Impulse sich wellenartig fortpflanzen und unter Umständen mehrmals, allerdings abgeschwächt wiederkehren (Pythoneffekt, Echoeffekt). Besonders illustrativ lassen sich diese Effekte für historische Bevölkerungen am Beispiel von Mortalitätskrisen aufzeigen, die ein langfristig zu beobachtendes Wellenmuster induzieren (C. PFISTER). Von diesen eigendynamischen Struktureffekten sind Veränderungen der demographischen Zwischengrößen – Fruchtbarkeit, Sterblichkeit, Wanderungen – zu unterscheiden, welche die Größenordnung der eigendynamischen Zu- und Abnahme in den einzelnen Altersklassen modifizieren. Aus der Kenntnis des Alters- und Geschlechtsaufbaus einer Bevölkerung lassen sich innerhalb gewisser Grenzen auch Rückschlüsse auf ihr Wachstumspotential gewinnen; das kann, wenn entsprechende Daten fehlen, besonders wertvoll sein.

Für den Untersuchungszeitraum wird die folgende Entwicklung postuliert:

Unterscheidung von Struktur- und Wachstumseffekten

I. Enzyklopädischer Überblick

Tabelle 1: Bevölkerungsentwicklung in Deutschland (1914), Österreich und der Schweiz 1500–1800

Zeit	Deutschland		Österreich		Schweiz	
	B	WR	B	WR	B	WR
1500	9				0,6	
1520	10	5				
1530	10,8	7,2	1,5¹)			
1540	11,7	7,5				
1550	12,6	7,2				
1560	13,5	7,1				
1570	14,4	5,8				
1580	15,0	4,6				
1590	15,7	4,1				
1600	16,2	3,2	1,8	2,6	0,9	4,1
1618	17,1	3,2				
1650	10	−13,4				
1700	14,1	8–10	2,1	1,5	1,2	2,9
1750	17,5	4	2,7	5		
1800	22	4	3,1	2,8	1,7	3,5

B: geschätzte Bevölkerung in Millionen   WR: jährl. Wachstumsrate in Promille
¹) 1527

Abbildung 1: Geschätzte Bevölkerungsentwicklung 1500–1800

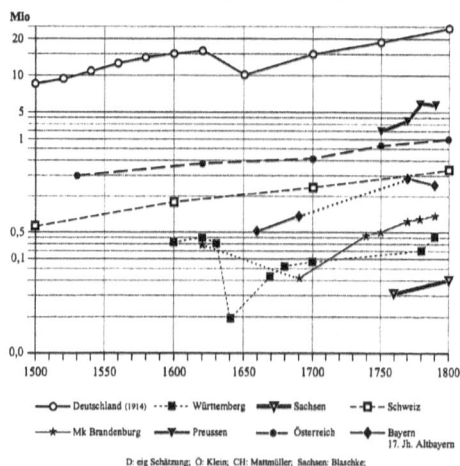

D: eig Schätzung; Ö: Klein; CH: Mattmüller; Sachsen: Blaschke;
Württemberg: Boelcke; Preussen: Behre; Bayern: Schlögl/Lee
halblogarithm. Skala

Autoren zu: Deutschland 1500–1800: PFISTER; Schweiz: MATTMÜLLER; Österreich: KLEIN; Preußen: BEHRE; Bayern: SCHLÖGL/LEE; Württemberg: BOELCKE; Sachsen: BLASCHKE.

2. Entwicklung der Bevölkerung

Um 1500 dürften im Gebiet von „Deutschland" 9 Millionen Menschen bei einer durchschnittlichen Bevölkerungsdichte von 16 E/km^2 gelebt haben. Die Pest in der Mitte des 14. Jahrhunderts hatte zu einem tiefen Bevölkerungseinbruch geführt, von dem sich die europäischen Völker über ein Jahrhundert lang nicht erholt hatten. Man schätzt, daß von den ca. 170 000 Siedlungen, die Deutschland um 1340 aufwies, in der Bevölkerungs- und Agrardepression des späten Mittelalters rund ein Viertel „wüst" geworden und zu einem guten Teil bis heute nicht wieder besiedelt worden sind. Die aufgelassenen Flächen verbuschten; vielerorts stockte wieder Wald. Um 1500 waren diese Grundphänomene der spätmittelalterlichen Bevölkerungskrise noch verbreitet, doch machten sich die Zeichen eines grundlegenden Umschwunges bemerkbar.

Bevölkerungsstand um 1500

In den folgenden sechs Jahrzehnten wuchs die Bevölkerung kräftig an. Warme Frühlings- und Sommermonate in Verbindung mit kühl-trockenen Wintern luden zur Anlage neuer Weinberge und zu einer Aufstockung der Viehbestände ein, was über einen vermehrten Anfall von Mist eine Ausdehnung des Getreidebaus und eine teilweise Rückgewinnung aufgelassener Flächen erlaubte. Eine Verknappung der landwirtschaftlichen Nutzflächen aufgrund der Bevölkerungszunahme wird schon in den Artikeln der Bauern von 1525 angetönt. 1539 klagt Sebastian Frank in seinem „Germaniae chronicon", daß Schwaben und Bayern „aller welt volck genuog" geben, „und ist dannocht allzeit mit solchem überfluss besetzt, dass doerfer und stett zerrinnen wellen". Im Zuge dieser zweiten Bevölkerungswelle – nach jener des 13. Jahrhunderts – wurde die Zahl der Stellen zwischen 1520 und 1560 um jährlich mehr als 0,7% vermehrt. Im Lande Salzburg vergrößerte sich die Mannschaft zwischen 1531 und 1541 um durchschnittlich 1,2% pro Jahr, wobei die dem Mannschaftswachstum vorausgehenden Geburtenüberschüsse in den Jahren vor dem Bauernkrieg lagen. In Hessen verdoppelte sich die Bevölkerung binnen hundert Jahren. Jährliche Wachstumsraten von 1,4%, wie sie erst im 19. Jahrhundert wieder erreicht werden sollten, sind für die Kantone Zürich und Bern sowie Teile Thüringens, solche von über 3% (1528–1562) für das Fürstentum Hohenlohe nachgewiesen. Noch war der „European Marriage Pattern" nicht voll ausgebildet, Dienstboten und Gesellen konnten mancherorts noch eine Ehe eingehen. Detailuntersuchungen lassen einen geringen Anteil von Ledigen, ein niedriges Heiratsalter und eine starke Zunahme der Geburten – bei verhältnismäßig seltenen Sterblichkeitskrisen – erkennen. Von der starken Wachstumsdynamik in

Die Wachstumsphase bis 1560

den ersten zwei Dritteln des Jahrhunderts wurden der Konjunkturaufschwung im alpinen Montanwesen, die Eindeichungen an der niedersächsischen Nordseeküste und die Urbarisierung marginaler Flächen für Rebbau getragen. Die um 1550 im Bodenseeraum entstandene Zimmersche Chronik schildert diesen Prozeß wie folgt: „Nachdem bei unseren zeiten das volck in Schwaben als auch gar nach in allen landen, sich heftig gemert und zugenommen, dadurch dann die landtsart mer, dann in mentschen gedechtnus, ufgethonn und schier kein winkel, auch in den rewhesten welden und höchsten gepirgen, unaussgereut und unbewonet bliben."

1560–1630
Klimaverschlechterung und Pest

Um 1560 war das für Neusiedler verfügbare Land mancherorts ausgeschöpft. Die Bevölkerungswelle hatte zu einem starken Anwachsen unterbäuerlicher Schichten, zu Erscheinungsformen des Pauperismus und – namentlich auf marginalen Böden in Mittelgebirgslage – zu ökologischer Übernutzung geführt. Zur gleichen Zeit verschlechterten sich die Klimabedingungen in einer für die menschliche Existenz ungünstigen Weise: Die Temperatur sank in allen Jahreszeiten, die Niederschlagstätigkeit konzentrierte sich auf den Hochsommer, und in den Alpen rückten die Gletscher in die Täler vor. In weiten Teilen Mitteleuropas gingen die Erträge des Rebbaus als Folge der naßkalten Sommerwitterung bis zur Jahrhundertwende fast kontinuierlich zurück. Der Trend zu einem kühlfeuchten, von häufigen Anomalien und Unwettern geprägten Klima hielt bis um 1630 an. Der Klimaverschlechterung überlagerte sich ein in den 1630er Jahren kulminierender Anstieg der Epidemien, vor allem der Pest. Die demographischen Rückwirkungen sind nur punktuell zu belegen: Nach 1562 stagnierte die Zahl der Haushaltsvorstände im Fürstentum Hohenlohe und stieg dann – unterbrochen durch einen neuerlichen, wohl durch die Pest der Jahre 1596/97 verursachten Rückschlag – bis zum Vorabend des Dreißigjährigen Krieges nur noch zögernd an. Die Bevölkerung von Stadt und Amt Stuttgart schrumpfte von den achtziger Jahren des 16. Jahrhunderts an.

Das Beispiel des unteren Vogelsbergs

Die Auswirkungen dieser Klimaverschlechterung auf die Landwirtschaft sind für das Gebiet des südwestlichen Vogelsberges (nordöstlich von Frankfurt) anhand von 16 qualitativen und quantitativen Indikatoren untersucht worden, die sich aus landesherrlichen Kellerei- und Amtsrechnungen gewinnen ließen: Das Ertragsniveau der Getreideernten war in der ersten Hälfte des 16. Jahrhunderts den recht günstigen Witterungsbedingungen entsprechend vor allem beim Roggen relativ hoch, außerdem konnten weniger ertragreiche Jahre stets durch unmittelbar vorausgehende oder nachfolgende bessere Ernten etwas ausgeglichen werden. Im Zuge der Klimaverschlechterung verkürzte sich die Vegetationsperiode. Zwischen 1584 und 1622 ist in den Quellen häufig von Schnee, Kälte, Spätfrösten und unwetterartigen Starkniederschlägen die Rede. Der jährliche Durchschnittsertrag des Roggens ging merklich zurück, vor allem als Folge von Auswinterung, die Lagerschäden durch Auswuchs nahmen massiv zu, weil das Getreide immer häufiger zu lange auf dem Halm blieb und naß eingebracht wurde (was die Backfähigkeit herabsetzte), und des öfteren konnten die Felder im Herbst wegen langdauernder Regenfälle überhaupt nicht bestellt werden. Als Folge einer Häufung von schlechten Roggenjahren lebten immer größere Teile der Bevölkerung von Getreide, das sie teilweise bei der Landesherrschaft geliehen hatten, dadurch kam es zu permanenter Verschuldung und zunehmender Pauperisierung. Selbst für die Landesherrschaft war es oft unmöglich, ihr Personal mit dem ihm zustehenden Quantum Roggen zu entlohnen, so daß dieses sich vorübergehend mit Hafer, Gerste und Buchweizen zufriedengeben mußte. Ein schwerwiegender Rückgang ist vor allem im Konsum von Proteinen anzunehmen, so daß sich die Anfälligkeit der Bevölkerung für Epidemien erhöhte.

Räumlich verlief der Wachstumsprozeß sehr ungleich. Charakteristisch für den im späten 16. Jahrhundert erreichten Zustand ist der Gegensatz von Gebieten mit verhältnismäßig hoher Behausungs- oder Stellendichte im Südwesten (über 10 Häuser/km² im westlichen Schwarzwald, über 8 Häuser/km² in Württemberg) und den dünnbesiedelten Landschaften im Nordosten (2 Häuser/km² in Mecklenburg, 1 Haus/km² in Hinterpommern). Für „Deutschland" (in den Grenzen von 1914) ist für 1600 eine Bevölkerung von 16 Millionen errechnet worden. Mehr Menschen – 18,5 Millionen – zählte damals in Europa nur Frankreich. Um 1634 – kurz vor der Schlacht bei Nördlingen – gehörte das Herzogtum Württemberg mit wenigstens 50 E/km² zu den dichtestbesiedelten Landstrichen Deutschlands, das fruchtbare Unterland stand in dieser Hinsicht selbst den europäischen Ballungsgebieten in den Niederlanden und Oberitalien kaum nach. Die Bemühungen, die wirtschaftlichen Möglichkeiten durch den Aufbau einer Textilexportindustrie und vor allem durch die Ausdehnung des Weinbaus zu erweitern, konnten mit dem Bevölkerungswachstum nicht Schritt halten, so daß ein Sinken des (realen) Pro-Kopf-Einkommens anzunehmen ist. „Angesichts einer relativen Überbevölkerung führten breite Schichten eine

Räumliches Bevölkerungsgefälle und Urbanisierungsgrad

Existenz, die von permanenter Unterbeschäftigung und Unterernährung sowie akuter Not und Massensterben bei eintretenden Erntekrisen geprägt war" (v. HIPPEL).

Um 1500 lebten 16% der deutschen Bevölkerung in Orten mit mehr als 5000 Einwohnern, 4% in „Großstädten" von mehr als 10000 Einwohnern. Um 1600 war der Anteil der städtischen Bevölkerung auf rund 12% zurückgegangen, wobei die Städte mit mehr als 10000 Einwohnern ihren Anteil an der Gesamtbevölkerung halten konnten. Unter den größten Städten – Köln, Nürnberg und Augsburg – verzeichnete einzig Hamburg, das sich billig mit Getreide aus dem Baltikum versorgen konnte, ein beachtliches Wachstum (von 15000 auf 40000 Einwohner).

Epidemien im Dreißigjährigen Krieg

Der Aderlaß des Dreißigjährigen Krieges warf die Bevölkerung Deutschlands um anderthalb Jahrhunderte zurück. Wird mit einer Ausgangsbevölkerung von 17 Millionen und Gesamtverlusten von 40% gerechnet, dürfte die Bevölkerungszahl um 1650 auf den Stand von 1520 zurückgefallen sein.

Die kriegerischen Auseinandersetzungen beeinflußten direkt und indirekt das Leben breiter Bevölkerungsschichten. Die Zahl der Söldner läßt sich in Europa insgesamt auf über eine Million, die Gesamtbevölkerung der am Kriege beteiligten Gebiete auf 70–80 Millionen schätzen. Die direkten Kriegsfolgen zeigten im Verhältnis zu den indirekten nur geringe Auswirkungen. Im Vordergrund stehen die Auswirkungen der Pestwellen der 1620er und der 1630er Jahre. Die Seuche wurde durch die umherziehenden Soldatenhaufen weiträumig verbreitet. Die Landbevölkerung, die sich vor den Greueln und Torturen der plündernden Soldateska gegen Bezahlung einer Abgabe hinter die festen Mauern der Städte rettete, nicht selten mit ihrem gesamten Vieh, schleppte die Epidemie in die Stadt, oder sie infizierte sich dort und steckte nach der Rückkehr ihre Dorfgenossen an. In den Städten ballten sich Menschen unter katastrophalen hygienischen Bedingungen zusammen: So zählte Weimar 1640 bei nur 2863 Einwohnern 4103 Fremde, teilweise Bauern, die von den schützenden Mauern aus ihre Felder bestellten. Leicht überlagerten sich der Pest andere Seuchen (Ruhr, Fleckfieber), wodurch die Verluste weit höher anstiegen als üblich. So folgten in Ansbach auf die Pest von 1634 noch einige weitere Jahre erhöhter Sterblichkeit, vor allem immenser Säuglings- und Kindersterblichkeit, was die Wachstumsraten langfristig drückte. Als Folge von Truppen- und Fluchtbewegungen, Menschenansammlungen, Hunger und katastrophalen hygienischen Bedingungen verbreiteten sich somit die Epidemien stärker, erfaßten

2. Entwicklung der Bevölkerung

mehr Menschen und führten häufiger zum Tode als bei vorangehenden Mortalitätswogen.

Die Verluste waren im einzelnen sehr unterschiedlich. In vollkommen verschonten oder nur wenig berührten Gebieten wie den österreichischen Erblanden, Tirol, Salzburg, in Schleswig-Holstein, in einem näher zu überprüfenden Maße in Niedersachsen (Lüneburg, Hannover, Bremen, Oldenburg), in großen Teilen Westfalens und des Rheinlandes und im Schwarzwald dürfte sich die Bevölkerung etwa auf dem Vorkriegsstand gehalten haben. Selbst in der vom Kriege völlig verschonten oldenburgischen Küstenregion, die auf Grund der günstigen Kriegskonjunktur Wanderungsgewinne zu verzeichnen hatte, läßt sich zwischen 1581 und 1650 ein Wachstum von lediglich 0,2% nachweisen. Daneben stehen weitgehend entvölkerte Regionen mit Bevölkerungsverlusten von über 80%. Am schwersten betroffen wurden neben den Städten Dörfer entlang großer Straßen, während Ortschaften in engen Tälern und im Schutze großer Wälder wenig litten. Die Bevölkerung der Schweiz, die von den Pestwellen heimgesucht, nicht aber vom Kriege betroffen wurde, stagnierte in der ersten Jahrhunderthälfte und expandierte in der zweiten kräftig, jene Österreichs nahm unter dem Einfluß mehrerer Pestwellen und des Türkeneinfalls von 1683 im ganzen Jahrhundert im Jahresdurchschnitt nur um 0,16% zu.

Verluste im Dreißigjährigen Krieg

Wo die Bevölkerung von Seuchenzügen betroffen worden war und wenig Einwanderung erfolgte, dauerte die Rekuperationszeit länger als üblich. Während in den Pestepidemien der Vorkriegszeit selbst schwere Verluste durch eine Heiratswelle und einen darauffolgenden Schub von Kindern in relativ kurzer Zeit wieder ausgeglichen waren, blieb ein solcher nach dem „Landsterben" der 1630er Jahre aus, vorwiegend als Folge einer horrenden Säuglingssterblichkeit und eines hohen Anteils von Zweitehen. So war in Oppenheim nur gerade jede fünfte im Jahr 1633 geschlossene Ehe eine Erstehe. Im Unterschied zu den Mortalitätskrisen des 16. Jahrhunderts war nun „die Erholungsfähigkeit des Volkskörpers sehr viel geringer ..." (FRANZ). Nach dem Kriege rückten zunächst die in den 1630er Jahren verkrüppelten „Not-Kohorten" (WEBER) ins heiratsfähige Alter nach. Obschon die Bevölkerung ihr reproduktives Potential fast unbeschränkt ausnutzen konnte, blieben die Taufzahlen eine weitere Generation lang tief. Die Städte wuchsen in der demographischen Rezessionsphase des 17. Jahrhunderts durch verstärkte Zuwanderungen aus dem Umland auf Kosten der ländlichen Bevölkerung (was deren Rekuperationsdauer zusätzlich verlängerte). Die

Rekuperation und Wachstum nach 1650

Abbildung 2: Bevölkerungsdichte in Deutschland um 1800

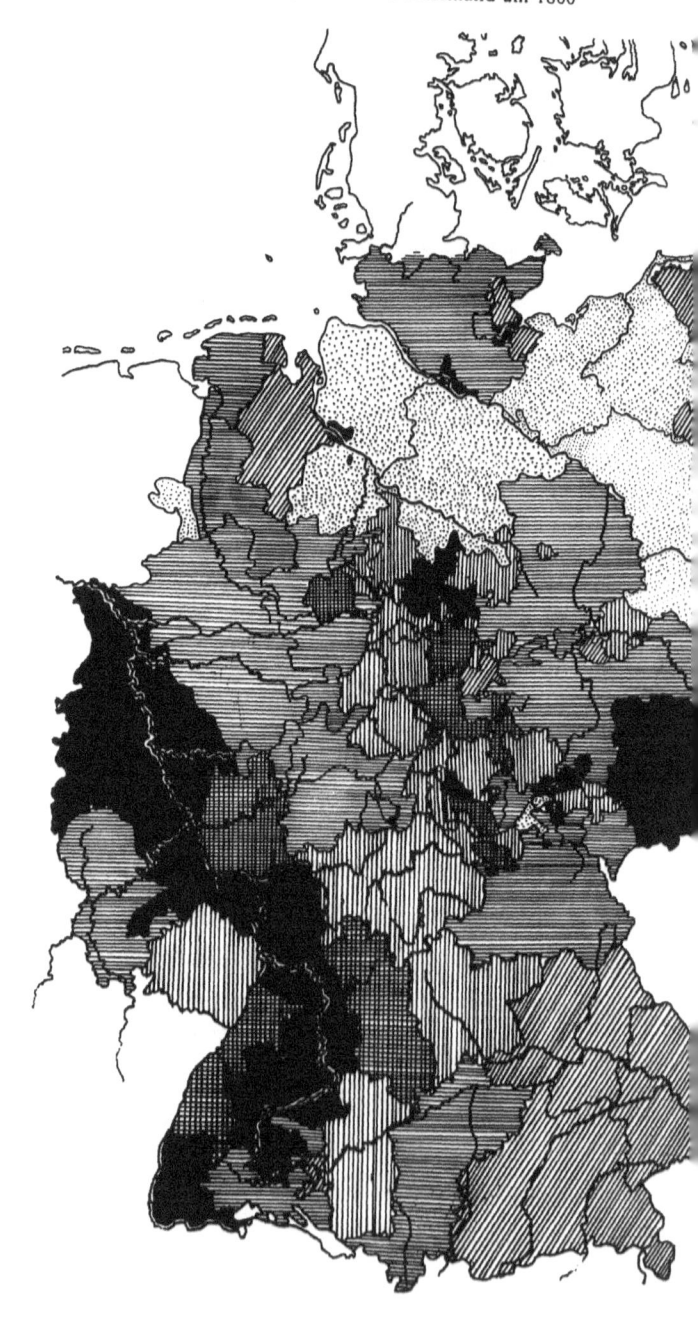

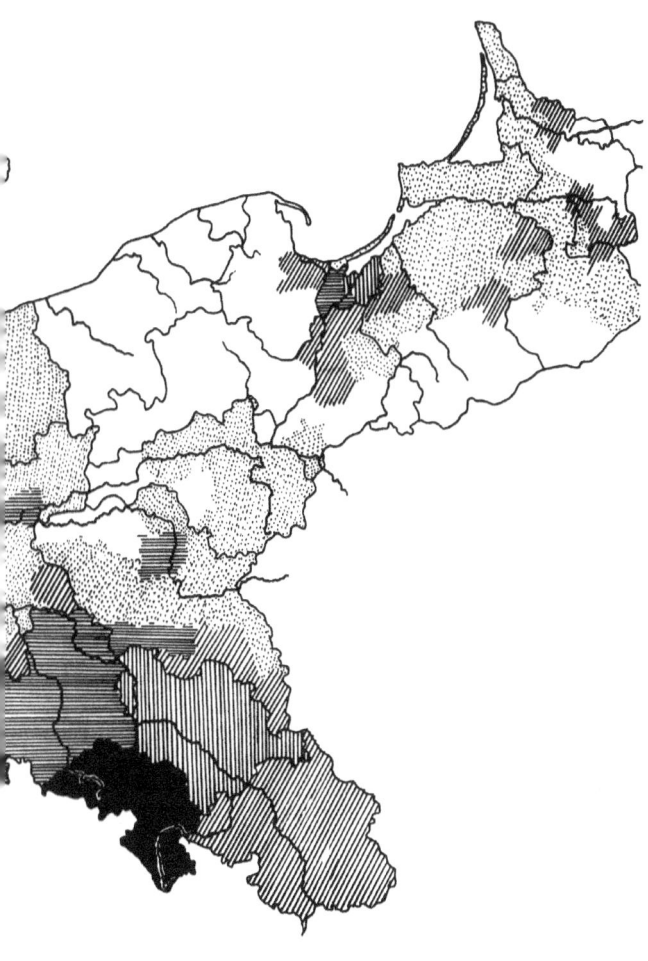

Einwohner/km²

☐	< 20
▨	20 - 29
▨	30 - 39
▨	40 - 49
▨	50 - 59
▨	60 - 69
■	> 70

Quelle:
Gaspari, A.C., G. Hassel, J. G. F. Cannabich:
Voolständiges Handbuch der Erdbeschreibung,
1. Abtl, 2. – 5. Bd, Weimar: Verlag des
Geographischen Instituts 1819.
Wissenschaftliche Bearbeitung und Entwurf:
Jörn Sieglerschmidt, Mannheim.

18 I. Enzyklopädischer Überblick

Regionsspezifische Rekuperationsdauer

Einbürgerungen wurden durch eine vorübergehende Lockerung der Zunftbestimmungen erleichtert. Die Erholungszeiten sind von Landschaft zu Landschaft stark verschieden: So waren beispielsweise 41 Gemeinden des Herzogtums Braunschweig und des Bistums Hildesheim allein auf Grund der hohen Geburtenüberschüsse schon 1670 wieder um 15% stärker bevölkert als hundert Jahre zuvor. Dank dem Zuzug von Glaubensflüchtlingen aus Böhmen erholte sich auch das Kurfürstentum Sachsen verhältnismäßig rasch. Länger dauerte es in der Mark Brandenburg, in Mecklenburg und Schlesien, im Erzstift Magdeburg, in Thüringen, Hessen, Franken, Bayern und Württemberg, bis die Lücken wieder gefüllt waren. Besonders schwer litten jene Gebiete, die in der zweiten Jahrhunderthälfte erneut von Kriegen heimgesucht waren: Pommern wurde Opfer der Auseinandersetzung zwischen Brandenburg und Schweden; über das Elsaß, die Pfalz, das Kurfürstentum Trier gingen die Franzosenkriege hinweg. Im frühen 18. Jahrhundert wurden in manchen Gegenden noch Lücken des Dreißigjährigen Krieges aufgefüllt. Nach dem Siebenjährigen Krieg erst führte die Rekuperation über den Stand von 1618 hinaus, namentlich in den Neusiedlungsgebieten im menschenarmen Nordosten. Doch bleibt es fraglich, ob die verhältnismäßig hohen Wachstumsraten des 16. Jahrhunderts außerhalb der Neusiedlungsgebiete erreicht oder übertroffen worden sind (vgl. Abb. 1). Es ist anzunehmen, daß der gesamtdeutsche Bevölkerungsstand von 1620 erst um 1750 wieder erreicht worden ist. Dabei ist neben den zahlreichen auf deutschem Boden ausgefochtenen Kriegen der Aderlaß durch Auswanderung in Rechnung zu stellen: Einem geschätzten Total von maximal 300000 Einwanderern stehen zwischen 400000 und eine Million Auswanderer gegenüber.

Zu Abbildung 2:
Das Handbuch der Erdbeschreibung nutzt die statistisch-topographische Literatur der Zeit um 1800, um Staaten, Städte, Verwaltungseinheiten zu beschreiben. Flächenangaben und Einwohnerzahlen werden auf der Ebene der Einzelstaaten bzw. der Regierungsbezirke für die Berechnung der Bevölkerungsdichte herangezogen (eine geographische Quadratmeile wurde mit 55,08 km^2 angesetzt). Die Bevölkerungsverteilung um 1800 läßt auffallende Kontraste erkennen (vgl. Karte): Im allgemeinen sind die Mittelgebirgsräume dichter besiedelt als die Ebenen des Nordens und Ostens. Innerhalb der Mittelgebirgszone treten Verdichtungsräume entlang des Rheins und in den Heimindustriegebieten Sachsens und Schlesiens hervor.

2. Entwicklung der Bevölkerung 19

Tabelle 2: Bevölkerungsdichte um 1800

Staat	Provinz	Bezirk/Amt	qkm	Einwohner qkm
Dänemark	Holstein		7932	41.1
Hannover	Ostfriesland		2892	44.1
	Bremen		6908	27.7
	Bentheim		1041	23.4
	Hoya/Diepholz		3685	28.5
	Lüneburg		11232	22.5
Dänemark	Lauenburg		1465	22.0
Holstein-Oldenburg			6813	33.1
	Oldenburg, Htm.		5833	31.8
		Oldenburg	820	32.5
		Neuenburg	765	33.9
		Övelgönne	495	51.1
		Delmenhorst	982	29.0
		Vechta	814	39.6
		Cloppenburg	1538	17.5
		Hft. Jever	414	48.6
	Lübeck, Ftm.		523	37.8
	Birkenfeld, Ftm.		485	44.2
Mecklenbg.-Schwerin			12331	26.1
Mecklenbg.-Strelitz			1990	36.1
	Strelitz		1632	36.8
	Ratzeburg		358	32.8
Preußen	Pommern		37203	22.5
		Stralsund	4125	31.3
		Stettin	12840	25.5
		Köslin	14238	17.2
	Westpreußen		25665	22.7
		Danzig	8311	29.2
		Marienwerder	17354	19.6
	Posen		29661	28.6
		Posen	18035	32.4
		Bromberg	11626	22.6
	Ostpreußen		38710	23.8
		Königsberg	22358	29.2
		Gumbinnen	16352	22.4
Preußen	Jülich-Cleve-Berg		8726	107.2
		Cleve	2743	79.0
		Köln	3402	99.5
		Düsseldorf	2525	150.4
	Westfalen		20713	51.9
		Arensberg	7915	48.0
		Minden	5218	65.3
		Münster	7084	49.9
	Niederrhein		15864	61.3
		Aachen	3665	84.8
		Trier	7098	42.7
		Koblenz	5099	70.4

I. Enzyklopädischer Überblick

Staat	Provinz	Bezirk/Amt	qkm	Einwohner qkm
Luxemburg			6059	42.2
Nassau			4979	60.8
Schaumburg-Lippe			551	43.6
Lippe-Detmold			1136	60.8
Hannover	Osnabrück		4719	40.0
	Hildesheim		1711	71.2
	Calenberg		2726	51.1
	Göttingen		1732	54.2
	Grubenhagen		1336	60.1
	Hohnstein		168	39.8
Braunschweig			3876	54.1
		Betmar	242	46.6
		Riddagshausen	343	28.7
		Saldern	173	71.5
		Scheppenstedt	265	46.0
		Wolfenbüttel	177	61.8
		Helmstedt	109	102.7
		Königslutter	324	34.9
		Vorsfelde	348	29.7
		Harzburg	171	43.4
		Seesen	370	33.6
		Gandersheim	134	64.2
		Grene	116	61.5
		Eschershausen	376	42.3
		Holzminden	177	48.1
		Ottenstein	100	33.4
		Thedinghuesen	75	49.0
		Blankenburg	170	45.5
		Hasselfelde	189	27.2
		Walkenried	91	39.8
Hessen			9342	66.4
	Starkenburg		2824	78.0
	Rheinhessen		1497	108.0
	Oberhessen		5021	49.5
Hessen-Homburg			358	55.9
Waldeck			1193	43.5
Kurhessen			11396	49.8
	Niederhessen		4799	51.2
	Hersfeld		415	44.9
	Ziegenhain		578	48.4
	Fritzlar		344	44.6
	Schmalkalden		301	73.6
	Oberhessen		1460	40.0
	Fulda		1614	41.4
	Isenburg		248	51.0
	Hanau		1130	54.6
	Schauenburg		503	53.0

2. Entwicklung der Bevölkerung

Staat	Provinz	Bezirk/Amt	qkm	Einwohner qkm
Anhalt-Dessau			936	56.5
Anhalt-Bernburg			881	42.0
Anhalt-Köthen			826	39.2
Schwarzbg.-Sonders.			991	45.5
Schwarzbg.-Rudolst.			1157	46.6
Reuß-Plauen ä. L.			386	57.7
Reuß j. L.			1184	44.1
Preußen	Sachsen		25223	48.1
		Magdeburg	11274	41.9
		Merseburg	10300	48.7
		Erfurt	3651	65.8
	Brandenburg		41271	31.4
		Berlin	76	2584.0
		Potsdam	20731	25.3
		Frankfurt	20464	28.2
Baden			15119	66.2
	Murg-/Pfinzkreis		2974	63.8
	Neckarkreis		1955	85.3
	Kinzigkreis		2685	62.1
	Dreisamkreis		3332	72.9
	Seekreis		3091	47.6
	Main-/Tauberkreis		1418	63.4
Hohenz.-Hechingen			303	48.0
Hohenz.-Sigmaringen			1104	33.05
Württemberg			19947	70.2
	Neckarkreis		3648	105.5
	Jagstkreis		5315	60.6
	Schwarzwaldkreis		4860	74.3
	Donaukreis		6129	58.9
Liechtenstein			138	40.3
Bayern			82468	43.0
	Rheinkreis		7714	53.2
	Untermainkreis		8450	52.1
	Obermainkreis		10269	48.6
	Unterdonaukreis		10867	33.7
	Oberdonaukreis		9460	46.3
	Rezatkreis		7608	58.7
	Regenkreis		10983	35.3
	Isarkreis		17113	30.4
Sachsen-Weimar			3570	56.7
	Weimar		2420	56.6
	Eisenach		1151	57.0
Sachsen-Gotha			3016	60.9
	Gotha		1611	50.6
	Altenburg		1405	74.9
Sachsen-Meiningen			1102	51.7
	Unterland		729	55.8
	Oberland		274	57.0

I. Enzyklopädischer Überblick

Staat	Provinz	Bezirk/Amt	qkm	Einwohner qkm
Sachsen-Hildburghsn.			604	50.7
Sachsen-Coburg			1593	50.9
	Coburg		523	67.5
	Saalfeld		448	75.7
	Lichtenberg		621	42.4
Sachsen			18433	65.3
	Meißnischer Kreis		4033	73.9
	Leipziger Kreis		2955	72.2
	Erzgebirgischer Kr.		5646	81.3
	Vogtländischer Kr.		1809	49.0
	Lausitzer Kreis		4154	40.9
Preußen	Schlesien		39663	50.2
		Breslau	9514	53.7
		Oppeln	13132	39.9
		Reichenbach	6634	70.2
		Liegnitz	10382	48.1
Bremen			153	240.0
Hamburg			348	372.9
Lübeck			303	134.2
Frankfurt			275	173.7
Österreich-Ungarn	Schlesien		11209	60.9
		Troppau	7623	
		Teschen	3586	42.8
	Tirol		26218	23.6
		Vorarlberg	2448	32.5
		Oberinnviertel	6010	16.4
		Unterinnviertel	3971	28.9
		Pustertal	5833	17.8
		Etsch	3554	28.1
		Trient	4271	32.0
		Roveredo	2337	36.7
	Steiermark		21976	34.8
		Graz	5391	53.1
		Marburg	3329	50.3
		Cilly	3780	43.0
		Bruck	4025	15.5
		Judenburg	5789	15.1
	Mähren		23004	60.2
		Olmütz	5238	66.9
		Brünn	4871	62.6
		Iglau	2787	54.5
		Znain	3299	41.6
		Hradisch	6809	

2. Entwicklung der Bevölkerung

Staat	Provinz	Bezirk/Amt	qkm	Einwohner qkm
Österreich-Ungarn	Böhmen		52700	51.5
		Kaurzim (Prag)	2440	94.3
		Beraun	2908	47.4
		Rakonitz	2947	60.2
		Saatz	2368	49.1
		Leitmeritz	3767	80.0
		Bunzlau	4255	78.0
		Bidschow	2468	82.8
		Königsgrätz	3359	80.7
		Chrudim	3241	76.7
		Czaslau	3250	57.6
		Tabor	3057	54.1
		Budweis	4238	40.3
		Prachin	2534	57.6
		Klattau	3740	45.9
		Ellbogen	3112	62.2
	Land u. d. Enns		11665	58.3
		Mühlviertel	3436	51.2
		Hausruckviertel	903	84.2
		Traunviertel	4026	40.7
		Innviertel	3275	60.3
		Salzachviertel	7300	23.0
	Land ob der Enns		20060	52.1
		Unt. Wienerwald	4406	87.3
		Ob. Wienerwald	5774	34.2
		Unt. Manhartsbg.	4899	47.2
		Ob. Manhartsbg.	5090	39.1
	Kärnten		10515	25.4
		Klagenfurt	4869	33.4
		Villach	5646	19.8
	Hohengeroldseck		124	40.3

Agrarrevolution und Industrialisierung: das Beispiel Minden-Ravensberg

In der Grafschaft Ravensberg wurde das rasche Bevölkerungswachstum von jährlich 1% in der zweiten Jahrhunderthälfte vom Geburtenüberschuß getragen. Der Geburtenreichtum wurzelte ökonomisch in einer Wechselwirkung von Agrarrevolution und Protoindustrialisierung und führte zu einer Verschärfung der sozialen Gegensätze. Seit 1770 wurden die Gemeinheiten geteilt, wodurch sich die Fläche des individuell genutzten Landes verdoppelte, die arbeitsintensive Nutzung brachte Kartoffeln und Flachs als Rohstoff für das heimindustrielle Leinengewerbe hervor, das nach Bielefeld verlegt wurde. Mit dem Erlös aus der Heimindustrie vermochten die kleinbäuerlichen Schichten die Gebühren für die Markenteilung zu bezahlen und Häuser zu bauen. Gegen Ende des Jahrhunderts wurden in einem Teil der Dörfer Fabriken gegründet, und die Bevölkerung wurde ganz in den Industrialisierungsprozeß hineingezogen.

Protoindustrie und Agrarrevolution: Das Beispiel Siegen

Im nassau-oranischen Fürstentum Siegen wiesen die Landgemeinden zwischen 1743 und 1769 mit Wachstumsraten von mehr als 1,5% Werte auf, die in anderen Regionen Deutschlands erst in der Phase der Hochindustrialisierung erreicht wurden. Begleitet wurde die beschleunigte Bevölkerungszunahme von einem steigenden Arbeitsplatzangebot in den Hammer- und Hüttenwerken und in den Zulieferbetrieben, vor allem den Bergwerken, einer Ausweitung der proto-industriellen Textilproduktion in Form von Massenfertigung für überregionale und internationale Märkte sowie produktiveren Techniken in der Landwirtschaft. Bei fortgeschrittener Realteilung waren alle Einwohner auf außeragrarische Einkommen angewiesen. „Protoindustrie" und „Agrarrevolution" verstärkten sich in ihren Auswirkungen auf das Bevölkerungswachstum, was der Ausbreitung des Pauperismus Vorschub leistete. Noch mitten in der Periode des Populationismus griff die Obrigkeit zum Mittel der rigorosen Handhabung gesetzlicher Ehebeschränkungen als Instrument der sozialen Kontrolle.

3. Die Ausprägung des (west-)europäischen Heiratsmusters

Kirchliche Vorschriften

In den ständischen Gesellschaften der Frühen Neuzeit war das Recht zur Eheschließung „ein Privileg" und als solches an kirchliche, familiäre und staatliche Regelungen gebunden. Die Kirche entwickelte einen umfangreichen Katalog von Inzestverboten und setzte ein Mindestalter für die Heirat fest, doch genügte darüber hinaus die meist mit der Aufnahme sexueller Beziehungen einhergehende Willenserklärung der Brautleute, die Verlobung, für die gültige Eheschließung. Erst seit der Festsetzung und Durchsetzung eines geregelten, rechtsverbindlichen Heiratsverfahrens und der schriftlichen Registrierung der Ehen seit dem Konzil von Trient (1563) ließen sich voreheliche und eheliche Sexualität eindeutig auseinanderhalten.

Saisonale Heiratsrhythmen

Die Zeitwahl für die Eheschließung war neben kirchlichen Geboten wirtschaftlichen Zwängen und dem Brauchtum unterworfen. Als gemeinsamer Charakterzug ländlicher Regionen treten „kirchliche" Heiratstiefs in der Fastenzeit, weniger ausgeprägt im Advent, und „ökonomische" während der Erntezeit im August–September hervor. Dabei ist der Jahres-Rhythmus in katholischen Gebieten bei guten interregionalen Übereinstimmungen im Sinne einer strikteren

3. Die Ausprägung des (west-)europäischen Heiratsmusters

Befolgung kirchlicher Gebote „agroliturgisch", in protestantischen Gebieten im Sinne einer stärkeren Rücksichtnahme auf die Feldarbeiten „agrarisch" geprägt. Der Wochentag, an dem die Heirat stattfand, war in der „rhythmisierten Welt" unserer Vorfahren (IMHOF) ebenfalls brauchtümlich geregelt.

Mit dem *European Marriage Pattern* prägte JOHN HAJNAL 1965 einen der erfolgreichsten Begriffe der neueren Historischen Demographie. Er zeigte auf, daß sich westlich einer Linie von St. Petersburg nach Triest seit der Karolingerzeit ein spezifisches Muster späten Heiratens ausgeprägt hatte, dessen konstitutives Merkmal die Bindung der Eheschließung an die Gründung eines eigenen Haushalts war. Mit der Heirat hatten die Brautleute Vater und Mutter zu verlassen und einen eigenen Hausstand zu gründen. Die Errichtung einer neuen sozio-ökonomischen Einheit entzog den betroffenen Familien Arbeitskraft und Vermögen und setzte in der Regel auch die Nutzung kollektiver Ressourcen voraus. Die weltlichen Obrigkeiten forderten deshalb bei Heiraten „der Kinder" beiderlei Geschlechts und gleich welchen Alters den Konsens des Haushaltsvorstands. Dabei bestand ein Vetorecht nicht nur gegen die Person des gewünschten Ehepartners, sondern gegen die Eheschließung eines Kindes überhaupt. Im weiteren unterwarf das Polizeiregiment der Frühen Neuzeit die Eheschließung beliebigen Gesichtspunkten der Staatsraison. So waren etwa Beamte, das Militär, Studenten, Witwen, Handwerksgesellen und Dienstboten sowie Personen ohne Mittel und Wohnsitz an eine obrigkeitliche Eheerlaubnis gebunden, so daß man von einem System der staatlich konzessionierten Ehe sprechen kann, in dem die freie Eheschließung die Ausnahme bildete. In Bayern verfolgten die Kontrollinstanzen – Kirche, Hausvater, Grundherr oder Stadt, Obrigkeit – keineswegs einheitliche Interessen; die Kirche drängte auf die Legitimierung der Folgen „sündhaftigen" vorehelichen Geschlechtsverkehrs durch die Heirat, die Obrigkeit schwankte zwischen Einschränkung und Förderung der Heirat, die Grundherren schienen generell dem letzteren zugeneigt zu sein, während vielen Hausvätern an einem ausreichenden Angebot lediger Dienstboten gelegen war.

Problemgesteuerte Bevölkerungspolitik

Frühe Versuche obrigkeitlicher Ehebeschränkungen nach dem Dreißigjährigen Krieg richteten sich vor allem gegen die Verehelichung der knapp gewordenen Dienstboten, die mit Blick auf die steigenden Löhne in hausrechtlicher Abhängigkeit erhalten werden sollten. Im 18. Jahrhundert verstärkten sich die Bestrebungen nach einer staatlichen Kontrolle der Eheschließungen. Die Ehegesetzge-

Obrigkeitliche konzessionierte Eheschließung

bung suchte die wachsende Massenarmut dadurch in den Griff zu bekommen, daß sie die Reproduktion unvermögender Leute, die Staat und Gemeinden zur Last fallen konnten, möglichst zu verhindern suchte. Die Obrigkeit verlangte, daß der heiratswillige Mann seine Familie ernähren konnte, sei es durch ein Heimwesen auf dem Land, sei es durch eine gewerbliche Meisterstelle in der Stadt. Dazu kam ein militärisches Interesse. Je mehr die stehenden Heere aus der Bevölkerung rekrutiert wurden, desto stärker wurde die Sorge um ausreichenden militärischen Nachwuchs. In einer Reihe von süddeutschen Staaten wurde die Ableistung des Wehrdienstes zur Voraussetzung für die Heiratserlaubnis gemacht. Wo dagegen die Wachstumsraten hoch lagen, wie im Hochstift Würzburg, hielt der Landesherr bis ins späte 18. Jahrhundert an restriktiven Maßnahmen (Einzugs-, Ehe- und Baubeschränkungen, Abschieben von Armen) fest.

Kommunale Regulierung: Das Beispiel von Törbel — Auch quasi-souveräne, demokratisch verfaßte Gemeinwesen übten demographisch-soziale Kontrolle aus. In der Walliser Berggemeinde Törbel, die sich als Bauernzunft bezeichnete, war die Gründung eines eigenen Haushalts neben einem ausreichenden Besitz an Acker- und Wiesland an den Zugang zu kollektiven Gütern, das Recht zum Bezug von Holz und zur Weide von Vieh auf den Alpen, gebunden. Diese Rechte wurden von der Gemeinschaft der Nutzungsberechtigten nur jungen Haushaltsvorständen aus den Reihen der ihrigen gewährt, nicht einmal den Auswärtigen, die eine Frau aus dem Dorfe geehelicht hatten.

Die dauernd Ledigen als demographische Reservearmee — Faktisch wurde durch diese ökonomischen Zugangsbeschränkungen ein beträchtlicher Teil der Bevölkerung von der Eheschließung ausgeschlossen und fand sich mehr oder weniger gut mit diesem Schicksal ab. Über den Anteil der dauernd Ledigen und seine Veränderungen wissen wir für die Zeit vor dem späten 18. Jahrhundert sozusagen nichts. Auf dem Heiratsmarkt traten ältere ledige Männer, seltener Frauen neben der Gruppe der Verwitweten vorwiegend im Anschluß an Pestepidemien als „demographische Reservearmee" in Erscheinung. Die Zölibatsquote, der Prozentsatz der im Alter von 50 noch ledigen Frauen und Männer, variierte je nach den verschiedenen regionalen Ausprägungen des Heiratssystems – Erbrecht, Modalitäten und Zeitpunkt der Übergabe von Stellen, Alter des Hofbesitzers. In der zweiten Hälfte des 18. Jahrhunderts stieg sie – Bettler und Vaganten nicht eingerechnet – mancherorts auf 30%.

Die Bedeutung des Erbrechts — Von großer Bedeutung für den Zugang zum Heiratsmarkt war das Erbsystem, welches die Übertragung von Eigentum von einer

3. Die Ausprägung des (west-)europäischen Heiratsmusters 27

Generation zur anderen regelte. Dabei ist mit zu berücksichtigen, daß nur die Bauern im Gebiet der Grundherrschaft westlich der Elbe in ihrer Mehrheit ein Erbrecht besaßen; die unerblichen Gutsbauern Ostelbiens konnten diesbezüglich höchstens einen Wunsch äußern. Innerhalb des deutschsprachigen Raumes war die Erbfolge durch das jeweilige Landrecht geregelt, das je nach Rechtstradition dem Erblasser einen gewissen Spielraum gewährte, über sein Eigentum testamentarisch zu verfügen (z. B. in Bayern), oder ihn stärker an gesetzliche Regelungen band (z. B. in Sachsen). Bei der Vererbung von Grundbesitz sind zwei idealtypische Formen zu unterscheiden, einerseits das Anerbenrecht mit geschlossener Weitergabe des Hofes und einer Abfindung der weichenden Erben, andererseits das Prinzip der Realteilung, bei welchem jeder Erbe Anrecht auf ein gleich großes Stück Land erhielt. Auch im Rahmen des Anerbenrechts wurde ein Ausgleich gesucht zwischen dem Bestreben, den Hof möglichst ungeteilt zu erhalten, und dem Wunsch nach einer Gleichbehandlung aller Kinder, sei es in Form einer Abfindung mit Bargeld, sei es in Form eines kleinen Stücks Land. In Realteilungsgebieten war das Bevölkerungswachstum tendenziell größer als in Gebieten mit Anerbenrecht, sei es, daß das Heiratsalter niedriger und folglich die Kinderzahl pro Ehe größer war, sei es, daß die Abwanderung in den letzteren stärker und kontinuierlicher war.

In Oberbayern stand die Wahl des Ehepartners unter dem Diktat einer von herrschaftlichen und materiellen Zwängen geprägten Regel, die besagte, daß nur diejenigen einander ehelichen konnten, bei denen der eine Teil Erbe eines Anwesens war und der andere das dazu passende Heiratsgut mitbrachte. Das Kriterium der Partnerwahl war hier weniger ein soziales, wie die Zugehörigkeit zu einer bestimmten Schicht, als vielmehr eine genau quantifizierbare Summe Geldes. Diese strikte Heiratsregel funktionierte nicht selbsttätig wie ein Mechanismus, sondern mußte von der weltlichen Obrigkeit in einem zähem Kampf immer wieder durchgesetzt werden. Das Erbrecht hatte Einfluß auf den Zeitpunkt der Hofübergabe. Die Eltern schoben ihn so weit wie möglich an ihr Lebensende hinaus, um dem ungeliebten Austrag zu entgehen. Als Folge davon standen die Männer aus der bäuerlichen Schicht erst mit dreißig vor dem Traualtar. *Das Beispiel Oberbayern*

Neben dem Ausschluß eines Teils der Bevölkerung von der Eheschließung kam im westeuropäischen Heiratsmuster als demographische Regelgröße zentrale Bedeutung dem Heiratsalter zu: Im Vergleich zu anderen Kulturen heirateten die Frauen relativ spät, *Besonderheit des europäischen Heiratsmusters* gegen Mitte Zwanzig. Dadurch verkürzte sich die fruchtbare Lebensspanne der Frau und wurde die Zahl der Kinder verringert, die sie zur Welt bringen konnte. Die späte Heirat war durch die Knappheit der Stellen bedingt, die von einer Generation auf die andere übertragen wurden. Söhne und Töchter aus begütertem Hause hatten mit der Hochzeit zuzuwarten, bis der Zeitpunkt der Hofübernahme oder der Geschäftsübergabe gekommen war, während sich die Unterschichten die zur Gründung eines Haushalts erforderlichen Mittel als Dienstboten über längere Zeit zusammensparen mußten. Töchter von Vollbauern gingen deshalb tendenziell jünger die Ehe ein (und hatten damit mehr Kinder) als solche aus der unter- und nebenbäuerlichen Schicht. Außerhalb des Geltungsbereiches des westeuropäischen Heiratsmusters lebten junge Paare nach ihrer Heirat in vielen Kulturkreisen eine Zeitlang im Haushalt der Eltern des Bräutigams unter der Weisungsgewalt des Hausvaters. Die mittlere Haushaltsgröße fluktuierte zwischen 8 und 10 Personen, wobei sich Haushalte mit mehreren Ehepaaren von Zeit zu Zeit in kleinere Einheiten auflösten.

Dienstboten bringen Arbeit und Nahrung ins Gleichgewicht

Das Dasein als Dienstbote war in der Regel ein Durchgangsstadium im Leben eines Menschen. Viele Dienstboten lernten ihren Partner in der Fremde kennen. Auch große Bauern und reiche Handwerker ließen ihre Söhne und Töchter fremdes Brot essen, selbst wenn sie eine Zeitlang durch fremde Arbeitskräfte ersetzt werden mußten. Die Verfügbarkeit von Dienstboten gewährleistete einen Ausgleich zwischen dem Angebot und dem Bedarf an Arbeitskräften in allen Zweigen der Wirtschaft und war somit eine der wesentlichen Voraussetzungen für das Funktionieren des ökonomischen Systems. Auf großen Landwirtschaftsbetrieben wurden junge, kräftige Arme benötigt, während die Unterschichten überflüssige Esser so rasch wie möglich loszuwerden suchten. Die Haushalte in Westeuropa beschränkten sich somit auf die Kernfamilie, ein Ehepaar und Kinder, sowie – je nach den materiellen Verhältnissen – eine Anzahl Dienstboten.

Veränderungen des Heiratsalters

Über den Mechanismus der „freien Stellen" folgte das „mittlere" (d. h. mediane) Heiratsalter dem demographischen Wachstumsspielraum, wie für die Zeit vor 1750 aus Leichenpredigt-Daten bekannt ist. In der Gunstphase in der Mitte des 16. Jahrhunderts lag es für erstverheiratete Frauen aus protestantischen Ober- und Mittelschichten bei 22,5 Jahren, in der Periode der Pestzüge ging es auf 21 Jahre zurück. Gegen Ende des Jahrhunderts sank es – möglicherweise unter dem Einfluß der damaligen Krisen – kurzfristig auf ei-

3. Die Ausprägung des (west-)europäischen Heiratsmusters

nen Tiefstand von 19,5 Jahren ab, um dann im frühen 18. Jahrhundert auf 24–26 Jahre anzusteigen. Auch in der hessischen Schwalm, in Eigeltingen (Baden), in Oberbayern, in Salzburg und im Schweizer Mittelland setzte der Anstieg im späten 17. Jahrhundert nach dem Ende der Pestzüge ein. Durch das 18. Jahrhundert hindurch verharrte das Heiratsalter der Frauen in den meisten Gegenden zwischen 25 und 27 Jahren; Ehen wurden im Mittel um das fünfzigste Lebensjahr, also am Ende der fruchtbaren Periode, durch den Tod aufgelöst.

Die beträchtliche Häufigkeit von Zweitehen ist ein weiterer charakteristischer Zug des westeuropäischen Heiratsmusters. Witwenschaften innerhalb der fruchtbaren Periode bedeuten verlorene Fruchtbarkeit, die durch Wiederverheiratung gerettet werden konnte. Bei der beträchtlichen Erwachsenensterblichkeit diente die Wiederverheiratung als erste „Verteidigungslinie" (DUPÂQUIER), um die institutionelle und wirtschaftliche Kontinuität eines Haushalts zu gewährleisten. Witwer hatten erheblich bessere Aussichten auf eine Zweitehe als Witwen. Namentlich, wenn sie unmündige Kinder zu versorgen hatten, gingen Witwer binnen weniger Monate eine neue Ehe ein, während die Wartezeit bei Witwen mit Rücksicht auf mögliche Schwangerschaften konsequenter durchgesetzt wurde. Im Verlaufe des 18. Jahrhunderts gingen die Chancen einer Wiederverheiratung für beide Geschlechter zurück. *Häufigkeit und Bedeutung von Zweitehen*

Der Ausgleich von Ressourcen und demographischer Entwicklung und die damit verbundene soziale Kontrolle der Gesellschaft setzte voraus, daß die an Ressourcenzugang gebundene Eheschließung die einzige legitime Institution der Reproduktion bildete. Über die lange Zeitspanne zwischen Reife und Heirat hinweg bestand das Risiko unehelicher Geburten, woraus sich der Rigorismus der europäischen Sexualnormen teilweise erklärt. Um die vor- und außereheliche Sexualität in all ihren Formen zu unterdrücken, bauten die Obrigkeiten im Verlaufe der Frühen Neuzeit unter Abstützung auf die kirchliche Sexualmoral ein Instrumentarium von Sanktionen auf: In vielen Territorien galt der voreheliche Geschlechtsverkehr als Delikt. In der bayerischen Landesordnung von 1553 findet sich dieses Vergehen unter dem Titel „Von legitimierten Personen, auch Winkelheiraten [ohne kirchliche Erlaubnis] und leichtfertiger Beiwonung". Der Begriff der „Leichtfertigkeit" besagt dabei, daß das Paar das Risiko einer Schwängerung einging, ohne über die materiellen Voraussetzungen für eine Familiengründung zu verfügen. Solche Mandate und die Haltung der Kirche standen je- *Das Delikt des vorehelichen Geschlechtsverkehrs* doch im Widerspruch zur alten dörflichen Sexualmoral, die sexuelle Beziehungen im Zusammenhang mit der – oftmals nur informell vereinbarten – Verlobung als ehebegründend duldete und nicht als Sünde betrachtete. Zum aktenkundigen Konflikt im Sinne einer fehlgeschlagenen oder verzögerten Brautwerbung kam es bei vorehelichen Empfängnissen vor allem dann, wenn sich die Situationsdeutungen von Mann und Frau deutlich unterschieden. Die Denunziation hing vom Willen der Mitglieder der Dorfgemeinschaft ab und ließ sich flexibel im Sinne eines „social check" (BECKER) gegen Mißliebige handhaben. Wie weit sexuelle Repression gehen konnte, mag das Beispiel des hegauischen Städtchens Stockach zeigen, wo zwischen 1691 und 1770 drei Knaben im Alter von 14 und 15 Jahren wegen geschlechtlicher „Vergehen" mit dem Schwerte hingerichtet wurden. Unter dem Einfluß der Aufklärung setzte die Kritik an der Sittlichkeitsgesetzgebung ein. Es wurde eine Milderung der Strafen für voreheliche Sexualität verlangt, um Kindsmorde und Abtreibungen zu verhüten, und die normative Kraft von kirchlichen Geboten und Verboten schwächte sich ab. Die Angst vor einer unkontrollierten Vermehrung der Unterschichten wich einer neuen Betrachtungsweise, die auf ihrer „Besserungsfähigkeit" durch Erziehung zur Arbeit beruhte. Im späten 18. und frühen 19. Jahrhundert wurden die Strafen abgebaut und schließlich abgeschafft.

Bedeutung und Umfeld vorehelicher Empfängnisse

Mit dem Instrument der Familienrekonstitution ist es möglich, voreheliche Konzeptionen nachzuweisen: Ein protogenetisches Intervall (d. h. ein Abstand zwischen Heirat und erster Taufe) von weniger als acht Monaten gilt als Indiz für voreheliche Empfängnis. Im regionalen Vergleich der Häufigkeit vorehelicher Konzeptionen fallen große Unterschiede ins Auge. In der Markgrafschaft Baden-Durlach traten im 18. Jahrhundert nur 3% der Bräute schwanger vor den Traualtar. Andererseits weisen das heimindustriell geprägte evangelische Ravensberger Kirchspiel Spenge und die agrarisch-gewerblich geprägte reformierte Berner Kirchgemeinde Langnau Werte zwischen 40 und 55% auf. Dies spricht für eine breite gesellschaftliche Abstützung brauchmäßig geregelter Eheeinleitungsformen, die es Mädchen und Burschen erlaubte, sich mit stillschweigender Billigung der Eltern gegenseitig „auszuprobieren". Beide Kirchspiele liegen in einem Gebiet, in welchem in der Regel der jüngste Sohn die Hofnachfolge antrat (Minorat). Dies ließ den vorgeborenen Kindern keine andere Wahl als den Abstieg in den Heuerlingsstatus, sofern sie Familie und Haushalt gründen und nicht außerhalb des Kirchspiels bessere Chancen suchen wollten.

3. Die Ausprägung des (west-)europäischen Heiratsmusters 31

Die bis zur Schwelle des 17. Jahrhunderts zurückreichenden Familienrekonstitutionen zeigen in Übereinstimmung mit Studien aus anderen Teilen Europas einen U-förmigen Verlauf des Anteils der unehelichen Geburten: Im ausgehenden 16. Jahrhundert liegen die Werte hoch, teilweise über jenen des frühen 19. Jahrhunderts, dann sinken sie auf einen Tiefstand im späten 17. und frühen 18. Jahrhundert ab, steigen dann in der zweiten Jahrhunderthälfte wieder an, wobei sich der Anstieg in den letzten Dezennien oft ruckartig beschleunigt. Die Ursachen dieses Verlaufsmusters werden in der Literatur kontrovers diskutiert; sie können in Anbetracht der Vielfalt der strukturellen und mentalitätsgeschichtlichen Bedingungen im deutschen Sprachraum nicht auf einen Nenner gebracht werden. Als gesichert kann gelten, daß sich die Voraussetzungen für eine nachträgliche Legalisierung unehelicher Geburten vom späten 17. Jahrhundert an verschlechterten: Einmal standen als Folge des Bevölkerungswachstums in der Regel weniger Nahrungsstellen zur Verfügung, dann wurde die restriktive Heiratspolitik, die am Ende des 16. Jahrhunderts in das Programm staatlicher Sozialpolitik aufgenommen worden war, mit dem Ausbau des absolutistischen Staates perfektioniert, so daß nach und nach jede Lücke für die Eheschließung armer Leute geschlossen wurde. Die meisten der Staaten bauten ihren Kontrollapparat zur Aufdeckung unehelicher Schwangerschaften im frühen 18. Jahrhundert aus – mancherorts wurden die Hebammen zur Denunziation verpflichtet –, so daß uneheliche Geburten nun konsequenter als solche in die Taufrödeln eingetragen wurden. Hervorzuheben ist der am Beispiel des untersteirischen St. Lambrecht herausgearbeitete Befund, wonach die dörfliche Öffentlichkeit über verschiedene Formen der Konfliktlösung Einfluß auf die Höhe der Illegitimität nahm und das obrigkeitliche Moralprogramm je nach den lokalen demographisch-ökonomischen Rahmenbedingungen mehr oder weniger konsequent durchsetzte. Die plötzliche Zunahme der Illegitimität im späten 18. Jahrhundert steht – zumindest in Bayern – in deutlichem Bezug zur Lockerung oder zum Wegfall der staatlichen Sanktionen, vor allem der gefürchteten Schandstrafe, der entehrenden Zurschaustellung auf dem Marktplatz. Die schließliche Aufhebung aller Strafen mag die Mütter unehelicher Kinder bewogen haben, ihre Frucht nicht mehr unter Lebensgefahr zu verbergen oder umzubringen, sondern ihr Kind in ihrem Dorf zur Welt zu bringen. Gelockert wurden in der zweiten Hälfte des 18. Jahrhunderts auch die Strafbestimmungen gegen die Eltern von ledigen Kindern.

Häufigkeit unehelicher Geburten

Soziale Herkunft der Eltern unehelicher Kinder

Die Eltern unehelicher Kinder entstammten vorwiegend den unterbäuerlichen Schichten, vor allem waren es Menschen ohne eigenen Haushalt, vorwiegend mobile Gruppen wie Dienstboten und Soldaten, die nicht lebenslang auf sexuelle Beziehungen verzichteten und wegen ihrer Mobilität auch nicht so leicht zur Rechenschaft gezogen werden konnten wie Seßhafte. Truppendurchmärsche und Einquartierungen konnten sich unter diesen Umständen neun Monate später durch einen Schub unehelicher Geburten in Erinnerung rufen. Vor allem Frauen aus ärmeren Familien ließen sich auf außerehelichen Geschlechtsverkehr mit Soldaten ein – wohl in Form von Prostitution – und hatten diesen häufig mit einer Schwangerschaft zu büßen, die sie auch gesellschaftlich diskreditierte.

In Oppenheim stieg mit der Illegitimität auch die voreheliche Sexualität an, wobei die Zunahme vorrangig auf Frauen entfällt, die relativ kurz nach der Hochzeit niederkamen und somit ihre Beziehung nicht erst mit Blick auf eine unmittelbar bevorstehende Eheschließung aufnahmen. An dieser Tendenz hatten alle Altersgruppen und Schichten der dörflichen Gesellschaft Anteil, wobei die jungen Erwachsenen und die Unterschichten leicht übervertreten waren. Unklar bleibt in Ermangelung empirischen Materials, inwieweit diese Verlängerung der sexuellen Periode der Eheanbahnung auf eine veränderte Verlobungspraxis oder den Abbau einer sozialen Kontrolle durch die Nachbarschaft zurückgeführt werden muß, welche „nach der Hochzeit die Wochen und Monate zählte, bis das erste Kind geboren wurde".

4. Fruchtbarkeit

Geburten, Totgeburten und Taufen

Innerhalb eines durch die Dauer der Ehen und die Zahl der Geburten gebildeten Rahmens werden die Intervalle zwischen den Geburten einer Frau durch die Länge der Stillzeit mit temporärer Sterilität, allfällige Aborte, den Zeitpunkt der Wiederaufnahme und die Häufigkeit sexueller Beziehungen sowie die Anwendung kontrazeptiven Verhaltens bestimmt. Die Analyse der Fruchtbarkeit verlangt subtile Berechnungen, die für die vorstatistische Periode an Familienrekonstitution gebunden sind. Je genauer die Geburten auf den weiblichen Teil der Bevölkerung und die gebärfähigen Altersklassen von 15–45 (49) bezogen werden können, desto interpretationsfähiger ist die entsprechende Fruchtbarkeitsziffer. Registriert wurde in den Pfarrbüchern die Taufe, die nur annähernd mit dem eigentli-

4. Fruchtbarkeit

chen vitalstatistischen Ereignis der Geburt gleichzusetzen ist. Grenzlinien werden in der perinatalen Grauzone des Lebens heute nach medizinischen Kriterien gezogen, welche anhand der Angaben in Kirchenbüchern nicht nachvollzogen werden können. In katholischen Gebieten war es bis in das 19. Jahrhundert hinein nicht ungewöhnlich, daß Totgeburten entweder aus Nachlässigkeit oder aus Furcht um das Seelenheil ungetauft Verstorbener nicht als solche angegeben wurden. Häufig wurde auch eine Nottaufe vollzogen, ohne daß das Kind wirklich lebend zur Welt gekommen wäre oder indem es an Wallfahrtsorten durch die Gebete der Eltern vorübergehend „ins Leben zurückgeweckt" wurde (IMHOF).

Die Empfängnisse und Geburten verteilen sich weit regelmäßiger über das Jahr als die Todesfälle und die Eheschließungen. Im allgemeinen zeichnet sich eine Dreiteilung des Jahres ab: Die Konzeptionen häuften sich in den Monaten April bis Juli, nahmen zwischen August und November stark ab und bewegten sich zwischen Dezember und März bei generell steigender Tendenz nahe dem Mittelwert. Die meisten Kinder wurden somit in der stillen Zeit im Spätwinter, die wenigsten während der Arbeitsspitzen im Sommer geboren. Diese strukturelle Häufigkeitsverteilung der Geburten blieb über Jahrhunderte hinweg konstant, und das war unter dem Gesichtspunkt der Überlebenschancen der Neugeborenen sinnvoll: In bäuerlichen Gesellschaften konnten sich die Mütter ihren Säuglingen im Spätwinter und im Frühjahr mehr widmen, sie ruhiger stillen und besser pflegen als in der hektischen Ernteperiode im Hochsommer und Frühherbst, wo die Arbeitskraft der Ehefrauen auf dem Felde nicht entbehrt werden konnte.

Überlebensfördernde saisonale Verteilung der Geburten

Das Modell der traditionalen Bevölkerungsweise ging lange Zeit von der Vorstellung aus, daß die Fruchtbarkeit beim Fehlen von bewußten Anstrengungen zur Geburtenkontrolle auf einem relativ einheitlichen, durch die Nuptialität regulierten „natürlichen" Niveau liege. Im Lichte der neueren Forschung entpuppte sich dieses jedoch als recht variabel, so daß sich die Dichotomie von kontrollierter und natürlicher Fruchtbarkeit nicht mehr halten läßt. Im heutigen Verständnis schließt „natürliche Fruchtbarkeit" auch geburtenbremsende Verhaltensmuster wie länger dauerndes Stillen, postnatale sexuelle Abstinenz und temporäre migrationsbedingte Trennung von Ehegatten ein, welche das Niveau der Fruchtbarkeit erheblich unter das physiologisch mögliche Maximum drücken können.

„Natürliche Fruchtbarkeit", ein unscharfer Begriff

Solange grobschlächtig wirkende Epidemien relativ häufig zuschlugen, wie dies im 16. und 17. Jahrhundert der Fall war, blieb eigentlich nur übrig, die gerissenen Lücken in der Weise rasch wieder zu schließen, daß man die Verluste durch andere Menschen ersetzte, sei dies nun im Hinblick auf die reihenweise sterbenden Säuglinge durch die, wie es oft den Anschein hat, laufende Zeugung neuer Kinder, sei es durch eine rasche Wiederverheiratung nach dem Tode der Mutter im Kindbett. Wenn angenommen wird, daß unter diesen Umständen etwa ein Drittel aller Empfängnisse als Spontanabort vorzeitig endete und jedes dritte Kind im Säuglingsalter starb, 10–20% der Ehen vorzeitig durch den Tod getrennt wurden und 10% kinderlos blieben, dann mußte die Zeit zwischen Heirat und Menopause in vollem Umfang reproduktiv genutzt werden, um eine Schrumpfung der Bevölkerung zu verhindern.

Nachweis von Geburtenkontrolle

Als der Tod für Erwachsene und Jugendliche nach dem Ende der Pestzüge zurückzuweichen begann, stieg das Heiratsalter etwas an. Kontrazeptives Verhalten ist von der Mitte des 17. Jahrhunderts an bei protestantischen städtischen, im 18. Jahrhundert auch bei ländlichen Bevölkerungen nachzuweisen. Im Unterschied zur katholischen Lehre betonten die Reformatoren stärker die Eigenverantwortung der Eltern für ihre Kinder und beurteilten die eheliche Sexualität etwas positiver. Die gebräuchlichste Methode der Geburtenplanung im Ancien Régime war der „Coitus interruptus". Um die familiäre Reproduktion zu sichern, wurde Empfängnisverhütung erst nach den ersten Geburten angewendet, wenn feststand, daß einige Kinder die kritische Phase der größten Kindersterblichkeit überlebt hatten. Statistisch äußert sich diese Strategie in einer zu Anfang der Ehe hohen Fruchtbarkeit, die nach den ersten Geburten deutlich absinkt: Die Geburtenintervalle werden länger, und das Durchschnittsalter der Frauen bei der letzten Geburt nimmt ab. Erprobt wurde diese Praxis der Geburtenkontrolle ursprünglich zuerst wohl im vor- und außerehelichen Bereich, wo die Vermeidung von Schwängerungen geboten schien.

Die Anfänge von Geburtenkontrolle: Das Beispiel Zürich

Das soziale und ökonomische Umfeld der Anfänge von Geburtenkontrolle ist für Zürich untersucht worden. Im frühen 17. Jahrhundert vermehrten sich dort mit dem Aufschwung der Heimindustrie die wohlhabenden Aspiranten auf die konstante Zahl der Regimentsstellen, was für die Oberschicht mit korruptionsbedingt steigenden Kosten für die Placierung der mit dem Aufhören der Pestzüge zahlreicher werdenden männlichen Nachkommen verbunden war. Zur Abwendung einer statusbedrohenden Abwärtsmobilität neigten Paare in dieser Situation zur Begrenzung der männlichen Nachkommenschaft, um die beschränkten Ressourcen auf weniger

Söhne zu konzentrieren. In der pfälzischen gemischt-konfessionellen Kleinstadt Oppenheim ist kontrazeptives Verhalten im Sinne eines auf eine bestimmte Zielkinderzahl ausgerichteten Verhaltens von der zweiten Hälfte des 17. Jahrhunderts an auch in lutherischen Familien des einfachen Handwerks belegt.

Die nach 1750 einsetzende lange Bevölkerungswelle muß nach heutigen Erkenntnissen in einer ersten Phase auf eine Zunahme der innerehelichen Fruchtbarkeit zurückgeführt werden. Eine Familienrekonstitution des Walliser Bergdorfes Törbel führte zu dem Ergebnis, daß sich dort ungefähr zeitgleich mit der Einführung der Kartoffel die Geburtenabstände etwas verkürzten, wie dies andere Studien auch für tibetische und nepalesische Dörfer nachgewiesen haben. Der Anbau der Kartoffel vergrößerte den Nahrungsspielraum, und entsprechend wuchs die Bevölkerung an, wie dies dem homöostatischen Modell entspricht. In ähnlicher Weise ist ein Anstieg der innerehelichen Fruchtbarkeit in einer großen Anzahl von neuen demographischen Studien aus einem Raum nachgewiesen, der von der Nordsee bis zu den Alpen reicht. Wenn auch die physiologischen Zusammenhänge zwischen Ernährung und Fruchtbarkeit noch strittig sind, so liegt hier doch eine vorläufige Erklärung für das Einsetzen der Bevölkerungswelle im 18. Jahrhundert vor.

<small>Steigende innereheliche Fruchtbarkeit im späten 18. Jahrhundert</small>

5. Sterblichkeit

Krankheit und Tod wurden in der Frühen Neuzeit weitgehend durch die Natur gesteuert: Die meisten Menschen starben im Säuglings- oder Kleinkindalter an Sommerdiarrhöen oder an Epidemien wie Pocken und Ruhr. Die Erwachsenen suchte der Tod oft im Gefolge von Erkältungskrankheiten und Grippe in den Winter- und Frühlingsmonaten heim. Die Säuglingssterblichkeit weist deutliche regionale Unterschiede auf, die sich abgeschwächt noch in der Altersgruppe der Ein- und Zweijährigen finden, während bei den Drei- und Vierjährigen die interregionalen Konvergenzen schon zunehmen. Die hohe Säuglingssterblichkeit wurzelt bekanntlich in den sozialen Verhältnissen sowie den Ernährungs- und Stillgewohnheiten. In Norddeutschland lag sie im 18. Jahrhundert auf dem Lande zwischen 9% und 25%. In jenen Teilen Süddeutschlands, in denen nicht gestillt wurde, starb jeder dritte Säugling. Für die Ostschweiz sind, bei Mehlbrei und saurem Most als Ersatznahrung, sogar Werte von über 40% nachgewiesen. In den Unter- und Mittelschichten war

<small>Regionale Unterschiede der Säuglingssterblichkeit</small>

die Säuglings- und Kindersterblichkeit höher als in den Oberschichten. Gründe wie schlechte Ernährung und Hygiene sowie enge Wohnbedingungen werden als Ursachen für die „soziale Ungleichheit vor dem Tode" (PERRENOUD) genannt.

Konfessionelle Unterschiede der Säuglings- und Müttersterblichkeit

Am Beispiel der ostfriesischen lutherischen Kirchgemeinde Hesel (Säuglingssterblichkeit 13%) und dem schwäbischen katholischen Gabelbach (Säuglingssterblichkeit 34%) hat IMHOF zwei unterschiedliche Mortalitätsmuster anhand von Familienrekonstitutionen untersucht: In beiden Dörfern war die Zahl der bis zum ersten Geburtstag überlebenden Kinder pro Ehepaar weitgehend identisch. Nur daß die Frauen in Gabelbach ihre Kinder kurz nach der Geburt abstillten und entsprechend rasch wieder schwanger wurden, während die Mütter in Hesel ihre Säuglinge aus Furcht vor weiteren Schwangerschaften und des damit verbundenen Risikos der Kindbettsterblichkeit (mindestens 1% pro Geburt) möglichst lange an der Brust ernährten. In der Tat trug das Stillen zur Reduktion der Müttersterblichkeit bei, lag diese doch in Gabelbach, bezogen auf die Zahl der Geburten, um ein Viertel höher als in Hesel. Die Frage, inwieweit diese unterschiedlichen Verhaltensweisen konfessionsspezifisch gedeutet werden können, ist am Testfall der gemischt-konfessionellen Ackerbürger- und Winzerstadt Oppenheim überprüft worden: Während im Zeitraum 1721-1750 keine nennenswerten konfessionsspezifischen Unterschiede festgemacht werden konnten, fiel die endogene Säuglings- und Müttersterblichkeit der beiden protestantischen Bevölkerungsgruppen im späten 18. Jahrhundert – bei weitgehend identischen sozialen Rahmenbedingungen – unter jene des katholischen Bevölkerungsteils.

Konfessionsspezifische Einstellungen zum Leben

Es war naheliegend, daß beide Autoren zur umfassenderen Frage nach den unterschiedlichen Mentalitäts- und Handlungsmustern der beiden Konfessionen hinsichtlich des Sterbegeschehens vorgestoßen sind: Der duldenden Hinnahme von irdischen Ereignissen als gottgewollte Fügungen in der katholischen Mentalität stellen sie eine mentale Disposition bei den Protestanten gegenüber, in der die Möglichkeit eigenverantwortlichen Handelns größeren Raum einnahm. Die Unterschiede der endogenen Müttersterblichkeit in Oppenheim lassen sich an der Handlungsweise der Hebammen aufzeigen: Während sich die protestantischen Hebammen im Augenblick einer Krise im Aublauf einer Geburt primär auf den medizinischen Beistand konzentrierten, stand für die katholische Hebamme die Nottaufe und damit der Gedanke an das Seelenheil des Kindes im Vordergrund. Diese Haltung entsprang der Überzeugung, bei der Geburt im Zustande der Unschuld verstorbene Kinder könnten im Himmel als mächtige Fürbitter bei Gott und den Heiligen wirken. IMHOF argumentiert, daß das nachlässige Pflegeverhalten der katholischen Mütter durch unzureichende Ernährung, Reinlichkeit und Gleichgültigkeit in manchen Dingen erheblich zum frühen Tode ihrer Kinder beitrug. Dafür finden sich Belege in der zeitgenössischen Literatur: „Sogar das zärtlichste Mutterherz wird für das fünfte Kind gleichgültig, und dem sechsten wünscht sie laut den Tod, daß das Kind, wie man sich hier ausdrückt, himmeln sollte", stellte der bayerische Autor Joseph Hazzi 1801 fest.

Mortalitätskrisen als wesentliches Element der traditionalen Bevölkerungsweise prägten die demographische Dynamik durch ihre unterschiedliche Häufigkeit und Intensität. Dabei ist zwischen zwei Grundmustern, den epidemischen Krisen und den Subsistenz- oder Hungerkrisen, zu unterscheiden: Kennzeichen der epidemischen Krisen ist ein steiler Gipfel der Sterbefälle, während die Tauf- und Heiratsziffern – mit ansteigender Tendenz – nahe beim Durchschnitt bleiben. Für die Subsistenzkrise ist neben der Übersterblichkeit ein Rückgang der Taufen und der Eheschließungen konstitutiv. In Teuerungen breiteten sich Epidemien wie Ruhr, Typhus und Masern aus, zugleich ging die Fruchtbarkeit zurück, sei es durch die vorzeitige Auflösung von Ehen durch den Tod, sei es durch eine vorübergehende Schutzreaktion des weiblichen Organismus in Form eines zeitweiligen Ausbleibens der Ovulation. Das komplementäre Verhältnis zwischen Unterernährung und Epidemien ist physiologisch mit einem erhöhten Infektionsrisiko zu erklären. Dazu kommt ein soziales Moment, indem Hungernde auf der Suche nach Nahrung und Arbeit weite Strecken zurücklegten und sich um Wohlfahrtseinrichtungen wie Suppenküchen zusammenballten, die dadurch zur Brutstätte von Epidemien wurden. Klimatisch sind die großen europäischen Subsistenzkrisen an einen Rückgang der Frühjahrstemperaturen und eine gleichzeitige Zunahme der Sommerniederschläge gebunden, eine gegenläufige Doppelbewegung also, die an die charakteristische Fluktuation der Geburten und Sterbefälle im demographischen Bild der Subsistenzkrise erinnert.

Epidemische Krisen und Subsistenzkrisen

1770/71 erstreckte sich die Zone höchster Getreidepreise von Lemberg bis Straßburg in ost-westlicher Richtung durch das Innere des Kontinents, das durch hohe Transportpreise vom Fernhandel abgeschottet war. Das Getreide war vielerorts ausgewachsen, daneben hatte die anhaltend naßkalte Witterung auch Heu, Grummet, Gartenfrüchte, Gemüse, Obst in weiten Teilen Mitteleuropas zu-

Die Teuerung von 1770–1772 als Beispiel einer Subsistenzkrise

grunde gerichtet. Als Todesursachen werden anhaltende Fieber, Ruhr, Pocken, in geringerem Maße Mutterkornvergiftung und der unmittelbare Hungertod genannt. Am höchsten stieg die Not europaweit in den von Lebensmittelimporten abhängigen Bergbau- und Heimindustriegebieten Sachsens, weil die traditionellen Lieferanten von Nahrungsmitteln ausfielen und ein weiträumiger Transport von Massengütern von den Küsten ins Kontinentinnere vom Energieaufwand und der fehlenden Transportkapazität her binnen nützlicher Frist nicht möglich war. Weit weniger litt das protoindustrielle Gebiet im Siegerland. Die in Preußen getroffenen Maßnahmen – umfangreiche Vorratshaltung, rechtzeitige Getreideimporte aus Polen – erwiesen sich, gemessen an der Übersterblichkeit, als relativ erfolgreich. Selbst in einem überregionalen Getreidemarkt wie in Überlingen am Bodensee erlaubte es die Vermögens- und Einkommenssituation rund zwei Dritteln der Haushalte lediglich, ihre Existenz knapp über dem Minimum zu fristen (GÖTTMANN). In der Grafschaft Lippe führten hohe Nachfrageausfälle für Gewerbeprodukte aufgrund der unelastischen Nachfrage nach Getreideprodukten zu Unterbeschäftigung und Einkommensverlusten für Teile der städtischen Bevölkerung. Dagegen bestanden in den protoindustriell geprägten Ämtern Oerlinghausen und Schötmar weiterhin Erwerbsmöglichkeiten aus der Produktion von Garn und feiner Leinwand für überregionale Absatzmärkte. In Böhmen löste die Hungersnot der Jahre 1770–74 eine Auswanderungswelle nach Deutschland aus, deren nordwestliche Ausläufer sich bis nach Lüneburg erstreckten.

Synergieeffekte von Kriegen und Seuchen

Die epidemischen Krisen wurden durch Infektionskrankheiten wie Pocken oder Pest verursacht. Kriege ließen die beiden Krisentypen oft zu einer einzigen verschmelzen, indem sie das Land von Vorräten leer fraßen, weitläufige Flucht- und Truppenbewegungen auslösten und durch die Zusammenballung von Soldaten in Lagern und von hungernden Massen von Flüchtlingen hinter Stadtmauern einen günstigen hygienischen und physiologischen Nährboden für Masseninfektionen schufen. Verheerend wirkte dieser Synergieeffekt im Dreißigjährigen Krieg: So flüchteten 1625 viele Bauern vor den Truppen Tillys mit ihrer Habe in das befestigte Göttingen, wo die Ansammlung von Mensch und Vieh auf engem Raum innerhalb der Wälle der Stadt, die sich bald einstellende Hungersnot und der sich häufende Unrat schon vor der einsetzenden Belagerung im Juni Ruhr und Pest ausbrechen ließen (KIER). Auch nach dem Rückzug der Pest im 18. Jahrhundert läßt sich ein enger Zusammenhang zwischen Truppenbewegungen, Belagerungen, Einquartierungen und Mortalitätswellen nachweisen, unter anderem während des Polnischen Erbfolgekrieges (1733–1736) und während des Siebenjährigen Krieges. In diesem Sinne ist der Tatsache, daß Deutschland in den ersten zwei Dritteln dieses Jahrhunderts fast ständig von Kriegen heimgesucht wurde, erhebliche demographische Bedeutung zuzusprechen.

Das anhand von Untersuchungen in tropischen Ländern gewonnene klinische Bild der Pest darf den historischen Epidemien in Europa nicht unreflektiert zugrunde gelegt werden, sei es hinsichtlich der Erscheinungsform (Beulen, schwarze Flecken), der Art der Übertragung oder der Letalität (dem Anteil der Todesfälle an der Gesamtzahl der Erkrankten). Der Erreger, ein an der Luft wochen- bis monatelang virulentes Bakterium, wird hauptsächlich durch den Floh als Zwischenwirt in die Blutbahn transferiert. Umstritten ist seit langem, ob dies hauptsächlich durch den Rattenfloh oder den Menschenfloh geschieht. Die durch den Vermehrungszyklus der Flöhe bedingte Saisonalität zeigt ein Maximum in der zweiten Jahreshälfte, klimageschichtlich scheinen die Seuchenzüge stärker an Perioden mit zyklonalen, von Westwinden dominierten Zirkulationsformen mit mäßig warm-feuchten Sommern und regnerischen Wintern als an Perioden mit vorwiegend kontinentalem Klima gebunden zu sein. Die Letalität schwankte auf einer Bandbreite von 10% bis 30%. Das westeuropäische Heiratsmuster war darauf angelegt, Verluste in dieser Größenordnung relativ rasch, in kleineren Städten und Dörfern in weniger als zehn Jahren, zu kompensieren. Nach dem Abklingen der Seuche wurden jeweils überdurchschnittlich viele Ehen geschlossen: Zum Teil handelt es sich um Zweitehen, zum Teil wurden geplante Heiraten nachgeholt oder vorverschoben. Das Heiratsalter ging zurück. Wo die Pest eine Vielzahl von Erwerbsstellen freisetzte, wurden die Lücken aus der Reservearmee der ledigen Erwachsenen gefüllt: Die vorehelichen Konzeptionen stiegen an – vielleicht als Ausdruck einer temporären Lockerung der Sitten –, möglicherweise verkürzten sich auch die Geburtenabstände in bestehenden Ehen (PERRENOUD). Außer durch maximale Steigerung der Fruchtbarkeit wurden Lücken, soweit dies möglich war, durch Zuwanderung aus dem Umland gefüllt.

Der Pestgang begann nördlich des Mains in den relativ wintermilden Jahren 1596–1598 und wurde im heiß-trockenen Sommer 1599 durch eine Ruhrpandemie überlagert. In Oppenheim raffte die Seuche im Herbst 1956 vor allem ältere und schwache Menschen

Epidemische Krisen: Pest

Das Beispiel der Pest von 1596–98

dahin, während dieser Zeit wurden alle Hochzeiten aufgeschoben. Auch im niedersächsischen Uelzen wurden während der Dauer der Epidemien nur sehr wenige Kinder gezeugt: Pesttraktate warnten vor dem „tödlichen Umgang mit Weibern". Dafür stieg die Geburtenkurve in der Rekuperationsphase bis zu einem Höchstwert von 65 Promille an, wodurch sich die Vermehrungsfähigkeit, bedingt durch die zahlreichen jungen Ehen und das Bestreben zum Ersatz epidemiebedingter Verluste von Kindern, ihrer biologischen Obergrenze näherte. Weil die von der Pest verschonten gebärfähigen Ehefrauen nach dem Abklingen der Epidemie in überwiegender Zahl empfangen hatten, erfolgte anschließend ein steiler Aufschwung der Geburtenkurve, der nach 1–2 Jahren in eine nächste Welle von Geburten überging. Zusammen mit den massiven Todesfällen unter jungen Erwachsenen müssen diese Wellen den Altersaufbau der Bevölkerung im Sinne eines abrupten Übergangs von geschrumpften zu übergroßen Kohorten massiv gestört haben, wie sich dies am Beispiel Oppenheims für 1681 zeigen läßt, was zeitlich phasenverschobene, abgeschwächte Geburtenwellen in Form von Python- und Echo-Effekten ausgelöst haben mag.

In Uelzen wurden die in den Jahren 1597–1599 durch Pest und Ruhr gerissenen Lücken von über 40% (Hildesheim ca. 30%) in den folgenden sechs bis acht Jahren zu zwei Dritteln durch Geburten, zu einem Viertel durch zuziehende Nichtbürger im Familienverband und nur zu 9% durch Neubürger als Einzelpersonen aufgefüllt. Als Ledige hatten sie unvergleichlich größere Aussichten, durch Einheirat einen Betrieb übernehmen zu können.

Epidemische Krisen: Pocken

Neben der Pest hat keine Epidemie den Menschen stärker terrorisiert und tiefer in den Verlauf der Geschichte eingegriffen als die Pocken. Die Seuche schlug überfallartig zu, vorwiegend im Winter, ein Teil der Erkrankten starb, andere wurden mit riesigen kraterförmigen Narben im Gesicht und am Körper für ihr Leben verstümmelt oder mit Blindheit geschlagen. 1804 erkrankten in Deutschland 600000 Menschen, von denen 75000 der Seuche erlagen. Anfällig waren mehrheitlich Kleinkinder aus allen sozialen Schichten: 99% der in Berlin zwischen 1758 und 1774 registrierten Pockentoten entfielen auf diese Altersgruppe. Charakteristisch ist ein zyklisches Aufflammen der Seuche, sobald wieder ein gewisses „Reservoir" an nicht immunisierten Kindern geboren worden war. Statistiken aus Herrscherhäusern sprechen für einen stetigen Vormarsch der Seuche im späten 17. und im 18. Jahrhundert. Kein europäisches Königshaus, das den Pocken nicht seinen Tribut be-

5. Sterblichkeit 41

zahlt hätte! Mehrere Male, unter anderem im Spanischen Erbfolgekrieg, griffen diese Todesfälle in den Lauf der internationalen Politik ein.

Die Ruhr, nach dem charakteristischen blutigen Stuhl auch Hoffgang, Blutgang oder Roter Schaden genannt, hat in der Frühen Neuzeit nächst der Pest und den Pocken am meisten Opfer gekostet. Der Erreger wurde hauptsächlich von Fliegen übertragen, die sich von ruhrverseuchten Abtritten kommend auf Nahrungsmitteln niederließen und damit die Infektionskette schlossen. Am stärksten gefährdet waren Kleinkinder und ältere Menschen. Charakteristisch ist ein starker Anfangsstoß und ein anschließendes Absinken der Todesfälle. Epidemien brachen vorwiegend in heißen Hoch- und Spätsommern aus, wobei Ebenen und Küstengebiete häufiger heimgesucht wurden als Gebirgsräume. Wenn die Pest zusammen mit der Ruhr oder dem Fleckfieber auftrat, wie dies im Dreißigjährigen Krieg häufig der Fall war, lag die Zahl der Opfer besonders hoch. An der Nordseeküste und in der Oberrhein-Ebene lauerte bei sommerlichen Hitzewellen die Malaria. *Ruhr, Fleckfieber, Malaria*

Der Englische Schweiß, eine bisher mit keiner heute bekannten Krankheit eindeutig identifizierte Seuche, ist nach dem kennzeichnenden Symptom, einem übelriechenden Schweiß, benannt. Von den fünf bekannten Wellen im späten 15. und frühen 16. Jahrhundert blieben vier ausschließlich auf England beschränkt. Im Regensommer 1529 brach sie in Hamburg aus und verbreitete sich von dort binnen Monaten bis Ostpreußen und fast alle Teile Süd- und Westdeutschlands; um 1535 erlosch sie wieder. Die Schilderungen legen nahe, daß die Epidemie in manchen Landstrichen viele Opfer kostete, vorwiegend Kinder und alte Leute, die oft binnen Stunden starben. Heute nimmt man an, daß es sich beim Englischen Schweiß um das historisch erste Auftreten einer schweren Form der Leptospirose *(Morbus Weil)* gehandelt hat. *Englischer Schweiß*

Um ihre Untertanen zu schützen, ergriffen die Obrigkeiten Vorsorge-, Kontroll-, Isolations- und Hygienemaßnahmen. Bis ins 17. Jahrhundert hinein wurden sie meistens improvisiert, sie wirkten unsystematisch, wurden zögernd eingeleitet und selten mit den Nachbarn koordiniert, und sie ließen sich unter Berücksichtigung wirtschaftlich bedingter Ausnahmen oft unterlaufen. Angesichts der Unfähigkeit, die einmal ausgebrochene Pest wirksam bekämpfen zu können, wurden Anordnungen weltlicher Obrigkeiten mit kirchlichen Maßnahmen – Glockenläuten, Bußprozessionen – korreliert, und aus Anlaß der Seuche wurden oft Randgruppen verfolgt bzw. *Maßnahmen zur Seuchenbekämpfung* an den Grenzen abgewiesen. Mehr als die Sorge um demographischen Niedergang stand bei den Maßnahmen lange Zeit die Furcht vor Sittenzerfall und Mißachtung gesellschaftlicher und religiöser Normen im Vordergrund. Im späten 17. Jahrhundert verfeinerte sich das Vollzugsinstrumentarium der Obrigkeiten durch die Einsetzung von Sanitätsräten und anderen Kontrollorganen.

Umwelthygienische Maßnahmen: Das Beispiel Lüneburg

In Lüneburg versuchten sowohl die Stadtverwaltung als auch die Landesregierung durch Verordnungen, Aufklärung und Vorbeugung die Gesundheit der Bevölkerung zu erhalten. Eine wichtige Rolle spielte die Reinhaltung der Stadt von Unrat und Schmutz, insbesondere die Reinigung der Straßen. Es war der Bevölkerung untersagt, Nachttöpfe in den Rinnstein zu leeren, vielmehr solle ein jeder seinen „Koth im Hause behalten", bis die Dreckkarren kämen. Aus Not wurde dieses Verbot immer wieder mißachtet, weil es „an Hofraum und sonstiger Bequemlichkeit fehle". Während der Pestgefahr in den Jahren 1709–1716 hatte jeder Fremde an den Toren einen Gesundheitsschein vorzuweisen. Personen aus den seuchenbefallenen Ländern Preußen, Polen, Pommern und Schleswig-Holstein verwehrte man den Einlaß.

Überregionale Zusammenarbeit bei der Seuchenbekämpfung

Über den lokalen Bereich hinaus wurden Möglichkeiten regionaler und überregionaler Zusammenarbeit gesucht. Die Eidgenossenschaft war dank ihrer Beziehungen zu Oberitalien, das seit langem seuchenpolizeiliche Maßnahmen ergriffen hatte, in dieser Beziehung den deutschen Territorien voraus. Nach 1670 zog sich die Pest aus dem südwestdeutschen Raum zurück, in der zweiten Hälfte des 18. Jahrhunderts trat sie – abgesehen von einem letzten Aufflackern in Regensburg 1708 – nur noch sporadisch im Norden (Hamburg: 1708, 1712, 1713; Bremen: 1712, 1713; Niedersachsen: 1750) und Osten (Königsberg: 1709, 1710; Danzig: 1709, 1737) auf. Selbst über den Zeitpunkt ihres Verschwindens hinaus wurden Schutzmaßnahmen getroffen, zum Teil sogar nachdrücklicher als vorher, welche die soziale Disziplinierung, namentlich in Bereichen der öffentlichen Hygiene, weiter beförderten. Im Kurfürstentum Hannover wurden die Städte in der zweiten Hälfte des 18. Jahrhunderts angewiesen, wöchentliche Krankheitsberichte nach Hannover zu schikken, die eine genaue Spezifikation der Krankheiten nach Art und Zahl der Erkrankten sowie der eingetretenen Todesfälle mit Angabe der Todesursache enthalten sollten.

Mittlere Lebenserwartung

Benutzt man die Totenlisten der Fürstenhäuser, um Aufschluß über die längerfristige Entwicklung zu bekommen, so fällt die mittlere Lebensdauer seit der Wende vom 13. zum 14. Jahrhundert bis

5. Sterblichkeit

zur Zeit des Dreißigjährigen Krieges stetig ab. Viele Männer nahmen im 16. Jahrhundert mit 21 oder 22 Jahren bereits hoch angesehene Stellen ein. Auf der anderen Seite stufte sich Calvin mit fünfzig Jahren als alter, verbrauchter Mann ein, und Karl V. dankte 1556 mit 55 Jahren ab, restlos erschöpft, ein Greis. Eine Frau galt mit vierzig Jahren unweigerlich als Matrone. Die über 60jährigen stellen in den Dörfern und Städten der Zeit eine verschwindend kleine Minderheit. Über die Sterblichkeit von Jugendlichen und Erwachsenen aus den lutherischen Mittel- und Oberschichten lassen sich anhand der Angaben in Leichenpredigten relativ zuverlässige Aussagen gewinnen: Zwischen 1551 und 1600 hatten Knaben mit fünfzehn Jahren die Aussicht, im Durchschnitt 57jährig zu werden, wogegen gleichaltrige Mädchen infolge der hohen Kindbettsterblichkeit und der physischen Überbeanspruchung nur ein Alter von 38 Jahren erreichten. In der ersten Hälfte des 17. Jahrhunderts mit seinen häufigen Pestepidemien wurde mit einem Rückgang um ganze neun Jahre bei den Männern die „multisäkulare Talsohle der Lebenserwartung"(LENZ) erreicht, während jene der Frauen überraschenderweise etwas anstieg. Anhand regionaler Sterbetafeln wird deutlich, daß sich die Lebenserwartung bei Geburt von 1740 bis nach 1800 auf einem Plateau zwischen 35 und 38 Jahren bewegte (was möglicherweise mit einem Anstieg der Säuglingssterblichkeit zusammenhängt), während sie für die Zwei- bis Zehnjährigen nach 1770 leicht zunahm.

Frappierend sind die Unterschiede zwischen Stadt und Land: Wurde ein fünfzehnjähriger Bauernknabe in der Schwalm zwischen 1600 und 1649 durchschnittlich 62 Jahre (!) alt, so hatte der in der Leichenpredigt auftretende städtische Oberschichten-Vertreter nur 48 Jahre zu leben. Noch größer sind die Unterschiede bei den Frauen: Ereilte der Tod die Schwälmerin mit knapp 60 Jahren, so mußten Oberschichts-Frauen aus der benachbarten Residenzstadt Marburg durchschnittlich schon mit 40 aus dem Leben scheiden. Bürgerliche wurden tendenziell älter als Adelige, am längsten lebten Geistliche bei einer überdurchschnittlichen Ernährung, relativ gesunden Wohnverhältnissen, einer sicheren Pfründe und körperlich wenig anstrengender Arbeit. Verheiratete Männer und Frauen wurden (trotz körperlicher Überlastung und Kindbettsterblichkeit) wie heute erheblich älter als Ledige; das höchste Alter erreichten (in krassem Unterschied zu heute) aus noch ungeklärten Gründen Witwen und Witwer. Der Anstieg der Lebenserwartung von Jugendlichen und Erwachsenen nach 1650 ging mit einer Verringerung der

Berufs-, zivilstands- und konfessionsspezifische Lebenserwartung

geschlechtsspezifischen Differenzen einher. Ob diese Tendenzen auf die Gesamtbevölkerung übertragen werden dürfen, wissen wir nicht. Neben der sozialen ist jedenfalls mit einiger Wahrscheinlichkeit eine konfessionsspezifische Ungleichheit vor dem Tode in Rechnung zu stellen: In der gemischt-konfessionellen Kleinstadt Oppenheim starben Katholiken selbst unter vergleichbaren sozialen und ökologischen Bedingungen erheblich früher als Protestanten.

6. Wanderungen

Sozialhistorische Migrationsforschung

Die Wanderungsbewegung ist Ausdruck der wirtschaftlichen, sozialen, rechtlichen und auch religiösen Verhältnisse. Ökonomisch handelt es sich um einen Bevölkerungstransfer aus Gebieten mit einem niedrigen Grenzprodukt der Arbeit in solche mit höherer Produktivität, wo zusätzlich beschäftigte Arbeitskräfte positiv zu Buche schlugen. Demographisch wirkte die Wanderungsbewegung komplementär und subsidiär zum Heiratsmuster, indem sie im Rahmen des regionalen oder überregionalen Heiratsmarktes auf die rasche Besetzung vakanter ‚Stellen' und im Rahmen der Familienwirtschaft über die Dienstbotenwanderung auf einen Ausgleich des temporären Ungleichgewichts von Arbeitskräften und Ressourcen hinwirkte, das sich aus dem Haushaltszyklus ergab. Sozialhistorischer Migrationsforschung geht es um retrospektive Beschreibung und strukturgeschichtliche Einbettung von Wanderung als Sozialprozeß in den interdependenten Zusammenhang von Bevölkerung, Wirtschaft und Gesellschaft. Sie untersucht – stark verkürzt – das Wanderungsgeschehen der großen Zahl (Umfang, Verlaufsformen, Strukturen), das Wanderungsverhalten (Zusammenwirken von materiellen und immateriellen Schub- und Anziehungskräften in den Ausgangs- und Zielräumen) und die Folgeerscheinungen von Wanderungsgeschehen und -verhalten für beide Seiten. Räumlich reicht das Beobachtungsfeld vom Makrokosmos internationaler Fernwanderungen bis hin zum Mikrokosmos der verschiedenen Formen regionaler bzw. lokaler Mobilität und den entsprechenden Fallstudien mit größerer sozialhistorischer Tiefenschärfe. Zeitlich reicht das Feld von Längsschnittdarstellungen zu einzelnen Wanderungsbewegungen bis hin zu Querschnittsanalysen mittlerer Reichweite durch das gesamte zeitgleiche Wanderungsgeschehen in einem Raum und über seine Grenzen. Für die gängige Differenzierung nach Aus- und Einwanderung sowie Binnenwanderung liefern die Quellen bei der territorialen Zersplitterung Deutschlands keine brauchbaren Kriterien, und zwar nicht nur, weil Teilstaaten wie Preußen und die Habsburgermonarchie auch Territorien außerhalb des Reiches einschlossen: Schon das Verlassen einer niedergerichtlichen Herrschaft galt in der Frühen Neuzeit als Auswanderung, sogar dann, wenn Aus- und Einwanderungsort dem gleichen Landesherrn unterstanden. In der neueren Literatur werden Ein- und Auswanderung auf die Überschreitung heutiger Grenzen bezogen. Grundlegende Aussagen über die geographische Mobilität sind bisher höchstens im regionalgeschichtlichen Rahmen möglich und bleiben im wesentlichen auf das 18. Jahrhundert beschränkt.

6.1 Binnenwanderung

Der Zug vom Land in die Stadt läßt sich bis ins Mittelalter zurück verfolgen. Unter dem demographischen Gesichtspunkt stellt sich die Frage nach der räumlichen Herkunft, den zeitlichen Veränderungen sowie dem Umfang, der alters- und geschlechtsmäßigen Gliederung des Zustroms, unter sozialgeschichtlichem Gesichtspunkt jene nach der beruflichen und sozialen Zusammensetzung der ländlichen Zuwanderer und dem Grad ihrer sozialen Mobilität in der Stadt. Einzuschließen ist die Untersuchung allfälliger Rückwirkungen auf die Bevölkerungsstruktur der Herkunftsräume sowie die Differenzierung nach Stadttypen (GERTEIS). Lange Zeit galt als unbestritten, daß keine größere Stadt ihre Einwohnerzahl aus sich selber heraus halten konnte, sondern auf Zuwanderung angewiesen war. Als erster wies der politische Arithmetiker GREGORY KING anhand der Kirchenbücher nach, daß in London ständig mehr Menschen begraben als getauft wurden. Der preußische Demograph JOHANN PETER SÜSSMILCH schloß aus dem festgestellten natürlichen Bevölkerungsverlust deutscher Städte, die Sterblichkeit sei abhängig von der Bevölkerungsdichte, und argumentierte, es sei besser, wenn sich die Menschen auf viele kleinere Städte verteilten. *Sterblichkeitsüberschuß in Städten*

Karten der Zuwanderung in Städte zeigen im Normalfall das Bild einer dichten Einwanderung aus dem Kernraum der näheren und nächsten Umgebung der Stadt, der dem engeren Marktbereich und der Zone engster Verflechtung entspricht, und eine Abnahme der Anziehungskraft mit wachsender Entfernung. So zogen im Zeitraum 1729–1765 zwischen 4800 und 8000 Personen nach Braunschweig und 3000–5100 Personen nach Wolfenbüttel, wobei aus einem innersten konzentrischen Kreis von 6 km um die beiden Städte *Das Beispiel der Städte Braunschweig und Wolfenbüttel*

rein rechnerisch je wenigstens zwei Drittel des anhand der Kirchenbücher ermittelten Geburtenüberschusses abflossen. Diesem ständigen Zustrom stand ein Abgang durch Abwanderung und ein beträchtlicher Sterbeüberschuß gegenüber, so daß die Bevölkerungszahl der beiden Städte nur gerade gehalten werden konnte. Die Verluste im Umland wurden vermutlich durch Zuzug von außen wieder ausgeglichen, das heißt innerhalb des homöostatischen Systems kommunizierender Röhren auf ein größeres Territorium umgelegt.

Konfessionelle Wanderungsbarrieren

Das in der Einwanderung sichtbare Umland kann in der Regel nicht mit einer glatten, runden Grenzlinie umrissen werden; es zeigt ausgeprägte Ausdehnungsspitzen in Richtung der Hauptverkehrsstraßen, während dazwischen Gebiete relativ niedriger Einwanderungsdichte liegen. Keine Gültigkeit scheint das Distanzmodell in konfessionellen Grenzräumen zu haben, wie am Beispiel von Koblenz nachgewiesen worden ist. Die räumliche Verteilung der Zuwanderung wies dort keine konzentrische Struktur auf: Vielmehr stellten die lutherischen oder reformierten Territorien im benachbarten Hunsrück im Unterschied zu weiter entfernten katholischen Territorien kaum eine Handvoll Zuwanderer, das nur 7 km von Koblenz entfernte Dorf Winningen gar keinen einzigen. Ähnlich gering war der Bevölkerungsaustausch zwischen den wie ein Keil in die protestantischen Territorien hineinragenden rechtsrheinischen Ämtern des Kurfürstentums Köln und ihrem protestantischen Umland. „Dies läßt erkennen, daß die Konfessionsgrenze bis zum Ende des 18. Jahrhunderts weit weniger durchlässig war als die Staats- oder Sprachgrenzen. Trotz der Beruhigung der konfessionellen Streitigkeiten teilte sie Deutschland weiterhin in zwei sich weitgehend fremd gegenüberstehende menschliche und kulturelle Gemeinschaften" (FRANÇOIS).

Räumliche und soziale Herkunft der Zuwanderer in die Stadt

Neben der Land-Stadt-Wanderung müssen wir mit einer Wanderung von kleinen, natürlich wachsenden in größere Städte, also einer Stadt-Stadt-Wanderung, über größere Distanzen rechnen. Dabei gilt, sehr stark vereinfacht: Je qualifizierter der Beruf und je höher sein Ansehen, desto entfernter und städtischer der Herkunftsort. So waren die Neubürger Nördlingens im 17. Jahrhundert ebenso reich oder reicher als ihre einheimischen Mitbürger. Der Handwerkerstand, soweit er sich von außen ergänzte, erhielt seinen Zuzug zum größten Teil aus anderen Städten, also über größere Distanzen, während der ländliche Zustrom zur Ergänzung der Bevölkerungsschicht der Ungelernten und der einfacheren Berufe der städtischen Wirtschaft aus der näheren Umgebung floß (PENNERS). So stammten in Danzig mehr als die Hälfte der über die Bürgerbücher erfaßbaren Einwanderer aus den direkt oder indirekt mit der Stadt durch den Handel verbundenen Küstenstädten und ihrem Umland, im 16. und frühen 17. Jahrhundert teilweise aus den Niederlanden, im 18. Jahrhundert fast ausschließlich aus dem deutschen Kolonialgebiet im Ostseeraum, während aus dem ländlichen Umland vorwiegend Arbeiter und Handwerker zuzogen.

Die Stärke der Zuwanderung wurde primär durch das Angebot offener Nahrungsstellen gesteuert: Herausragende steile Anstiege der Aufnahmen von Neubürgern können häufig mit Pestzügen in Zusammenhang gebracht werden. In Nördlingen wurden beispielsweise während des schweren Pestzuges von 1521 nur halb so viele Neubürger aufgenommen wie im langjährigen Durchschnitt. Im folgenden Jahr stiegen die Aufnahmen dagegen auf gut das Doppelte und gingen dann stufenweise wieder zurück. Die hohe Zahl von Einheiraten in Bürgerfamilien deutet, vereinfacht gesehen, darauf hin, daß Handwerksgesellen, die von der Seuche verschont worden waren, auf die Plätze von verstorbenen Meistern nachrückten, worauf dann die frei gewordenen Arbeitsstellen für Gesellen durch Zuwanderer eingenommen wurden. In der Situation der Pest, wo eine Vielzahl von Nahrungsstellen oft binnen Tagen verwaiste, wurden die normalerweise gestellten hohen Forderungen an die Eintrittswilligen vorübergehend gelockert, bis hin zur offenen Lockung mit Vergünstigungen. Waren die Nahrungsstellen knapp, konnte der Zustrom von Neubürgern durch erhöhte Anforderungen oder die konsequentere Handhabung bestehender Vorschriften gedrosselt werden.

Das städtische Stellenangebot als Steuerungsgröße

Nur ein bescheidener Teil der nicht privilegierten Schichten, die den Löwenanteil der Zuwanderer stellten, brachte genügend Geld, Kenntnisse oder Verbindungen mit, um in die Schicht der Kaufleute und Handwerker aufzusteigen. Nicht sozialer Aufstieg, sondern auskömmliche Nahrung in einem der Herkunft angemessenen Rahmen mag das Ziel der Stadtwanderer gewesen sein. Die Hälfte bis höchstens zwei Drittel von ihnen gelangte in Positionen, die ihrer sozialen Herkunft entsprachen. Die übrigen mußten einen sozialen Abstieg hinnehmen.

Soziale Mobilität der Zuwanderer

Seit einiger Zeit kristallisiert sich aus der wachsenden Zahl von Regionalstudien das Ergebnis heraus, daß auch die ländliche Bevölkerung, vor allem die weniger bodengebundenen Schichten, ihren Wohnsitz auf der Suche nach Unterkunft und Arbeit erstaunlich oft wechselten, wobei am migrationsfreudigsten stets die Dienstboten

Ländliche Nahwanderung

waren, die ihre Wanderbewegungen an die Gegebenheiten des Arbeitsmarktes anpaßten. Die lebensphasenspezifische Gesindewanderung führte meist über einen als Nahbereich definierten Raum nicht hinaus. Möglicherweise gab es (im Sinne von Alternativen) miteinander strukturell verbundene Systeme von lebensphasenspezifischer Wanderung, die systematisch unterschiedlich einzuordnende Wanderungsformen miteinander verbanden und die auf dem Verbund überregionaler Arbeitsmärkte basierten.

Das Beispiel des schleswig-holsteinischen Leezen

In dem von ROLF GEHRMANN untersuchten schleswig-holsteinischen Dorf Leezen stammten bei zwei Fünfteln der zwischen 1720 und 1800 geschlossenen Ehen beide Partner aus dem Dorf, knapp 8% wurden zwischen Auswärtigen geschlossen, bei den restlichen, „gemischten" Verbindungen überwog der Anteil der auswärtigen Frauen jenen der auswärtigen Männer. In vier Fünftel aller Fälle stammten die Partner aus dem unmittelbaren Nahbereich von weniger als zehn Kilometern. Von den in Leezen Geborenen wanderten 40–50% nach ihrem fünfzehnten Geburtstag aus dem Kirchspiel ab, der größere Teil als Dienstboten im Ledigenalter, wobei die Kinder der Insten (der Unterschicht) weitaus häufiger wegzogen als jene der Oberschicht. Angaben zur Nettowanderung sind erst vom Zeitpunkt der ersten Volkszählung (1803) an möglich, doch deuten die vorhandenen älteren Daten darauf hin, daß bei den Wanderungen zwischen dem Kirchspiel und den Dörfern des Nahbereichs längerfristig von einer Nullbilanz gesprochen werden kann, indem die Migration tendenziell die mortalitätsbedingten Abweichungen von einem Gleichgewichtszustand ausglich.

Innerdörfliche Mikro-Mobilität: Das Beispiel Langnau

Auch innerhalb eines Dorfes muß mit einem ständigen Hin und Her in den weniger bodengebundenen Schichten gerechnet werden. Im bernischen Langnau behielten zwischen 1751 und 1763 nur 42% aller Haushalte ihren Wohnsitz über die gesamte Untersuchungsperiode hinweg bei. 27% der Haushalte, meist solche der untersten Steuerklassen, die nicht an existenzsichernden Grundbesitz gebunden waren, veränderten ihren Wohnsitz innerhalb der Gemeinde. Die übrigen lösten sich durch den Tod beider Hauseltern auf, oder ihre Mitglieder zogen aus der Gemeinde weg.

Berufliche Herkunft der Migranten

Hinweise über die berufliche Herkunft der „Auswanderer" liefert eine Umfrage der dänischen Krone in Schleswig-Holstein von 1753: Dienstboten und Tagelöhner (33% der erfaßten mobilen Personen) zogen auf der Suche nach Arbeit aus den ärmeren Landstrichen der Geest und Jütlands nach Dithmarschen, Eiderstedt und in die Städte. Angehende Handwerker (29%) suchten als Lehrlinge die nahegelegenen Städte, als Gesellen weiter entfernte Orte auf. Weitere mobile Gruppen umfaßten die Seeleute, Beamten, Lehrer, Pastoren und Studenten.

6.2 Einwanderung

Die durch die obrigkeitlich verfügte konfessionelle Gleichschaltung als Folge der Glaubensspaltung ausgelösten Wanderungsschübe stehen zeitlich zwischen der hochmittelalterlichen Ostsiedlung und den Flüchtlingsströmen unserer Zeit. In den *Niederlanden* löste die Rekatholisierungspolitik des Herzogs von Alba einen Strom von Konfessionsflüchtlingen aus. Nach dem Aufstand von 1567 flohen 5000–7000 Niederländer ins Reich, ihre Zahl wuchs nach der Eroberung Antwerpens durch Alexander Farnese bis gegen Ende des Jahrhunderts auf rund 19 000 Personen an (SCHILLING). Die Niederländer fanden unter anderem in Frankfurt, Köln, Emden, Wesel, Aachen und Hamburg Aufnahme. Durch ihre eigentümliche Arbeitsform, die auf dem Prinzip des freien Wettbewerbs aufbaute, trugen sie in Frankfurt eine große Unruhe in die Bürgerschaft. Widerstand gegen die Fremden, oft mit konfessionellen Argumenten, leisteten Handwerkerkreise, die sich durch die überlegenen neuen Technologien und Betriebsformen von sozialem Abstieg bedroht sahen.

Konfessionsflüchtlinge im 16. Jahrhundert

Oft verstärkten die religiösen Spannungen der Reformationszeit bestehende ältere Einwanderungsbewegungen, wie dies etwa bei den schottischen Wanderhändlern der Fall war, die sich schon im frühen 16. Jahrhundert in Vorpommern (Stralsund, Greifswald) festsetzten. Um die Jahrhundertwende kamen gegen 11 000 Exulanten aus Innerösterreich, Steiermark, Kärnten und Krain in das Reich.

Nach 1648 war Deutschland für viele Jahrzehnte Einwanderungsland. Die Gebiete, die vom Dreißigjährigen Kriege überdurchschnittlich betroffen worden waren, wurden vorübergehend zu demographischen „Tiefdruckgebieten", in welche Glaubensflüchtlinge oder – oft im Zusammenhang mit dem jugendlichen Gesindedienst – Zuwanderer aus Nachbarräumen einströmten, die vom Kriege weitgehend verschont geblieben waren.

Einwanderung in den Südwesten nach 1650

Das *Elsaß* und das *Markgräflerland* wurden vorwiegend durch Bauern, Sennen, Dienstboten und Tagelöhner von der Schweiz aus wiederbesiedelt. Werber, die von Dorf zu Dorf zogen, priesen ihre Zielländer an. Aus dem Kanton Zürich wanderten bis 1662 über

4000 Personen aus, aber selbst in den Spitzenjahren 1649–51 fiel die jährliche Emigrationsrate von knapp 0,5% für das Herkunftsland kaum ins Gewicht. Neben den Schweizern kamen Flamen und Wallonen, meist Wollweber, Bauern und Landarbeiter. Im *Saarland* stammte ein Teil der Neusiedler aus den Nachbarlandschaften Lothringen, Kurpfalz und Kurtrier, ein Teil aus der Schweiz, nach 1700 aus Tirol. Aus dem Gebiete der oberitalienischen Seen wanderten nach dem Dreißigjährigen Krieg Hausierer, Krämer und Kaufleute ein.

Einwanderung nach Württemberg, Franken und Schwaben

Württemberg nahm Einwanderer aus der Schweiz, Vorarlberg, Bayern und Tirol auf. In *Franken* und *Schwaben* dominierten Glaubensflüchtlinge aus den österreichischen Ländern. Der Strom der Exulanten schwoll nach dem mißglückten Bauernkrieg von 1626 an und dauerte auch nach Friedensschluß fort: Die Gesamtzahl der Glaubensflüchtlinge schätzt FRANZ für ganz Österreich auf 30000 bis 40000, neuere Schätzungen liegen viermal höher; in den fränkischen Dörfern setzte sich ein Drittel bis die Hälfte der Bevölkerung aus Exulanten zusammen (RUSAM).

Einwanderung nach Mitteldeutschland

Von den auf rund 150000 geschätzten böhmischen Exulanten strömten einige zehntausend nach *Sachsen*, die *Oberlausitz* war bevorzugtes Zufluchtsgebiet von Glaubensflüchtlingen aus der Herrschaft Friedland. Zahlreiche schlesische Familien wurden zur Auswanderung nach Polen, in die Lausitz und nach Brandenburg gezwungen. Drei Viertel der Neusiedler im *Erzstift Magdeburg* stammten aus dem niedersächsischen Raum. Der Süden der Mark Brandenburg wurde von den angrenzenden sächsischen und vor allem lausitzischen Gebieten, aber auch von Böhmen her neubesiedelt, der nördliche Teil aus dem mecklenburgisch-niedersächsischen Raume, der Wiederaufbau *Mecklenburgs* war ein innerer Siedlungsvorgang. In den Neusiedlungsgebieten wechselte die Bevölkerung rasch, es brauchte Jahrzehnte, bis sich wieder von Seßhaftigkeit sprechen läßt.

Ethnische und konfessionelle Gesichtspunkte

Die Ansiedler verteilten sich nach der Konfession. Vor allem die Schweizer Obrigkeiten waren sorgsam darauf bedacht, daß den Auswanderern auch in der Ferne die freie Ausübung des Gottesdienstes gemäß ihrem Bekenntnis zugestanden wurde. Die Schweizer Reformierten bildeten in lutherischen Gebieten mit Unterstützung ihrer Obrigkeiten oft geschlossene Gemeinden, die lange ihre Eigenart bewahrten. Ethnische Schranken wurden in der Mark Brandenburg, in der Niederlausitz, Pommern, Preußen und im Baltikum gegen die dauernde Niederlassung slawischer Minderheiten

6. Wanderungen   51

errichtet, indem Nichtdeutsche vom Bürgerrecht ausgeschlossen wurden. Westlich der Elbe richtete sich diese sogenannte Deutschtumsforderung gegen die Wenden, die Überreste jenes slawischen Volksstammes, der nach der Völkerwanderung am weitesten nach Westen vorgedrungen war.

Die Auswanderung von Glaubensverfolgten erfolgte primär unter den Bedingungen einer Flucht vor dem obrigkeitlich erzwungenen Wechsel des Bekenntnisses. Doch spielte für den Entschluß auch das Angebot von Asylländern respektive -städten eine Rolle, die Flüchtigen aufzunehmen. An die Bereitschaft zur Aufnahme niederländischer Immigranten im späten 16. Jahrhundert knüpften die vorwiegend aus dem Kaufmannsstand stammenden Magistrate Frankfurts, Kölns, Wesels und Aachens die Hoffnung auf technologische Innovationen für das krisengeschüttelte Textilgewerbe und neue Organisationsformen des Handels. Entsprechend waren wirtschaftliche Motive ausschlaggebend dafür, daß sich überzeugte Calvinisten unter den Auswandernden auch im katholischen oder lutherischen Städten ansiedelten. *Bevölkerungs- und wirtschaftspolitisch motivierte religiöse Toleranz*

In die Richtung einer frühmerkantilistischen Peuplierungspolitik weist die Verordnung des Landgrafen Moritz von Hessen-Kassel von 1604, die der Religion halber Vertriebenen seien „wohl" aufzunehmen, zu beherbergen und es sei ihnen eine zweijährige Freiheit von allen Abgaben zu gewähren (LASCH). Die Aufnahme von Religionsflüchtlingen führte im 17. Jahrhundert vielerorts zur Gründung von eigentlichen Exulantenstädten. Die Verleihung von Religionsfreiheit wurde dabei gezielt als bevölkerungspolitische Strategie eingesetzt. Ein Musterbeispiel einer religiösen Freistatt ist die von dem kalvinistischen Grafen Friedrich III. von Wied 1647 gegründete Stadt Neuwied am Rhein, die schließlich nicht weniger als sieben Religionsgemeinschaften (Reformierten, Lutheranern, Katholiken, Mennoniten, Inspirierten, Herrnhutern und Juden) eine Freistatt bot. Einen entsprechenden Passus kennen in ihren Freiheitsbriefen nahezu alle neugegründeten absolutistischen Residenzstädte, unter anderem Mannheim und Ludwigsburg. *Gründung von Exulantenstädten*

Der Widerruf des Edikts von Nantes 1685 löste einen umfangreichen Einwanderungsschub von französischen Hugenotten aus: Zwischen 200 000 und 300 000 der in den 1670er Jahren wohl noch ca. 900 000 Seelen zählenden Hugenotten, die damals etwa 5 % der Gesamtbevölkerung Frankreichs ausgemacht hatten, emigrierten auf illegalem Wege ins protestantische Ausland. Die Hugenotten wurden an ihren temporären Aufenthaltsorten in der Schweiz und *Einwanderung der Hugenotten* später in Frankfurt von Beauftragten deutscher Fürsten aufgesucht und im Interesse einer merkantilistischen Peuplierungs- und Modernisierungspolitik gezielt angeworben. 1699 fanden 3000 reformierte Waldenser französischer Zunge, die aus Savoyen vertrieben worden waren, in Brandenburg-Preußen und in der Kurpfalz Aufnahme. 1704 folgte ein Flüchtlingsschub aus dem südfranzösischen Fürstentum Orange, das nach dem Tode des Oraniers Wilhelm III. den Unterdrückungsmaßnahmen des „Sonnenkönigs" ausgesetzt wurde. Der Erfolg vieler Hugenotten in ihrer neuen Heimat wurde in Frankreich bekannt, was im Verlaufe des 18. Jahrhunderts weitere Kalvinisten zur Auswanderung nach Brandenburg-Preußen bewog.

Ansiedlung der Hugenotten in Preußen

Rund 44000 Hugenotten ließen sich in Deutschland nieder, davon rund 14000 in den brandenburg-preußischen Territorien. Mehr als ein Drittel der Flüchtlinge wandte sich nach Berlin, so daß um 1700 fast jeder dritte Berliner ein Franzose war. Ein Teil der Exulanten fand in Deutschland – vorwiegend in Hessen und Brandenburg-Preußen – Aufnahme. Über die garantierte Handels- und Gewerbefreiheit hinaus wurden den Neusiedlern zahlreiche weitere Zugeständnisse – Steuerfreijahre, kostenfreies Bauland und Baumaterial bis hin zu billigen Krediten zur Errichtung einer Manufaktur – gemacht, lauter Maßnahmen, die durchaus einem Vergleich mit modernen staatlichen Innovationshilfen oder Maßnahmen zur Wirtschaftsförderung standhalten. Ungewöhnlich und weitblickend war ferner die sofortige staatsrechtliche Gleichstellung der Neubürger einschließlich des freien Zugangs zu allen Ämtern. Im Potsdamer Edikt gewährte der Große Kurfürst die öffentliche und uneingeschränkte Glaubensausübung in allen Orten, an denen diese sich niederlassen wollten. Damit durchbrach er das Prinzip des konfessionell einheitlichen Staates und ging ansatzweise den Weg zum modernen, religiös toleranten Staat. Seinem Beispiel folgten weitere protestantische Territorien. Die Ansiedlung vollzog sich nicht ohne Konflikte mit der einheimischen Bevölkerung und den Institutionen: Für die strenggläubigen märkischen Lutheraner waren die Hugenotten Ketzer, und die Flüchtlinge verweigerten trotz Androhung strenger Strafen in den Formen bäuerlichen Widerstandes mit Erfolg die Frondienste. Sie wurden schließlich auf den königlichen Domänen zu Bedingungen angesiedelt, die für die einheimische Bevölkerung erst mit den Agrarreformen des 19. Jahrhunderts Realität wurden. Ihr Status wurde zum erstrebenswerten Ideal für die deutschen Amtsuntertanen.

Ein Nachhutgefecht gegenreformatorischer Repressionspolitik

ist die gewaltsame Austreibung von rund 22 000 Protestanten durch den Salzburger Erzbischof Firmian in den Jahren 1731/32. Gegen 4000 „Ungesessene" (Knechte und Mägde) wurden mitten im Winter wie Vieh fortgetrieben. König Friedrich Wilhelm von Preußen erklärte sich bereit, die „Gesessenen" (d. h. die Bauern) als Ansiedler in seine 1709–1711 durch Pest und Fleckfieber um 40% entvölkerte Provinz Litauen aufzunehmen, obschon diese bereits durch Exulanten aus allen Teilen Deutschlands und der Schweiz sowie aus anderen europäischen Ländern wieder besiedelt worden war.

Ausschaffung der Salzburger Protestanten 1731

Vergeblich ersuchten dagegen kurz danach protestantische Böhmen um die Erlaubnis zur Niederlassung. Sie durften nur nach und nach in kleinen Gruppen einwandern, da eine zweite Masseneinwanderung damals nicht erwünscht war. Als fleißige und stille Tuch- und Leinenweber wurden sie von den Einheimischen akzeptiert, im Unterschied zu den seit 1671 wieder zugelassenen Juden, denen es nicht gelang, die ihnen entgegengebrachten Vorurteile abzubauen.

Die preußische Ost-Kolonisation

Insgesamt ließen sich zwischen 1685 und dem Ende des Alten Reiches, hauptsächlich in der friderizianischen Zeit, rund 350 000 Ein- und Zuwanderer in Preußen nieder, zumeist in der Kurmark (33%), in Schlesien (17%) und Ostpreußen (9%). Friedrich ließ durch Entsumpfungsarbeiten in den Niederungen von Oder, Netze und Warthe 50 000 neue Siedlerstellen schaffen, für die auch Kolonisten von außerhalb der Reichsgrenzen angeworben wurden. Damit wurde das krasse demographische Ungleichgewicht zwischen dem Westen und dem Osten des Reiches wieder abgebaut.

Die Solddienstwanderungen sind typologisch nicht sauber zu verorten: Sie trugen zum Teil temporären, teils definitiven Charakter, und je nach der Definition der überschrittenen Grenzen sind sie der Binnenwanderung oder der Emigration bzw. der Immigration zuzuordnen. Das den Reichsständen im Westfälischen Friedensvertrag zugebilligte *Jus armorum* schloß die Befugnis zur Rekrutierung ein, die sowohl durch Aushebung von Truppen als auch durch Werbung erfolgen konnte. Es blieb faktisch dem Gutdünken des jeweiligen Landesherrn überlassen, ob er in seinem Territorium Werbungen zuließ. In der Landgrafschaft Hessen-Kassel wurde die Annahme jeglicher Art von Kriegsdiensten ohne landesherrliche Genehmigung verboten. Bei der starken territorialen Zersplitterung und dem Bestreben, die eigenen Untertanen zu schonen, war es unausweichlich, daß sich benachbarte Territorien laufend gegenseitig über die Landesgrenzen Söldner abwarben, die als „Ausländer" gal-

Solddienst- und temporäre Arbeitswanderungen

ten – dies zum Teil mit Methoden, die an Menschenraub grenzten. Neben den deutschen „Ausländern" dienten in den Heeren deutscher Fürsten auch Söldner aus benachbarten Staaten, oft in „national" gemischten Einheiten. Im Herzogtum Braunschweig standen im 18. Jahrhundert rund ein Viertel „Ausländer" unter Waffen. Im preußischen Heer der friderizianischen Zeit galt eine „Ausländerquote" von 50% als hinlänglich – 1786 standen rund 83 000 „Fremde" unter den Fahnen, darunter Einheiten aus dem Königreich Ungarn und seinen Nebenländern, Italien, den Niederlanden und der Eidgenossenschaft. Andererseits dienten Deutsche in ausländischen Armeen, vor allem in den Niederlanden. Um 1700 zählte das niederländische Heer mehr als 50 000 Ausländer. Und auf den Schiffen der Vereinigten Ostindischen Kompagnie stammte im 17. und 18. Jahrhundert gut jeder fünfte Matrose aus dem Reich.

6.3 Auswanderung

Einzelauswanderung bis zum Dreißigjährigen Krieg

Deutschland war für Jahrhunderte ein klassisches Auswanderungsland. Nachdem die Ostsiedlung infolge der Verluste durch die Pest im späten 14. und 15. Jahrhundert zum Stehen gekommen war, blieb eine Einzelauswanderung von beachtlichem Umfange bestehen. Auswanderungsschübe wie der von rund 500 Remstälern nach Ungarn nach dem gescheiterten Aufstand des Armen Konrad 1514 und die längerfristig anhaltende religiös motivierte Gruppenauswanderung der Hutterer aus Württemberg donauabwärts nach Mähren sind von bescheidenem Umfange geblieben. Der Tübinger Vertrag von 1514 und die erläuternde und ergänzende kaiserliche Deklaration aus dem Jahre 1520 hatten allen, auch den mit Leibeigenschaft behafteten Untertanen, den freien und kostenlosen Zug außer Landes unverbrüchlich zugesichert.

Größe und Bedeutung der Auswanderung im 18. Jahrhundert

Noch ehe die Bevölkerungsverluste des Dreißigjährigen Krieges wettgemacht waren, setzte die Auswanderung wieder ein. Im 18. Jahrhundert war die Emigration aus den Gebieten des Reiches in europäische Staaten und nach Übersee die bedeutendste grenzüberschreitende Wanderungsbewegung europäischen Ursprungs. Bis um 1800 fanden schätzungsweise 200 000–500 000 Deutsche den Weg in die Neue Welt, 100 000–350 000 Emigranten fuhren die Donau hinab nach Südosteuropa, gegen 50 000 suchten in Polen (Galizien) und Rußland und jeweils 10 000 bis 15 000 in zeitweiligen Zielländern wie Spanien, Dänemark oder Französisch-Guyana eine neue Heimat, insgesamt dürfte sich die Zahl der Auswanderer von

1683 bis 1800 zwischen 250000 und einer knappen Million bewegt haben. Im Herzogtum Württemberg ist für das 18. Jahrhundert mit einer mittleren durchschnittlichen Auswanderungsziffer von 0,5% der Bevölkerung zu rechnen, wobei die Auswanderung höchstens 20% des Geburtenüberschusses absorbierte.

Die deutsche Auswanderung nach Nordamerika konzentrierte sich vor 1800 auf die Periode zwischen der Gründung von Germantown (1683) und dem Ausbruch des amerikanischen Unabhängigkeitskrieges (1775). Mennoniten oder Quäker aus Krefeld schufen durch ihre Gründung von Germantown (1683) auf Einladung des Quäkers William Penn eine heimatverbundene Anlaufstelle für die folgenden Auswanderer. Briefe stellten den Rückfluß von Nachrichten über die Reise und weit entfernte Arbeits- und Siedlungsmöglichkeiten im Sinne eines ‚Feedback' sicher. Im 18. Jahrhundert bildete sich mit Hilfe eines von englischen Kaufleuten finanzierten Werber- und Schleppertums ein Migrationspfad aus dem Rheinland und Süddeutschland über Rotterdam nach Philadelphia aus. Treibend wirkte die Gewährung von Reisekrediten, welche die Neuankömmlinge als „weiße Sklaven" in einer vertraglich festgesetzten Frist abzuverdienen hatten, bevor sie ihr eigener Herr wurden. Daß die Transportbedingungen im Zwischendeck auf Schiffen, die nicht eigens für den Passagierverkehr eingerichtet waren und deren Ladekapazität man meist bis zum äußersten ausnutzte, miserabel waren, daß es fast immer an den einfachsten hygienischen Vorkehrungen wie an medizinischer Betreuung fehlte und meist an ausreichender Versorgung mit einigermaßen brauchbarem Trinkwasser mangelte, ist hinreichend bekannt. Entsprechend hoch – bis zu 10% – war der Prozentsatz derjenigen, welche die Atlantikpassage nicht überlebten. Als besonders gefährdet erwiesen sich Kinder von ein bis sieben Jahren. Die Ankömmlinge waren trotz ihres meist jugendlichen Alters wesentlich anfälliger für Malaria und Gelbfieber als die im Land ansässige Bevölkerung. Der Emigrationsprozeß wurde durch französisch-englische Seekriege (Spanischer Erbfolgekrieg, Siebenjähriger Krieg, amerikanischer Unabhängigkeitskrieg, französische Revolutionskriege) stark gedrosselt. Eine größere Emigrationswelle mit Wanderungszielen in Pennsylvania, Maine, Neuschottland, Georgia und Südkarolina vermochte sich in der Zeit zwischen dem Ende des österreichischen Erbfolgekrieges und dem Beginn des englisch-französischen Kolonialkrieges in Nordamerika (1754) aufzubauen; eine kleinere zwischen dem Ende des Siebenjährigen Krieges und dem Beginn des amerikanischen Unabhängigkeitskrieges.

Während dieses Krieges wurden knapp 30000 junge Männer von ihren Fürsten als Söldner an die Briten verkauft; 5000–8000 von ihnen benutzten die Gelegenheit zur Flucht und ließen sich als Siedler nieder.

Emigration nach Südosteuropa

Die Emigration nach Südosteuropa wurde durch die Kolonisationspolitik der Habsburgermonarchie stärker obrigkeitlich gesteuert und kontrolliert, vorwiegend durch die Freigabe von Siedlungsland und die Gewährung von Reisekrediten. Es galt, die den Türken abgenommenen, fast menschenleeren Territorien zu besiedeln und sie damit zugleich gegen neuen Zugriff besser abzusichern. Die Habsburger beschränkten sich in der ersten Hälfte des 18. Jahrhunderts darauf, Kolonisten für die Ansiedlung auf Gütern privater Herrschaften zu gewinnen. Werbungen waren von Wien aus schnell in Gang zu bringen, und die Risiken, Mühen und Kosten der Reise donauabwärts über die „trockene Grenze" fielen weniger ins Gewicht als bei der Atlantikpassage. Die Auswanderer stammten von der geographischen Orientierung und ihrer Konfession her fast ausschließlich aus den Gebieten südlich der Donau. Bis zum Toleranzedikt Josephs II. 1781 waren nur Katholiken zugelassen.

Emigrationswelle nach dem Siebenjährigen Krieg

Während des Siebenjährigen Krieges hielt das Kampfgeschehen die Auswanderungswilligen zurück. Mit dem Frieden von Hubertusburg löste sich 1763 der Wanderungsstau, und ein Strom von Auswanderern ergoß sich in die menschenleeren Weiten Amerikas, in den Osten Preußens, nach Südosteuropa und Rußland. Mit dem Versprechen auf 32 ha unentgeltliches Kulturland an der Unteren Wolga konnte die russische Zarin Katharina II. 1766 rund 30000 Kolonisten aus den Staaten Hessen-Kassel und Hessen-Darmstadt gewinnen, welche den Kern der späteren wolgadeutschen Volksgruppe bildeten. Durch den weitgehenden Verzicht auf die in der ersten Hälfte des Jahrhunderts geforderte Vermögensqualifikation und Leumundszeugnisse, die Gewährung von Reisegeldzuschüssen sowie das Erscheinen neuer Zielländer (Frankreich für Cayenne, Dänemark für Jütland, Spanien für Mallorca) wurden auch die bisher in den Kolonisationsländern abgewiesenen Bevölkerungsgruppen angesprochen.

Strukturelle Gründe: Erbrecht und territoriale Zersplitterung

Gewöhnlich durchdrangen sich unauflöslich abstoßende *(push)* und anziehende *(pull)* Ursachen, objektive Gründe und subjektive Motivationen. Auffallend ist, daß sich die Haupt-Auswanderungsräume im Südwesten des Reiches fast ausnahmslos mit jenen Gebieten decken, wo statt des üblichen Anerbenrechts, bei welchem nur einer der Erben den Hof bei Abfindung der anderen zum Ertragswert übernahm und die „Überschußbevölkerung" teilweise abwanderte, Realerbteilung üblich war. In diesen Gebieten war die Bewirtschaftung auf der Grundlage günstiger naturräumlicher und ökonomischer Bedingungen intensiviert worden, was ein stärkeres Bevölkerungswachstum bewirkte und ermöglichte, aber der Anfälligkeit für Krisen Vorschub leistete und damit der Bereitschaft zur Auswanderung den Boden bereitete. Offene oder latente Not reichten jedoch nicht hin, um einen Emigrationsstrom in Richtung auf ein Aufnahmeland in Bewegung zu setzen. Darüber hinaus bedurfte es intensiver Werbeanstrengungen von seiten interessierter Fürsten, Großgrundbesitzer, Reeder und Kapitäne, wobei bezeichnenderweise gerade die „anfälligsten" und vielversprechendsten Gebiete mit der größten Bevölkerungsdichte am intensivsten bearbeitet wurden. Es waren zumeist auch jene, die dem Propagandafeldzug der Werber auf Grund ihrer territorialen Zersplitterung verhältnismäßig wenig Widerstand entgegensetzen konnten.

Die Auswanderer entstammten in ihrer Mehrzahl den unterbäuerlichen Schichten, die in Krisenzeiten am ehesten genötigt oder bereit waren, „eine mögliche Chancenverbesserung durch geographische Mobilität anzustreben" (HIPPEL). Sie reisten in der Regel im Familienverband oder in Gruppen von Nachbarschaften, nachdem zuerst eigene Kundschafter die Ungewißheit abgebaut hatten; oft genug übertrugen sie die Nachbarschaft aus der alten in die neue Heimat. Generell waren unter den Einwanderern einerseits Ledige, andererseits kinderreiche Familien stark vertreten. *Soziale Herkunft der Auswanderer*

Ausgelöst wurde der Wanderungsentschluß meist durch äußere Ereignisse: Erntekrisen, Kriege sowie konfessionelle Repression. Die für die Auswanderung kennzeichnenden Schübe entstanden im Wechselspiel von Lebensbedingungen in der alten und vermuteten Lebenschancen in der neuen Heimat. Dabei kam der Angebotsseite großes Gewicht zu, denn in den Ausgangsgebieten war ständig ein beachtliches Migrationspotential vorhanden. Inwieweit es mobilisiert wurde, hing maßgeblich von tatsächlichen oder vermeintlichen Gelegenheiten ab, in der Ferne eine bessere Existenz aufzubauen. *Äußere Ereignisse als Auslöser des Entschlusses zur Wanderung*

So wurde die Auswanderungswelle der „Pfälzer" nach Nordamerika von 1709, die Tausende von Opfern kostete, durch eine Flugschrift ausgelöst, die nach der Erntekrise von 1708/09 und dem Extremwinter von 1709 mobilisierend wirkte. Scharen von Winzern und Bauern verließen ihre Heimat am Oberrhein und in Franken, weil überall Broschüren mit dem Bild der Königin von England in Gold auf der Titelseite – deshalb das goldene Buch genannt – in *Auswanderungsfieber: Der Zug der „Pfälzer" in die Neue Welt*

Umlauf waren, die dazu aufforderten, nach England zu kommen. Von dort aus werde der Weitertransport nach Carolina oder in eine andere Kolonie auf Kosten der Königin erfolgen; das stellte sich in der Folge als Täuschung heraus.

Migrationspolitik in den Aufnahme- und Herkunftsländern Der Migrationspolitik der Obrigkeiten in den Herkunfts- und Aufnahmeländern ist eine nicht zu unterschätzende Bedeutung für die Intensität des Auswanderungsvorganges beizumessen. Anfangs des 18. Jahrhunderts hatten Vermögensqualifikationen in den Aufnahmeländern die Wanderung größerer Bevölkerungsgruppen behindert, während die Herkunftsländer ihre überschüssigen Armen gerne hatten ziehen lassen. Um die Jahrhundertmitte veränderte sich die politische Bewertung des Migrationsvorgangs: Unter dem Einfluß der kameralistischen Wirtschaftstheorie wurden Einwanderer als Arbeitskräfte begehrt, während man in den Herkunftsländern ihren Wert als billige Arbeitskräfte erkannte. Durch eine Politik der Dissuasion und „Informationsverhinderung auf unterster Ebene" versuchten die Obrigkeiten der Herkunftsländer, den Ausbruch des „Auswanderungsfiebers" vorbeugend zu bekämpfen: Temporäre Rückkehrer wurden als mögliche „Verführer" von Untertanen bespitzelt und verhört, euphorische Emigrantenbriefe kassiert. Andererseits wurden schwarzmalerische Berichte durch die amtliche Gegenpropaganda hochgespielt. In Württemberg versuchte man den Exodus zu bremsen, indem man den im Lande bleibenden Untertanen verbot, Auswandernden ihre Güter abzukaufen.

Die Hollandgängerei Eine weniger spektakuläre Dauererscheinung war der alljährliche sommerliche Zug von Zehntausenden von Wanderarbeitern („Hollandgängern") aus Teilen Westfalens und Niedersachsens in die Niederlande, wo sie als Torfstecher, als Mäher bei der Heuernte, als Flößer, Ziegler, Hausierer usw. Verdienst fanden, weil dort eine unterbäuerliche Schicht weitgehend fehlte. Der rund viermal höhere Lohnsatz machte die temporäre Arbeit attraktiv, nicht aber die Auswanderung, weil der Unterschied der Lebenskosten ebenso hoch war. Ein Teil dieser Migranten fand aber im Nachbarland ganzjährigen lohnenden Verdienst, etwa in Amsterdam als Zuckerbäcker. Mindestens 5% der niederländischen Wohnbevölkerung waren im 17. und 18. Jahrhundert aus Deutschland gebürtig.

II. Grundprobleme und Tendenzen der Forschung

1. Abriß der Forschungsgeschichte

Die eher randständige Position der deutschen Bevölkerungsgeschichte und die damit verbundenen Forschungsdefizite erklären sich zu einem guten Teil aus ihrer belasteten Vergangenheit. Deshalb wird dieser Arbeit ein etwas ausführlicherer forschungsgeschichtlicher Abriß vorangestellt.

Rassenpolitischer Mißbrauch demographischer Methoden in der NS-Zeit

Obschon die Methode der Familienkonstitution aus den Kirchenbüchern in ihren Grundzügen im Deutschland des frühen 20. Jahrhunderts entwickelt wurde, fand sie in den Kreisen der deutschen Historiker bis in die frühen 1970er Jahre keinerlei Resonanz [105: IMHOF, Einführung, 21]. Dies gilt zunächst für die 1907 erschienene Parochialstudie von ROLLER [207: Durlach], die sowohl in methodischer Hinsicht als auch von ihrer Einbettung in einen sozialgeschichtlichen Begründungszusammenhang her der Forschung um Jahrzehnte vorauseilte. Es gilt dann auch für die in den 1920er Jahren um den Anthropologen und späteren „Rassenbiologen" Scheidt entwickelte, selbst nach den heutigen Maßstäben weit avancierte Stammtafelmethode: Die Heirats-, Geburts- und Sterbeeintragungen wurden für Kernfamilien verkartet und nach der männlichen Deszendenz sippenweise zu bis zu mehreren Metern breiten sogenannten Stammtafeln zusammengestellt. Das Verfahren wurde in der Folge von Genealogen zur wesentlich einfacheren Familienblatt-Methode weiterentwickelt, bei der sämtliche Eintragungen in den Kirchenbüchern und den standesamtlichen Registern einer Gemeinde nach Kleinfamilien geordnet und zu Familienbüchern zusammengestellt wurden. Unter dem Nationalsozialismus wurde die Erstellung und Publikation solcher Dorf- oder – wie sie später hießen – Ortssippenbücher systematisch gefördert. Sie sollten die blutsmäßige Bindung jeder einzelnen Familie an die „Volksgemeinschaft" dokumentieren und damit das Gefühl einer rassisch fundierten Zusammengehörigkeit schaffen. In Wirklichkeit dienten sie der Aufdeckung „minderen Erbguts" und der Beschaffung des sogenannten Ariernachweises. Die Arbeitsgemeinschaft für Sippenforschung und -pflege plante, für das gesamte Reich flächendeckend Ortssippenbücher zu erstellen [GEHRMANN in 112: IMHOF, Lebenserwartungen, 58–60]. Durch den ideologischen Mißbrauch dieser Methode wurden fruchtbare Ansätze der demographischen Forschung verschüttet, und diese selbst wurde in der Nachkriegszeit in die Nähe nationalsozialistischen Ideenguts gerückt und war damit für lange Zeit diskreditiert.

Demographische Forschung als Tabu

In der DDR wurde die Bevölkerungsgeschichte als Teil der Landesgeschichte nur im bescheidenen Rahmen lokal- und regionalgeschichtlicher Aufsätze fortgeführt, wobei die Landesgeschichte selbst wegen ihres dynamisch-partikularistischen Ansatzes bis 1980 verpönt blieb [85: HARNISCH, Forschungen, 660]. In der Bundesrepublik wurde die Bevölkerungsgeschichte im Unterschied zur westeuropäischen Forschung nicht als vollwertiger Teil der Sozialgeschichte betrachtet. Die von MACKENROTH [156: Bevölkerungslehre] vollzogene Hinwendung von der demo-statistischen zur historisch-sozialwissenschaftlichen Betrachtungsweise vermochte in dieser Situation nicht zündend zu wirken. Bis in die jüngste Zeit hinein tabu geblieben ist in beiden Teilen Deutschlands die bevölkerungsgeschichtliche Literatur aus der NS-Zeit, obschon sie für die Zeit vor 1700 unentbehrlich ist und teilweise Grundanliegen der heutigen Forschung vorwegnimmt: So hat WEBER [240: Stuttgart, 4] angeregt, die Auswertung von Kirchenbüchern methodisch transparent und arbeitsteilig anzugehen, „um bei der Bearbeitung einzelner Gebiete durch verschiedene Verfasser einheitliche Resultate zu erzielen".

Nach dem zweiten Weltkrieg wurde die Erstellung von Ortssippenbüchern fortgesetzt, zunächst von der Deutschen Arbeitsgemeinschaft genealogischer Verbände, später von der Zentralstelle für Personen- und Familiengeschichte in Frankfurt [GEHRMANN in 112: IMHOF, Lebenserwartungen; HEINZMANN, Bibliographie].

Neubeginn in den 1970er Jahren

In den frühen 1970er Jahren wurde der einzigartige Wert dieser bevölkerungsgeschichtlichen Quellen von ausländischen Forscherpersönlichkeiten herausgestellt [101: HOUDAILLE, Fécondité; 147: LEE, Bayern, 310–311] unter anderem von dem Amerikaner John Knodel und dem Schweizer Arthur E. Imhof, welche die weitere Entwicklung dieser Subdisziplin in der Bundesrepublik der 70er und 80er Jahre entscheidend prägen sollten. Knodel beschränkte sich als ehemaliger Mitarbeiter des Princeton „European Fertility Project" auf das Bevölkerungssystem im engeren Sinne und hatte wenig Veranlassung, demographisches Verhalten im politischen, so-

1. Abriß der Forschungsgeschichte 61

zialen und kulturellen Kontext zu erklären. Dagegen erhob der 1975 von IMHOF herausgegebene, auf die Vermittlung der neuen Methoden zugeschnittene Band [103: Historische Demographie als Sozialgeschichte. Gießen und Umgebung ...] schon im Titel in Anlehnung an französische und nordeuropäische Fragestellungen und Methoden den begrifflich nicht näher umschriebenen und nach heutigem Verständnis nur unzureichend eingelösten Anspruch [u.a. 182: NORDEN, Krise, 11f.; 76: GÖBEL, Bevölkerung, 1.], Sozialgeschichte zu sein. In der Folge baute Imhof zusammen mit seinem Schüler Gehrmann um seine Datenbank an der Freien Universität Berlin mit ihren inzwischen über 130 000 der Forschung zugänglichen Personendaten [112: IMHOF, Lebenserwartungen, 68] eine Schule auf. 1973 gründeten Hermann Weber, A. Gerlich und Walter G. Rödel den Mainzer Arbeitskreis für Historische Demographie, der seit 1985 von Rödel allein geleitet wird. Ein gutes Jahrzehnt später ist mit dem am Lehrstuhl von Horst Rabe in Konstanz angesiedelten Forschungsprojekt zur „Regionalen Transformation von Wirtschaft und Gesellschaft am Hegau und am Bodensee" ein weiterer Schwerpunkt dazugekommen. Ebenso spät wie in Deutschland hielt die historische Demographie – trotz fehlender ideologischer Berührungsängste – in den frühen 1970er Jahren mit der Basler Schule um Markus Mattmüller in der Schweiz Einzug. Dagegen hat sich in Österreich bis heute keine mit Deutschland oder der Schweiz vergleichbare historisch-demographische Forschungstradition herausgebildet. Dafür ist dieses Land durch die „Mitterauer Schule" zu einem Zentrum der europäischen Haushaltsforschung geworden [172: MITTERAUER, Familienforschung].

Der Typ der klassischen Parochialstudie, d. h. der Familienrekonstruktion einer Kirchgemeinde, vermochte sich im deutschsprachigen Raum nicht in gleicher Weise durchzusetzen wie zuvor in den westlichen und nordischen Ländern. Die Euphorie, mit der die ersten Untersuchungen begonnen worden waren, wich im veränderten Klima der achtziger Jahre bald einer nüchternen Einschätzung: Einmal wurde klar, daß es wegen des hohen Aufwandes nicht sinnvoll und möglich ist, Fallstudie an Fallstudie zu reihen und so Steinchen um Steinchen ein Mosaik zu gestalten. Im weiteren haben NORDEN [182: Krise, 11 f.] und GÖBEL [76: Bevölkerung, 1–3] den Vorwurf erhoben, die bisherigen Untersuchungen hätten ihren sozialgeschichtlichen Anspruch nicht eingelöst, „von einem Teilbereich historisch-gesellschaftlicher Wirklichkeit ausgehend, die darin zusammenfließenden historischen Wirkungskräfte in ihren Bedin-

Kritik an den bisherigen Ergebnissen

gungszusammenhängen und komplexen Wechselwirkungen aufzudecken, das Gewordene, Dauerhafte zu erfassen, aber auch den Prozeß der Wandlung nachzuzeichnen". Für das Fehlen von überzeugenden integrativen Ergebnissen führt NORDEN [182: Krise, 11 f.] unter anderem ins Feld, das Methodenrepertoire sei auf Kosten des Theoriebewußtseins überbetont worden und die Kontakte zu Nachbardisziplinen wie der Volkskunde, der Agrargeschichte und der Sozialmedizin seien vernachlässigt worden, ein Vorwurf, der merkwürdig mit den bekannten interdisziplinären Initiativen IMHOFS [103: Gießen] kontrastiert. Auch U. PFISTER [194: Anfänge, 259] ist der Ansicht, den demographischen Daten sollte eher eine instrumentale und weniger – wie in den meisten Fällen – eine zentrale Stellung zukommen. KÖLLMANN [133: Bevölkerungsgeschichte, 19–20] hat bemängelt, den Arbeiten der Imhof-Schule fehle es an Repräsentativität, den punktuellen Ergebnissen der Untersuchungen von einzelnen Kirchgemeinden hafte der Charakter der Zufälligkeit an.

Maschinenlesbare Quellen als Desiderat

Auf Defizite in der Organisation und Koordination der Forschung macht SCHULER [222: Städte, 17] aufmerksam: Vorrangig müßte nach seiner Meinung eine Infrastruktur aufgebaut werden, welche der Forschung den Weg ebnet. Dazu gehören die Zurverfügungstellung von maschinenlesbaren Datensätzen aus den bisherigen Fallstudien im Sinne eines Daten-„Recycling", eine bessere Koordination und breitere Abstützung von Projekten, namentlich bei der Softwareplanung und -anwendung und schließlich die systematische Aufbereitung, Erschließung, Kritik und „Autopsie" EDV-lesbarer Quellen nach dem Vorbild der Quelleneditionen des 19. Jahrhunderts.

Forschungsdefizite im 16. und 17. Jahrhundert

Die Periode von 1500 bis 1800 ist durch die neue Literatur ungleichmäßig abgedeckt: Für die Zeit seit dem späten 17. Jahrhundert hat sich der Wissensbestand in den letzten zwanzig Jahren stark verbreitert und vertieft. Geht man weiter zurück, dünnt der Fundus an neuerer Literatur aus. Dies mag in der Quellenlage begründet sein, aber daneben ist diese Situation, wie der Blick in andere europäische Staaten zeigt, auch dem Mangel an Interesse anzulasten. Hier einen Ausgleich im Sinne einer künftig vermehrten Berücksichtigung des 17. und des 16. Jahrhunderts zu schaffen, erscheint vordringlich.

Die neuen Bundesländer als Forschungsvakuum

Räumlich verteilen sich die in den alten Bundesländern entstandenen Familienrekonstruktionen und demographischen Regionalstudien relativ gleichmäßig in der Nord-Süd-Richtung von Schleswig-Holstein bis zum Alpenraum [129: KNODEL, Behavior,

23; 112: IMHOF, Lebenserwartungen, 239: VIAZZO, Alps]. Dagegen liegt aus den neuen Bundesländern mit Ausnahme der einsamen Pionierarbeit von BLASCHKE [31: Sachsen] bis heute keine einzige demographische Regionalstudie vor. Die meisten Arbeiten beschränken sich darauf, Material zusammenzutragen und zu resümieren, regen aber nur in Ausnahmefällen einen wissenschaftlichen Diskurs an. Den älteren „Forschungsstand" haben MARSCHALCK und KÖLLMANN [159: Bevölkerungsgeschichte] für die Bundesrepublik, HARNISCH [85: Forschungen] für die DDR zusammengefaßt. Auf Grund dieser Situation soll im zweiten Teil der Arbeit zweierlei versucht werden: Einmal sollen Positionen im wissenschaftlichen „Diskurs" umrissen werden, soweit ein solcher überhaupt stattgefunden hat. Dann soll der im ersten Teil präsentierte enzyklopädische Überblick argumentativ weiter abgestützt werden.

2. Theorien und Schlüsselbegriffe

Im Mittelpunkt der demographischen Diskussion und Theoriebildung steht das Verhältnis von Bevölkerung, Wirtschaft und Umwelt. Die europäische Gesellschaft der Frühen Neuzeit hatte mit einem Nullwachstum der agrarischen (Flächen-)Produktion zu leben, dies auf einem niedrigen, witterungsbedingt von Jahr zu Jahr stark schwankenden und klimabedingt in längeren Zeiträumen variablen materiellen Niveau. Wurden während längerer Zeit mehr Kinder geboren als Menschen starben, waren die Folgen einschneidend. Wie brachte es die frühneuzeitliche Gesellschaft zustande, ihre Wachstumsdynamik an die Kapazität ihrer (Land-)Wirtschaft anzupassen? Dies ist die zentrale Frage, um welche sich die Geschichte aller traditionalen Bevölkerungen dreht. Zwei Erklärungsansätze stehen sich gegenüber. Das unter den Theoretikern des 16. und 17. Jahrhunderts verbreitete „Übervölkerungsmodell" geht davon aus, daß sich Wirtschaft und Bevölkerung zunächst unabhängig voneinander entwickeln. Übersteigt die Bevölkerung jedoch einen ökonomisch-ökologischen Schwellenwert, die „Tragfähigkeit" ihres Raumes, wird sie durch Epidemien und soziale Katastrophen (Kriege, soziale Unruhen) reduziert. Die zentrale Steuerungsgröße in diesem Modell ist die Sterblichkeit.

Das Überbevölkerungsmodell

Im 17. und 18. Jahrhundert vermuteten Theologen sowohl im Tier- wie Menschenreich das Wirken einer göttlichen Ordnung, welche Zahl und Ressourcen jeder einzelnen Spezies in Balance hielt.

Das Gleichgewichtsmodell

Das 1741 erschienene Schlüsselwerk des preußischen Feldpredigers und Statistikers Johann Peter Süssmilch trägt den bezeichnenden Titel: „Die göttliche Ordnung in der Veränderung des menschlichen Geschlechts aus der Geburt, dem Tode und der Fortpflanzung desselben". In diesem 1798 von Malthus weiterentwickelten Gleichgewichtsmodell ist die zentrale Steuerungsgröße die Fruchtbarkeit. Seit den 1960er Jahren hat die historisch-demographische Forschung nachgewiesen, daß sich traditionale Bevölkerungen tatsächlich ähnlich wie Tierpopulationen als „homöostatische" (d.h. sich selbst im Gleichgewicht haltende) oder „autoregulative" Systeme an die Bedingungen ihrer Umwelt anpaßten [DUPAQUIER zit. in 58: EHMER, Heiratsverhalten, 63].

Der Plafond als Grenze des Wachstums

Hergeleitet wird dieses Modell aus der Tatsache, daß die europäische Bevölkerung in der Frühen Neuzeit nur langsam anwuchs und dennoch schwere Verluste durch Epidemien in kurzer Zeit verkraften konnte. Französische Studien haben über lange Zeiträume hinweg eine erstaunliche Kontinuität der Zahl der „Feuerstellen" und ihrer Verteilung im Raum nachgewiesen [DUPAQUIER zit. in 58: EHMER, Heiratsverhalten, 64]. Für die Schweiz kommt MATTMÜLLER [163: Bevölkerungsgeschichte, 425–447] zu dem Schluß, daß das Wachstumsmuster lokaler und regionaler Bevölkerungen zwischen 1500 und 1700 an einen oberen Grenzbereich, den Plafond, gebunden blieb, dessen Überschreitung Sterblichkeit und Abwanderung sowie Fruchtbarkeit und Heiratshäufigkeit bewirkte. Gegen dieses Modell hat EHMER [58: Heiratsverhalten, 64] Bedenken angemeldet. Aus der Existenz einer solchen Grenze des Wachstums folgt nach seiner Meinung „in keiner Weise ein zwingender Zusammenhang zwischen Bevölkerung und Ökonomie".

Der von Bevölkerungswissenschaft und -geographie in globalem Rahmen diskutierte, meist unscharf verwendete Begriff der Tragfähigkeit wird in historischer Perspektive meist auf das Problem der Nahrungsmittelversorgung eingegrenzt [77: GÖTTMANN, Tragfähigkeit]. In den letzten Jahren sind erste Elemente einer ökologischen Bevölkerungstheorie erarbeitet worden, welche die Diskussion der Kausalität von Bevölkerungswachstum und technologischer Entwicklung auf einer neuen Grundlage führen will [186: C. PFISTER, Klima, 2, 126–129]. Dabei sind im Sinne einer begrifflichen Klärung zwei Denkfiguren zu unterscheiden:

Ökologische Tragfähigkeit

1. *Ökologische Tragfähigkeit*, verstanden als strukturell bedingte Ernährungskapazität eines Raumes, d.h. jene bei gegebener Technologie und angenommener egalitärer Verteilung der Ressourcen pro

Kopf verfügbare Menge an Nahrung, die für die Bedürfnisse der Bevölkerung in quantitativer und qualitativer Hinsicht rein rechnerisch ausreichen würden.

2. *Soziale Tragfähigkeit*, verstanden als eine Situation, in der ein überwiegender Teil der Bevölkerung ihren Nahrungsbedarf auch in einem „System der sozialen Ungleichheit" (WEHLER) tatsächlich zu decken vermochte. In der Frühen Neuzeit war die soziale Tragfähigkeit in den meisten Fällen vom Erntewechsel abhängig, d. h., sie wurde nur vorübergehend unter konjunkturell günstigen Bedingungen erreicht. Dies hat sich erst im Verlaufe des 19. Jahrhunderts verändert.

Soziale Tragfähigkeit

Auf Grund dieser begrifflichen Differenzierung sind Hungerkrisen nicht unreflektiert auf ein „Überschreiten des Nahrungsspielraums" zurückzuführen, da sie ja stets auch in der ungleichen Verteilung der gegebenen Ressourcen wurzeln. Während sich die Abschätzung der sozialen Tragfähigkeit an den Schwankungen der Getreidepreise orientieren kann, verlangt die Ermittlung der ökologischen Tragfähigkeit eines Raumes eine Gegenüberstellung der Nahrungsnachfrage der Bevölkerung (wobei nach Alter und Geschlecht zu differenzieren ist) und des Nahrungsangebots der Landwirtschaft [96: v. HIPPEL, Bevölkerung 420–434: 192: C. PFISTER, Versorgung, 77: GÖTTMANN, Tragfähigkeit]. Dabei ist zu beachten, daß sich die ökologische Tragfähigkeit eines Raumes sowohl von der Produktions- als auch von der Bedarfsseite her verändern kann: Bedarfsseitig durch ein Wachsen oder ein Schrumpfen der Bevölkerung und die damit verbundenen Veränderungen im Altersaufbau, produktionsseitig durch Gewinnung oder Aufgabe von Anbauflächen, eine größere Effizienz von Pufferungsmechanismen (Vorratshaltung, Substitutionsmöglichkeiten, Einfuhr) oder durch Veränderungen des Klimas [52: DIPPER, Deutschland]. Im Unterschied zur älteren Auffassung [u. a. 17: ABEL, Agrarkrisen] ist heute nachgewiesen, daß gute und schlechte Jahre nicht immer zufällig aufeinanderfolgen, sondern oft gehäuft im Sinne längerer Gunst- und Ungunstperioden auftreten [189: C. PFISTER, Fluctuations].

Um die vielfältigen generativen Muster in Beziehung zu setzen, bietet sich das ursprünglich aus der Anthropologie (Wolf, Löfgren) stammende Konzept des Ökotyps an. EHMER und MITTERAUER [59: Familienstruktur, 188] verstehen darunter „regional dominierende Wirtschaftsweisen, wie sie durch Anpassung der Existenzsicherung an räumliche Gegebenheiten entstanden sind". Neben wirtschaftlichen und sozialen Faktoren möchte GEHRMANN [72: Einsichten, 480]

Das Konzept des Ökotypus

auch mentalitätsgeschichtliche Elemente wie Kultur, Moralvorstellungen und IMHOF [in 152: LENZ, Studien, 222] die Traumatisierung durch existenzbedrohte Situationen in diesen Begriff einschließen. Es bleibt zu prüfen, inwieweit dieser bisher auf die Untersuchung segmentär differenzierter Selbstversorger-Gesellschaften zugeschnittene Ansatz auch auf arbeitsteilige, marktorientierte Gesellschaften (Stadt, Heimindustriegebiete) übertragen und damit zu einem dualen Modell erweitert werden kann.

3. Quellen und Methoden

Nominale Methode (Familienrekonstitution)
Modelle generativen Verhaltens werden in der Literatur mit zwei verschiedenen Ansätzen untersucht, denen tendenziell zwei unterschiedliche Arbeitsmethoden zugeordnet werden können. Ein erster, innerdemographisch-mikrohistorischer Ansatz wendet die Methode der Familienrekonstruktion bei der Untersuchung der demographischen Prozesse im engeren Sinne an und verzichtet dabei auf die Ausleuchtung der auf sie einwirkenden Faktoren aus dem Umfeld. Dabei werden anhand der Angaben von Heiraten, Taufen und Todesfällen in den Kirchenbüchern (d.h. sogenannt nominativen Daten) die Familien einer Pfarrei über einen gewissen Zeitraum hinweg rekonstruiert [anschaulich: 105: IMHOF, Einführung; EDV-orientiert: 1: BECKER, Analyse].

Aggregative Methode
Der zweite, makrohistorisch-aggregative Ansatz faßt die Einträge in den Kirchenbüchern zu jährlich nicht-nominativen Summenwerten von Taufen, Heiraten und Sterbefällen zusammen, die anschließend wie in der modernen Demographie statistisch mit indirekten Variablen (z.B. Ernährung, Alphabetisierung, Kultur, Medizin) verknüpft werden. Die Forderung nach einer Gesamtschau („histoire totale") in Form eines strukturierten Ganzen [103: IMHOF, Gießen, 257–258] kann dabei nach Meinung GEHRMANNs [73: Leezen: 21] höchstens in mehrjähriger Teamarbeit für ein beschränktes Gebiet eingelöst werden.

Verbindung beider Methoden
Besonders fruchtbar wäre die Verbindung der Familienrekonstruktion mit der aggregativen Methode, wobei zwei Richtungen denkbar sind: „Von unten nach oben" könnten Ergebnisse innerdemographischer Mikro-Untersuchungen überregional zusammengefaßt und anschließend zu flächendeckenden aggregativen Daten in Beziehung gesetzt werden. Den ersten Schritt in dieser Richtung ha-

ben KNODEL [129: Behavior] und die Schule von IMHOF [112: Lebenserwartungen] bereits vollzogen. „Von oben nach unten" könnten auf Grund von statistischen Untersuchungen aggregativer Daten zunächst jene Kirchgemeinden ermittelt werden, die für die Region als ökotypisch gelten können. Aus dieser Gruppe könnten dann jene Kirchengemeinden für eine Familienrekonstitution ausgewählt werden, die quellenmäßig die besten Voraussetzungen für die Einbeziehung wirtschaftlicher, schichtungsspezifischer und mentalitätsgeschichtlicher Komponenten mitbringen. Wenn sich die Vermutung GEHRMANNS [73: Leezen, 303] bestätigt, die nur durch Familienrekonstitution zu gewinnenden Parameter seien regional nicht sehr variabel gewesen, würden einige nachweislich exemplarische mikrodemographische Studien in Verbindung mit einer darauf abgestimmten aggregativen Untersuchung ausreichen, um mikrodemographische Tiefenschärfe mit einem makrodemographischen Überblick zu verknüpfen.

Den meisten nicht-nominativen Untersuchungen ist vorzuwerfen, daß sie Struktur- und Wachstumseffekte nicht mit der benötigten Sorgfalt auseinanderhalten, indem sie Trends von rohen Geburten- und Sterbeziffern (oder gar solche von Taufen und Bestattungen) unbesehen als Wachstumsphänomene ansprechen [z. B. 198: PREUSS, Lintorf, 116]. Dabei gehen sie implizit von der Situation eines ungestörten Altersaufbaus aus, wie er uns in der klassischen Alterspyramide des späten 19. Jahrhunderts entgegentritt. Repräsentativ für die Frühe Neuzeit ist vielmehr – als Ergebnis von Bevölkerungskrisen und Kompensationseffekten – ein unregelmäßiger, von Lücken und Ausbuchtungen geprägter Altersaufbau. Aus der modernen Demographie ist bekannt, daß solche Anomalien im Abstand von einer Generation Wellenberge und -täler von Heiraten und Geburten als Struktureffekte nach sich ziehen. Mit Blick auf diese Zielsetzung sind in den letzten Jahren neue Forschungsinstrumente eingesetzt worden: Die von der ‚Cambridge Group' entwickelte Methode der ‚Generalized Inverse Projection' rekonstruiert den Bevölkerungsprozeß ausgehend von einer bekannten Altersverteilung rückwärts schreitend, indem in jedem Jahr die Verstorbenen zur Bevölkerung hinzugezählt, die Geburten subtrahiert und die Wanderungen geschätzt werden [23: BALTHASAR, Luzern]. Noch kaum bekannt, aber vielversprechend ist das Verfahren der simulierten Volkszählungen [214: SCHELBERT, Schwyz]: Alle Personen, deren Geburts- und Sterbedatum sich mit Hilfe der Kirchenbücher bestimmen lassen, werden sowohl einer Personendatei als auch ei-

Neue Forschungsinstrumente

ner mit dieser verknüpften, nach den gängigen Regeln aufgebauten Familiendatei zugeordnet. Mit der letzteren können nach der üblichen Methode Familien rekonstruiert werden; anhand der ersteren lassen sich für beliebige Zeitpunkte „Volkszählungen" simulieren, indem das Material nach Alter, Geschlecht, Zivilstand und weiteren Merkmalen synchron zusammengefaßt, tabellarisch in Sterbetafeln und graphisch in Alterspyramiden umgesetzt wird. Dieses Verfahren vermag den Blick somit in anschaulicher Weise auf Wechselwirkungen von Struktur und Wachstumsprozessen zu lenken, die den Zeitgenossen verborgen bleiben mußten und deshalb keinen Niederschlag in den Quellen gefunden haben.

Periodisierung und Typisierung der Quellen

Als Kriterium für den Übergang von einer protostatistischen zur ‚statistischen Periode' betrachtet SCHULERS [222, Städte, 21] die ersten staatsübergreifenden Volkszählungen im Gebiet des Deutschen Bundes (ab 1834). Vom Quellenmaterial her scheint es sinnvoll, die „protostatistische Ära" (LANDES) weiter zu untergliedern, wobei sich die im 18. Jahrhundert erhobene und in vielen Territorien eingelöste Forderung nach Verwendung gedruckter Tabellen zur Vereinheitlichung der Resultate als Schnittstelle anbietet [88: HECHT, Dénombrement, 41–45; 100: HOOCK, Statistique, 146]. Dies führt auf die Trias einer prästatistischen, protostatistischen und statistischen Periode. Die von MATTMÜLLER [163: Bevölkerungsgeschichte, 78–108] vorgeschlagene *Typisierung nach zwei unterschiedlichen Gesichtspunkten – dem Motiv der Zählung und dem der gezählten Einheit* – ist von RÖDEL [in 18: ANDERMANN/EHMER, Bevölkerungsstatistik, 12] übernommen worden. Mit den typspezifischen Methoden der Quellenkritik setzten sich für das 15. und 16. Jahrhundert der von ANDERMANN und EHMER [18: Bevölkerungsstatistik] herausgegebene Aufsatzband, für das 16. und 17. Jahrhundert MATTMÜLLER [163: Bevölkerungsgeschichte] sowie KLEIN [125: Österreich, 50–55] fundiert auseinander. Eine Übersicht über das Datenmaterial aus der prä- und protostatistischen Periode wird dadurch erschwert, daß es für gleichartige Quellen eine Vielfalt regional unterschiedlicher Bezeichnungen gibt, die unter modernen Gesichtspunkten zusammenzufassen sind [18: ANDERMANN/EHMER, Bevölkerungsstatistik]. Im folgenden soll die Problematik dieser Quellentypen kurz diskutiert werden:

Huldigungsrollen und Mannschaftsregister

Bei der Interpretation von Huldigungsrollen gilt es zu berücksichtigen, daß Personenverbände in rechtlicher Sonderstellung (Adel, Geistlichkeit, Beamtenschaft etc.) sowie teilweise die Beisassen von der Schwurpflicht ausgenommen waren [165: MAUERSBERG,

3. Quellen und Methoden

Städte, 20]. Die auf Zählungen von Wehrfähigen beruhenden Mannschaftsverzeichnisse geben für Mitteldeutschland ein realitätsnahes Bild der Bevölkerungsverteilung [TRUGENBERGER, in 18: ANDERMANN, Bevölkerungsstatistik, 37–38; 135: KOERNER, Thüringen, 185]. Dagegen sind MAUERSBERG [165: Städte, 21] und MATTMÜLLER [163: Bevölkerungsgeschichte, 88–92] skeptisch, weil die Wehrfähigen einen kleinen (unter 30%) und zudem unscharf zu bestimmenden Anteil der Gesamtbevölkerung darstellen und weil die Wehrfähigkeit stärker subjektivem Ermessen anheimgestellt war als etwa die Steuerpflicht oder der Kommunionszwang. Die obere Altersgrenze der Wehrpflicht lag bei 60 Jahren, die oft erwähnte untere Altersgrenze von 16 Jahren gilt möglicherweise nur für ländliche Gebiete, da wir nicht wissen, ob in den Städten die mit dem Aufgebot betrauten Zünfte schon Lehrjungen mobilisierten.

Bei Registern von Steuersubjekten als Grundlage für Steuererhebungen (Reichssteuern, territoriale, städtische und dörfliche Steuern) ist zu untersuchen, welche Bevölkerungsgruppen und Institutionen wegen ihrer Privilegien (Adel, Amtsträger, Klöster, Stifte, Spitäler, Beginenhäuser, Studenten), wegen ihrer Armut oder aus religiösen Gründen (Juden) von diesen Steuern befreit waren [21: BAHL, Ansbach, 170–172] und welche Gruppen sich einer Registrierung tendenziell entziehen konnten (Dienstboten, Untermieter). Daraus muß ein Multiplikator oder Reduktionsfaktor für die gesamte Bevölkerung ermittelt werden. [177: MORLINGHAUS, Bamberg, 24; 145: LAUFER, Trier, 44,77]. Bei Quotitätssteuern gibt es die Tendenz, die einzelnen Steuerzahler nur einmal, in ihrem Hauptwohnsitz, zu veranlagen [TRUGENBERGER, in 18: ANDERMANN, Bevölkerungsstatistik, 33]. Für den schwäbisch-fränkischen Raum sind die Türkensteuerlisten von 1542 und 1544/45, in denen sogar das Gesinde (ohne die Lehrjungen) aufgeführt ist, für (Nieder-)Österreich die „Leutbeschreibung" von 1695 die bevölkerungsgeschichtlich aussagekräftigste Quelle diese Typs. [BULL in 57: EHBRECHT, Städteforschung; 126: KLEIN, 9692].

Bei den Bürgerbüchern bleibt ein nicht unbedeutender Kreis von Zuwanderern im Dunkel: Geistliche, städtische Bedienstete (Lehrer, Organisten, Stadtvögte, Schreiber, Ratsdiener etc.), in Residenzstädten Angehörige der Fürstenhäuser mit ihrem Hofstaat sowie fürstliche Beamte, in Garnisonsstädten das Militär, in Universitätsstädten Angehörige der Hochschule, ferner Scharfrichter, Ärzte, Apotheker, Advokaten und Notare, Juden und Fremde (Ausländer) und vor allem Angehörige der Unterschichten (Tagelöhner, Ge-

Steuererhebungen

Bürgerbücher

sinde, Gesellen) sowie Frauen und Kinder. Dadurch ist das gewonnene Bild sozial nach oben verzerrt [166: MAUERSBERG, Fulda, 26; 44: BROCKSTEDT, Schleswig-Holstein, 221–225].

Kommunikantenzählungen und *Status animarum*   Bei den Kommunikantenzählungen kann die Altersgrenze zu Unschärfen führen: Im katholischen Kirchenrecht ist sie nicht festgelegt: In Trier wurden die Knaben ab 14, die Mädchen ab 12 Jahren zugelassen [145: LAUFER, Trier, 76]. In Schweizer Visitationsberichten sind Angaben zwischen dem 11. und dem 14. Jahr überliefert. In den protestantischen Gebieten Mitteldeutschlands wurde (im 16. Jahrhundert) mit 12 Jahren konfirmiert [135: KOERNER, Thüringen, 188]. In der reformierten Schweiz, wo die Altersgrenze bei 16 Jahren lag, rechnet MATTMÜLLER [163: Bevölkerungsgeschichte, 92] mit einem Kommunikantenanteil von 75 % als Faustwert. Zählungen von Kommunikanten stellen nach Ansicht dieses Autors die präzisesten Teilzählungen dar, weil sie die größte Teilmenge erfassen und weil sie von den besten Kennern der Familienverhältnisse, den Ortspfarrern, vorgenommen wurden. Dagegen weist LANG [10: Kirchen, 138–139] auf die Schwierigkeiten bei der Benutzung der in den Visitationsprotokollen genannten Kommunikantenzahlen für demographische Fragestellungen hin: Unpräzise Umschreibung des Einzugsgebiets, Schätzungen statt Zählungen, verschwiegene Absenzen. Die in Form von Haushaltsverzeichnissen angelegten und vor allem im tridentinischen Bereich verbreiteten kirchlichen Seelenregister (*Status animarum*) sind bisher vorwiegend für die historische Haushaltsforschung fruchtbar gemacht [59: EHMER, MITTERAUER, Familienstruktur], aber im Verhältnis zu ihrer Häufigkeit zu selten nach demographischen Gesichtspunkten ausgewertet worden [212: SACHSE, Göttingen; 166: MAUERSBERG, Fulda; 144: LASCH, Kassel; 135: KOERNER, Thüringen, 306–307; 30: BIETENHARD, Langnau, 28; 163: MATTMÜLLER, Bevölkerungsgeschichte, 102–104].

Feuerstätte und Haushalt   Auf erhebliche Schwierigkeiten stößt die Interpretation des Begriffs der Feuerstätte. Er kann sowohl Haus als Haushalt (häufig über eine rechtliche Bindung an den Zugang zu einem öffentlichen Gut – Allmend Holz – wie auch Kochstelle bedeuten [163: MATTMÜLLER, Bevölkerungsgeschichte, 83]. In der Regel (Ausnahme: Transhumanz) wird man davon ausgehen müssen, daß die Zahl der Feuerstätten oder Feuerrechte etwas kleiner war als die Zahl der Haushaltungen, weil sich mehrere Haushaltungen in ein Haus teilen konnten [219: SCHNYDER, Zürich, 50] oder weil unter Umständen Kochgelegenheit und bestimmte Räume von mehreren Haushaltungen gemeinsam genutzt werden mußten. [30: BIETENHARD, Langnau,

3. Quellen und Methoden

173]. Vor der unreflektierten Verwendung von Schlüsselzahlen und Reduktionsfaktoren warnt SCHULER [in 57: EHBRECHT, Städteforschung], da sie in der Regel anhand von Bevölkerungsstatistiken des 18. und 19. Jahrhunderts ermittelt worden seien. Der von älteren Autoren propagierte und auch in der neueren Literatur [166: MAUERSBERG, Fulda, 73] noch verwendete Faustwert – 1 Haushalt = 5 Personen – bedarf im Lichte neuerer Forschungsergebnisse einer räumlichen, zeitlichen und sozialen Differenzierung. Für die in der Regel unterdurchschnittlich großen städtischen Haushalte scheint eine Personenziffer von 4 angemessen zu sein [vgl. die Zusammenstellungen bei SACHSE 212: Göttingen, 28]; in ländlichen Gebieten ist sie etwas höher, wobei es ökotypische Differenzen zu beachten gilt. Innerhalb einer Kirchgemeinde waren die Haushaltsgrößen stets sozial determiniert: So nahm in Göttingen (1763) die Größe der Haushalte im statistischen Mittel mit dem Wohlstand zu, während zugleich die Zahl der Haushalte im Hause (die „Parteienziffer") zurückging, was prägnante soziale Unterschiede in der Behausungsziffer verhinderte. Die Beschäftigung von Dienstpersonal, das Verbleiben von Familienangehörigen auch im erwerbsfähigen Alter im Haushalt und eine herabgesetzte Säuglingssterblichkeit einerseits, der Besitz eigener Häuser mit entsprechenden Wohnflächen andererseits sind die wichtigsten Ursachen für diese Erscheinung [212: SACHSE, Göttingen, 31; 21: BAHL, Ansbach, 230; für Altenburg 135: KOERNER, Thüringen, 306–308; für Bern 192: C. PFISTER, Versorgung, 187]. Schon eine vergleichende Untersuchung der 87 Ortschaften des Hochstifts Speyer (1530) hat so große Diskrepanzen in der Haushaltsgröße nachgewiesen, wie sie heute nur für zu verschiedenen Zeiten entstandene Vorortsiedlungen nachzuweisen sind [BULL in 18: ANDERMANN, Bevölkerungsstatistik, 114]. Mit den in der Literatur genannten standardisierten Haushaltsgrößen ist es somit gewagt, in kleinen Räumen zu operieren.

Versorgungszählungen stellen „geradezu vollständige Einwohnerverzeichnisse" dar, die sich gut für die Ermittlung gültiger Behausungs- und Haushaltsziffern eignen [165: MAUERSBERG, Städte, 21; 163: MATTMÜLLER, Bevölkerungsdichte, 104]. Während in ländlichen Aufnahmen die Wohnbevölkerung mit Einschluß der Neugeborenen erfaßt wurde, sind in städtischen Aufnahmen (Straßburg 1444, Nürnberg 1449) Kleinkinder, soweit sie noch kein Getreide verzehrten, nicht erfaßt worden [206: RÖDEL, Statistik, 14]. Abzuklären bleibt, inwieweit die erwähnten Beispiele für ländliche bzw. städtische Gebiete allgemein als repräsentativ gelten können.

Versorgungserhebungen

Frühe
Volkszählungen

Noch kaum ausgeschöpft ist der Fundus der Volkszählungen in der zweiten Hälfte des 18. Jahrhunderts, mit denen sich nach der Pionierarbeit BEHRES [27: Statistik] neben anderen SCHAAB [213: Anfänge] – für Württemberg, Baden und die Kurpfalz – STUTZER [in 179: W. MÜLLER, Wohlfahrt, 27] für Bayern, BOLOGNESE-LEUCHTENMÜLLER [41: Bevölkerungsentwicklung] für Österreich und HOOCK [100: Statistique] auseinandergesetzt haben. Beeindruckend sind Vielfalt und Dichte der vorhandenen Statistiken: So sind für Württemberg von 1764 an bis 1806 jährliche, ortsweise gegliederte Seelentabellen, von 1769 an parallel dazu Gebäude-, „Berufs"- und Landnutzungsstatistiken, Viehzählungen, ja sogar eine Wanderungsstatistik erhalten; die Listen für die Kurpfalz verlangen unter anderem eine alters- und ursachenspezifische Gliederung der Sterbefälle. Maschinenlesbar gemacht, quellenkritisch überprüft und mit aggregativen Daten von Taufen und Sterbefällen verknüpft, könnte dieses Material sehr wohl den Kern einer Datenbank „Historische Statistik" bilden, mit welcher die wechselseitigen Beziehungen zwischen dem innerdemographischen Mikro-Bereich und dem außerdemographischen sozio-ökonomischen und mentalitätsgeschichtlichen Umfeld untersucht werden könnten.

Vorsicht bei
Altersangaben!

Vorsicht ist bei Altersangaben in Volkszählungslisten, Haushaltsverzeichnissen oder Seelenbeschreibungen geboten, da nicht alle Befragten über ihr eigenes Alter oder das ihrer Hausgenossen auf das Jahr genau Bescheid wußten. Die Unschärfen äußern sich in einer Vorliebe für gerade Zahlen, für die Fünf und besonders für runde Zehner [212: SACHSE, Göttingen, 22; 21: BAHL, Ansbach, 215]. Es ist daher notwendig, für eine Altersgliederung bei den Jahrgängen mit der Endziffer -9, -0 und -1 jeweils den Dreijahresschnitt anzunehmen und darüber hinaus alle Angaben zu Fünfjahresgruppen zusammenzufassen. Diese inhärente Unschärfe könnte auch ein Grund dafür sein, daß dort, wo die Daten schon durch die zeitgenössischen Verwaltungen zusammengefaßt wurden, relativ grobe Kategorien gebildet wurden [187: C. PFISTER, Menschen, 479].

4. Bevölkerungsentwicklung

Zur Schätzung der Bevölkerungsentwicklung kann eine Vielzahl von Quellentypen herangezogen werden; doch weist jeder seine spezifischen Unschärfen auf. Nur ein Verbund von mehreren, aufeinander abgestimmten oder zeitlich überlappenden Quellen führt zu hinreichend gesicherten Aussagen. Für die Grafschaft Oldenburg wurden beispielsweise ab 1581 in unregelmäßigen Abständen Mannschaftsregister angelegt. Das letzte Register dieser Art kann mit der Bevölkerungszählung von 1662 kombiniert werden, so daß sich ein Umrechnungsfaktor zwischen den wehrfähigen Männern und der Gesamtbevölkerung gewinnen läßt. Dieser läßt sich wiederum auf frühere Zeiten übertragen, in denen nur Mannzahlregister vorliegen; eine Multiplikation des Umrechnungsfaktors mit der Zahl der wehrfähigen Männer ergibt dann einen – freilich nur sehr ungefähren – Eindruck von der früheren Bevölkerungszahl [56: ECKHARDT/SCHMIDT, Oldenburg, 663].

Methode der Bevölkerungsschätzung: das Beispiel Oldenburg

Als Haupthindernis erweist sich bei dieser Art des Vorgehens die territoriale Zersplitterung und die damit verknüpfte Heterogenität des Quellenmaterials. Die Rekonstruktion der Bevölkerungsbewegung muß sich auf zerstreute Zahlenangaben stützen, die wie erratische Blöcke ohne Verbindungslinien daliegen. In manchen Fällen läßt die herrschaftliche Gemengelage in den Dörfern und die Vielfalt der Rechtsbeziehungen zwischen Herren und Holden nicht einmal eine eindeutige Bestimmung von „Staatsgebieten", geschweige denn von Bevölkerungszahlen nach heutigem Verständnis zu [RECHTER in 18: ANDERMANN, Bevölkerungsstatistik, 69]. Durch Aneinanderreihung von Detailstudien lassen sich nur mit erheblichem Aufwand großräumig gültige Grobtrends gewinnen. Die Forderung nach der Homogenität der Erhebungsmethoden und des Datenmaterials ist angesichts des raschen Wechsels der herrschaftlichen, rechtlichen, sozialen und wirtschaftlichen Voraussetzungen und der chaotischen Zäsur des Dreißigjährigen Krieges nicht einzulösen. Die Versuche, den Bevölkerungsstand quantitativ festzulegen, gleichen im Endstadium einem Mosaikspiel, bei dem wesentliche Teile verlorengegangen sind [21: BAHL, Ansbach, 172].

Ein Puzzle mit fehlenden Teilen

Für die Bevölkerungsentwicklung „Deutschlands" liegen in der Literatur recht divergierende Schätzungen vor (Abb. 2).

Die Ungereimtheiten rühren in erster Linie daher, daß der räumliche Bezugsrahmen nicht mit der wünschbaren Deutlichkeit

Uneinheitlicher räumlicher Bezugsrahmen

Tabelle 3: Bevölkerungsentwicklung „Deutschlands"
nach verschiedenen Autoren (Angabe in Millionen)

1500	1600	1700	1800	Nach
12	15	15		117: 828
12	15	16	23–24	243: 69
10,5	12,5	13	21,5	22: 927

angegeben wird. Bairoch bezieht sich offensichtlich auf die heutigen Grenzen des wiedervereinigten Deutschland, die anderen beiden Autoren auf jene von 1914. Im weiteren sind die Zahlen für das 16. Jahrhundert in dem Sinne widersprüchlich, daß sie die in der regionalgeschichtlichen Literatur breit belegte [56: ECKHART/ SCHMIDT, Oldenburg, 662; 201: ROBISHEAUX, Society, 26, 60–77; 219: SCHNYDER, Zürich, 108; SCHWARZE zit. in 35: BLICKLE, Revolution, 124; 144: LASCH, Kassel, 27; 89: HECKH, Böhringen, 131–134; 241: WEBER, Stuttgart, 8; 37: BOELCKE, Baden-Württemberg, 93; 166: MAUWERSBERG, Fulda, 28; 155: LUDWIG, Quellen; 96: v. HIPPEL, Bevölkerung, 417] und auch von anderen europäischen Staaten her bekannte Expansionswelle der Bevölkerung kaum zur Geltung bringen. Auf ein großes Wachstumspotential deuten nicht zuletzt strukturelle Daten hin: In der Bevölkerungsliste des Hochstifts Speyer (1530) sind Ehepaare mit drei Kindern (14%), vier Kindern (12%) sowie Großfamilien mit fünf und mehr Kindern (20%) in erstaunlich hoher Zahl vertreten [BULL in 18: ANDERMANN, Bevölkerungsstatistik, 112]. Das Salemer Schätzungsregister aus dem ländlichen Raum nördlich des Bodensees (1578) führt durchschnittlich sogar 3,1 ledige Kinder pro Haushalt auf [BOHL in 18: ANDERMANN, Bevölkerungsstatistik, 55].

Umstrittene Wachstumsdynamik im 16. Jahrhundert

Das Bevölkerungswachstum im 16. Jahrhundert ist unbestritten; umstritten bleibt nur und ungeklärt ist, seit wann mit einem Bevölkerungswachstum gerechnet werden kann und wie stark dieses war. In Oberdeutschland führte die Bevölkerungszunahme schon gegen Ende des 15. Jahrhunderts zu Spannungen innerhalb der Dorfgemeinschaften. „Da die Höfe nicht aufgeteilt wurden und wenig kultivierbares Land übrigblieb, stieg der Druck auf die bestehenden Produktionsmittel. Die Zahl der Tagelöhner stieg, und sie begannen, um Rechte an dem gemeinsamen Land zu kämpfen" [SABEAN 211: Landbesitz, 47; BLICKLE, Revolution, 123].

Koerners Methode zur Berechnung des Bevölkerungsstandes um 1600

Einen Ausgangspunkt zur Lösung dieses Problems bieten die auf Mannschaftsverzeichnissen und Quervergleichen mit anderen Quellentypen beruhenden Schätzungen des Jenaer Geographen

FRITZ KOERNER [135: Thüringen] für das ausgehende 16. Jahrhundert. Für einen Kartenausschnitt von 8800 km² im Thüringer Becken hat er flächendeckend Häuserzahlen ermittelt und konnte dabei erhebliche, teils naturräumlich, teils durch die Erwerbsstruktur bedingte Unterschiede der ländlichen Bevölkerungsdichte von unter 2 bis gegen 20 Häuser/km² nachweisen. Diese Datenbasis hat er durch Angaben aus den anderen Großregionen Deutschlands auf 43 000 km² erweitert, was ihn auf eine mittlere Dichte von 6 Häusern/km² geführt hat. Zur Hochrechnung auf die Bevölkerungsdichte hat er aus seinem Material eine Behausungsziffer von 5 bis 5,5 Personen ermittelt. Bei einer angenommenen Behausungsziffer von 5 Personen läßt sich eine mittlere Bevölkerungsdichte von 30 Ew/km² errechnen, woraus sich für das Gebiet des Deutschen Reiches in den Grenzen von 1914 (540 818 km²) ein Schätzwert von gut 16 Millionen ergibt, der etwas über den gängigen Angaben liegt *(Tabelle 2)*. Fragwürdig ist die Schätzung von 12 Millionen für 1500. Die einschlägigen Handbücher und Nachschlagewerke greifen auf KÖTZSCHKE [136: Mittelalter, 518] zurück, der sich seinerseits auf Beloch beruft.

Anhand von Berechnungen des gesamtdeutschen Trends der Entwicklung der Häuser oder Stellen zwischen 1520 und 1600 (vgl. *Tabelle 3)* kann auf den mutmaßlichen Stand von 1500 zurückgerechnet werden.

Die Berechnung von Wachstumsraten für das 16. Jahrhundert

Tabelle 4: Die Zunahme der Wohnhäuser 1520–1600 anhand von Angaben aus Gebieten von Süd-, West-, Nord- und Ostmitteldeutschland

Periode	Anzahl Belege	Anzahl Wohnhäuser Anfang	Ende	jährl. Zunahme in %	
1520–1530	22	11 288	12 101	7,2	
1530–1540	39	17 396	18 695	7,5	(+0,3)
1540–1550	51	32 328	34 642	7,2	(−0,3)
1550–1560	55	31 140	33 345	7,1	(−0,1)
1560–1570	76	48 672	51 511	5,8	(−1,3)
1570–1580	70	53 902	56 409	4,6	(−1,2)
1580–1590	34	34 495	35 868	4,0	(−0,6)
1590–1600	37	41 413	43 767	3,2	(−0,8)

Quelle: 135: KOERNER, Thüringen, 308–309

Anhand von Angaben von Hauszahlen zu einem Anfangs- und einem Endjahr hat Koerner durch lineare Interpolation die Werte für die vollen Jahrzehnte berechnet. Ein Beispiel: Im Kreis Biedenkopf (Hessen) vermehrte sich die Zahl der Stellen von 1502 bis 1577 von 280 auf 499. Daraus läßt sich bei einer geschätzten (linearen) Zunahme von 2.92 für 1520 ein Wert von 332, für 1570 ein solcher von 478 einsetzen. Für Abb. 3 wurden die für die jeweiligen Jahrzehnte verfügbaren Belege aufsummiert. v. HIPPEL [96: Bevölkerung, 416] bemängelt zwar, die Quellen seien qualitativ recht unterschiedlich und „nach ihrer Provenienz nicht ohne weiteres vergleichbar", läßt aber die Ergebnisse Koerners in seine Überlegungen einfließen. Dagegen hält KELLENBENZ [117: Reich, 828] die von Koerner angenommenen Wachstumsraten für „unrealistisch hoch".

Kleinere Bevölkerung und höherer Urbanisierungsgrad um 1500

Eine Rückrechnung auf der Basis dieser Wachstumsraten, ausgehend von 16,2 Millionen (1600), führt für 1520 auf einen Schätzwert von 10 Millionen, für 1500 werden 9 Millionen eingesetzt. In noch erheblicherem Umfange – von 0,82 auf 0,56 Millionen – hat MATTMÜLLER [163: Bevölkerungsgeschichte, 147-148] die ältere Schätzung der Schweizer Bevölkerung für 1500 nach unten korrigiert. Die tieferen Schätzwerte lassen Raum für das stürmische, aus der neueren Forschung und von narrativen Quellen her bekannte Wachstum in den ersten zwei Dritteln des 16. Jahrhunderts und legen zugleich nahe, daß der Urbanisierungsgrad (Anteil der Bevölkerung in „städtischen" Siedlungen von mehr als 5000 Einwohnern) an der Schwelle zum 16. Jahrhundert ca. 16% betrug und damit erheblich höher lag als BAIROCH [22: Population, 259] vermutet hat. Damit wäre der Urbanisierungsgrad zwischen 1400 und 1500 angestiegen und dann im Verlaufe des 16. Jahrhunderts zurückgefallen, was als Folge des sich verengenden Nahrungsspielraums und des damit verbundenen relativen Zerfalls der Preise für gewerbliche Produkte plausibel scheint. Kontinuierlicher veränderten sich die Werte für größere Städte von mehr als 10000 Einwohnern [50: DE VRIES, Urbanization, 39], was darauf hindeutet, daß kleine Ackerbürgerstädte von der Krise des späten 16. Jahrhunderts stärker betroffen waren. Allerdings hat MATHIS [160: Wirtschaft, 8] darauf hingewiesen, daß auch die Zahlen für die einzelnen Städte trotz der bisher angestellten umfangreichen Forschungen [50: DE VRIES, Urbanization, 22: BAIROCH, Population] noch immer erheblich voneinander abweichen, so daß das hier skizzierte Bild wohl noch weiter modifiziert werden muß.

Bevölkerungsverluste im Dreißigjährigen Krieg

Für die Zeit des Dreißigjährigen Krieges und der darauffolgenden Rekuperationsperiode stehen drei Fragenkomplexe im Vordergrund: Größe und Verteilung der Bevölkerungsverluste, Richtung und Umfang der kompensatorischen Migrationsströme sowie die natürliche Rekuperationsfähigkeit. FRANZ [68: Krieg, 59] schätzt die

4. Bevölkerungsentwicklung

gesamten Kriegsverluste auf 40% der ländlichen und 33% der städtischen Bevölkerung. Sein Ansatz einer Akkumulation von lokalen und regionalen Informationsfragmenten dürfte kaum weitere Einsichten erbringen. Sinnvoller scheint es nach Ansicht dieses Autors, auf dem Weg über die Kirchenbücher systematisch Karten der Bevölkerungsdichte Deutschlands vor und nach dem Kriege zu entwerfen. Dies hat bereits BLASCHKE [31: Sachsen, 88–89] versucht. WEHLER [242: Gesellschaftsgeschichte, 54] hat die Franzschen Verlustziffern als übertrieben bezeichnet. VASOLD [238: Not, 153] ist dagegen der Ansicht, daß die Gesamtschätzung von Franz der Realität am nächsten komme, weil auch die indirekten Folgen des Krieges (Rückgang der Ackerflächen) ein ähnliches Bild zeigen. Gewandelt hat sich die Beurteilung des Krieges. So spricht SCHLÖGL [216: Bauern, 81] nicht mehr von einer „nationalen Katastrophe" (FRANZ), sondern argumentiert, Krieg und Seuchen hätten die Menschenzahl auf das „rechte Maß" zurückgeführt.

Einigkeit herrscht in der Forschung, daß die Bevölkerungsverluste vor allem dem Wüten von Epidemien in den Städten zuzuschreiben sind, die auch die Bewohner der umliegenden Dörfer aufzunehmen hatten [144: LASCH, Kassel, 28; 31: BLASCHKE, Sachsen, 92–97]. Von einer Flucht vor der Pest [21: BAHL, Ansbach, 175] kann nach WOEHLKENS [243: Pest, 120–124] allerdings keine Rede sein; die Landbevölkerung rettete vielmehr, oft gegen Bezahlung einer Abgabe [93: HINTERMAYR, Wemding], ihren Besitz an Getreide und Vieh hinter die festen Mauern. Nachgewiesen ist am Beispiel von Trier ein Abzug von Unterschichten [145: LAUFER, Trier, 84–86]; doch gewinnt man den Eindruck, daß hier weniger die Angst vor der Seuche als vielmehr Mangel an Verdienst handlungsleitend war. Fragwürdig erscheint im Lichte der neueren Forschung die Aussage von FRANZ [68: Krieg, 59], die Einbußen der städtischen Bevölkerung (33%) seien geringer gewesen als jene der ländlichen (40%). Vielmehr wurde das demographische Vakuum in den Städten auf Kosten der Dörfer der Umgebung durch erleichterte Einbürgerungen teilweise aufgefüllt, so daß Zählungen einen stärkeren Aderlaß an ländlicher Bevölkerung vortäuschen [144: LASCH, Kassel, 28]. DE VRIES [50: Urbanization, 40, 206], kommt auf Grund von Modellrechnungen zum Schluß, das Wachstum der größeren deutschen Städte nach 1650 sei auf Kosten der ländlichen Bevölkerung erfolgt.

Wachstum der Städte auf Kosten des Umlandes

Die demographische Deutung der Nachkriegsentwicklung von FRANZ [68: Krieg, 7] wird durch neuere Arbeiten bestätigt. Die ungewöhnlich lange Rekuperationszeit wird auf den Echo-Effekt der Doppelpest der 1630er Jahre zurückgeführt. Während 1611 im Hegau in erster Linie Erwachsene starben, ereilte 1635 der Tod vor allem Jugendliche, die nach 1611 in der Rekuperations- (d. h. Erholungs-)phase geboren worden waren, wodurch sich ein markanter Struktureffekt ergab [für das späte 17. Jh. ZSCHUNKE, Oppenheim, 141]: Vorerst rückte eine Reihe von äußerst schmalen, geschwächten Not-Kohorten ins reproduktionsfähige Alter nach [241: WEBER, Stuttgart, 32: 203: RÖDEL, Mainz, 147; 89: HECKH, Böhringen, 134; 201: ROBISHEAUX, Society, 71; 216: SCHLÖGL, Bauern, 78; BROSIG in 78: GÖTTMANN, Bodenseeraum, 56], die auch bei maximaler Ausschöpfung ihrer Fruchtbarkeit [118: KESSLER, Radolfzell 21] mit Werten über 60% (1670–90) und strukturbedingt extrem niedriger Sterblichkeit mit Werten von unter 15% im Zeitraum 1650–70 [227: SIEGLERSCHMIDT, Langenstein, Tab. 2] die Lücken nur nach und nach auffüllen konnten. Von da her gewinnen auch die in manchen Teilen des Reiches [201: ROBISHEAUX, Society, 71; 216: SCHLÖGL, Bauern, 78] nachgewiesenen, eher geringen Wachstumsraten von 0,3–0,5% in der zweiten Hälfte des 17. Jahrhunderts und die kleinen Kinderzahlen pro Familie [177: MORLINGHAUS, Bamberg 67; KRAUSSE/MAUERSBERG zit. in 119: KEYSER, Bevölkerungsgeschichte, 371–72] in der Jahrhundertmitte an Plausibilität – ganz abgesehen davon, daß die Pest – außer im Südwesten – bis ins frühe 18. Jahrhundert präsent blieb [46: BULST, Pest, 28–29; 125: KLEIN, Österreich, 63]. In Preußen sind nach Meinung KÖLLMANNS [134: Preußen, 93–96] zudem bremsende Nebenwirkungen wirtschaftspolitischer Maßnahmen in Rechnung zu stellen: Die Rittergüter wurden durch Einziehung wüst gewordenen Bauernlandes aufgestockt, die Landhandwerker in die Städte verwiesen, wo die Sterblichkeit erheblich größer war. Dazu kam der stets wachsende Menschenbedarf des stehenden Heeres [95: HINZE, Preußen].

Die bestenfalls mit 300 000 Menschen zu veranschlagende Einwanderung darf in ihrer Bedeutung für Deutschland als ganzes nicht überschätzt werden. Es wäre zu untersuchen, inwieweit die teilweise erheblichen Re-Peuplierungsraten nicht eher auf kompensatorische Binnenwanderungen im Sinne eines homöostatischen Ausgleichs unterschiedlicher Bevölkerungsdichten und Arbeitsmarktchancen zurückzuführen sind [DIETERICI in 156: MACKENROTH, Bevölkerungslehre, 119]. So lassen sich für die ländlichen Teile des Bistums Bamberg, wo der Krieg die Bevölkerung halbiert hatte, in der Rekuperationsphase bis 1730 hohe jährliche Wachs-

4. Bevölkerungsentwicklung

tumsraten von 1-2% errechnen, danach fiel das Wachstum auf 0,35% zurück [177: MORLINGHAUS, Bamberg, 36].

Immer noch ungewiß ist der Zeitpunkt, zu dem die Verluste des Dreißigjährigen Krieges kompensiert waren, zumindest für Deutschland als Ganzes. Für FENSKE [61: Auswanderung, 187] liegt er nach 1700, IPSEN [in 132: KÖLLMANN, Revolution, 88–89] nimmt 1740 als wahrscheinlichsten Zeitpunkt an und geht davon aus, daß nach einer dreißigjährigen Stagnationsphase eine neue Bevölkerungswelle um 1770 einsetzte.

Für das 18. Jahrhundert steht eine grundlegende Untersuchung zur Bevölkerungsentwicklung noch aus. Gemeinsam ist allen Darstellungen, daß im 18. Jahrhundert eine Bevölkerungsexpansion stattfand und daß sich mit dem schnelleren Bevölkerungswachstum die sozialen Gegensätze vergrößerten, indem ein landarmes oder landloses Proletariat heranwuchs. Über Verlauf und Größenordnung des Wachstumsprozesses gehen die Meinungen jedoch auseinander. Sicher ist, daß der Wachstumsprozeß regional sehr unterschiedlich verlief und daß von einer „gesamtdeutschen" Entwicklung keine Rede sein kann: Die anhand der greifbaren Angaben in der Literatur errechneten jährlichen Wachstumsraten liegen in der ersten Jahrhunderthälfte zwischen 1,5% für die preußischen Territorien Pommern, Neumark, Magdeburg, Halberstadt, Kleve-Mark, Mörs-Geldern zwischen 1713 und 1740 [27: BEHRE, Statistik, 198] und 0,3% für Oldenburg-Delmenhorst [56: ECKHART/SCHMIDT, Oldenburg, 664] sowie Calenberg [BERKNER, in 146: LEE 9418, 62–63]. Die Wachstumsrate in der zweiten Jahrhunderthälfte schätzt MARSCHALCK [158: Deutschland, 21] auf 0,3%, BORCHARDT [zit. in 76: GÖBEL, Bevölkerung, 292] auf 0,5%
Wachstumsraten im 18. Jahrhundert in Deutschland

Für die Gesamtbevölkerung der erwähnten preußischen Gebiete sowie jener Sachsens, Württembergs und Bayerns [Daten in: 27, 31, 37, 147], hat der Verfasser für den Zeitraum 1750–1800 eine durchschnittliche jährliche Wachstumsrate von 0,4% errechnet. Eine Rückschreibung der ältesten, auf Volkszählungen beruhenden Bevölkerungszahl von 23,6 Millionen (1816) für das Kaiserreich in den Grenzen von 1914 [131: KÖLLMANN, Ploetz, 159–160] mit dieser Wachstumsrate führt für 1800 auf einen Bevölkerungsstand von 22,0, für 1750 auf einen solchen von 17,5 und für 1700 auf eher hypothetische 14,1 Millionen. Für 1650 läßt sich auf der Basis der geschätzten Vorkriegsbevölkerung von 17 Millionen und angenommenen Kriegsverlusten von 40% [68: FRANZ, Krieg, 59] ein Faustwert von 10 Millionen errechnen. Dies läßt in der zweiten Jahrhundert-
Neue Schätzwerte für die Periode 1650–1800

hälfte Raum für eine angesichts des schleppenden Charakters der Rekuperation bis um 1670 plausibel erscheinende jährliche Wachstumsrate von 0,8%. Zuverlässigere Schätzungen werden erst dann möglich sein, wenn die einschlägigen Daten im Rahmen einer „Historischen Statistik von Deutschland" ausgewertet worden sind.

Kontroverse Deutung des Wachstums nach 1750

Kontrovers ist die Deutung des Wachstumsprozesses in der zweiten Hälfte des 18. Jahrhunderts. Für MARSCHALCK [158: Deutschland, 21] stehen die Wanderungsbewegungen im Vordergrund. LEE [150: Germany, 147–149] kommt auf der Basis eines schmalen, aggregativen, oberflächlich interpretierten Datenmaterials zu dem Schluß, die Wachstumsbeschleunigung sei auf rückläufige Sterblichkeit bei stagnierender Geburtlichkeit zurückzuführen. Dieser Auffassung widersprechen einmal die Ergebnisse der regionalen Sterbetafeln [112: IMHOF, Lebenserwartungen], und die vorliegende Arbeit stellt die Zunahme der innerehelichen Fruchtbarkeit als eigentlichen Motor der Bevölkerungsexpansion heraus (vgl. 2.7.). Völlig aus dem Rahmen fällt Bayern, wo die Bevölkerung rückläufig war, was LEE [in 150: Germany, 143] auf die allmähliche Verbreitung von Geburtenplanung zurückführt. Solange die zugrundeliegenden Daten nicht durch einschlägige Ergebnisse von Familienrekonstitutionen gestützt sind, steht diese Interpretation allerdings auf schwachen Füßen.

Bedeutung des Erbrechts

Das Erbrecht ist in der Literatur unter dem Gesichtspunkt der verfügbaren Stellen als demographische Regelgröße häufig thematisiert worden. Gegen die bekannte Dichotomie – geringes Bevölkerungswachstum bei gedrosselter Nuptialität und starker Abwanderung in Gebieten mit Anerbenrecht; höhere Nuptialität und geringe Abwanderung in Gebieten mit Realteilung [z. B. 225: SELIG, Würzburg, 93–95] – ist einmal ins Feld geführt worden, sie vermöge der Komplexität und Flexibilität des Transfers von Eigentum zwischen den Generationen nicht gerecht zu werden. Die Bauern hätten die geltenden Erbrechtsregeln für ihre Ziele instrumentalisiert, indem sie durch eine „Familienstrategie" einer exzessiven Zerstückelung entgegenwirkten, um überlebensfähige Höfe zu erhalten und die Entstehung eines ländlichen Proletariats zu verhindern, was auch den Interessen der Obrigkeiten entsprochen habe [BERKNER/MENDELS in 231, 209–224; 239: VIAZZO, Communitie, 263].

5. Heiratsmuster

Wie weit die im interkulturellen Vergleich hervortretende, durch Neolokalität (eigenständige Haushaltsgründung bei der Heirat), Spätheirat und Gesindedienst, konstituierte „europäische Familienstruktur" in die Geschichte zurückreicht, wird noch diskutiert. Es ist sehr wahrscheinlich, daß sie schon im fränkischen Reich verbreitet war [MITTERAUER, 172: Familienforschung, 27]. Die neuere Forschung hat den Akzent auf die Flexibilität dieses Musters gelegt, indem sie Veränderungen in der relativen Bedeutung von Heiratshäufigkeit und Heiratsalter aufzeigen und verschiedenartige regionale und lokale Spielarten nachweisen konnte [218: SCHLUMBOHM, Sozialstruktur, 323]. Am auffälligsten weicht England im 18. Jahrhundert vom klassischen Muster ab, wo das Heiratsalter kontinuierlich sank und ein wachsender Teil der Bevölkerung eine Ehe einging. All dies veranlaßte den englischen Demographen E. A. WRIGLEY zur Feststellung, „das europäische Heiratsmuster" sei „besser als ein Repertoire anpassungsfähiger Systeme zu beschreiben denn als ein Muster" [zit. in 218: SCHLUMBOHM, Sozialstruktur, 323].

Ehmers Kritik am homöostatischen Modell

EHMER [58: Heiratsverhalten] lehnt das homöostatische Paradigma als Modell zur Erklärung des europäischen Heiratsmusters ab und hat dafür folgende Argumente vorgebracht:
1. Im 18. und frühen 19. Jahrhundert stiegen in Mitteleuropa Heiratsalter und Ledigenquoten bis zum „Höhepunkt der industriellen Revolution" in der Mitte des 19. Jahrhunderts an. Dieser Verlauf läßt sich nur schwer mit dem Modell einer „agrarischen Bevölkerungsweise" vereinbaren; er scheint vielmehr mit der Dynamik der kapitalistischen Produktionsweise verknüpft zu sein.
2. Die empirischen Belege für das späte 18. und frühe 19. Jahrhundert deuten „in keiner Weise auf eine real existierende Kausalbeziehung zwischen Heiratsverhalten, Bevölkerung und materiellen Ressourcen" hin. In Bayern und im gesamten Alpenraum stiegen das Heiratsalter und die Ledigenquote parallel zur Steigerung der landwirtschaftlichen Erträge, sie begleiteten also nicht einen schrumpfenden, sondern einen wachsenden Nahrungsspielraum.

Auf der Suche nach alternativen Erklärungsangeboten hat EHMER [58: Heiratsverhalten, 67–66] Ansätze aus den Themenbereichen Sozialstruktur, Arbeitsorganisation und soziale Kontrolle zusammengefaßt. Er kommt zu dem Schluß, ‚familientragende' Stellen seien nicht knapp gewesen, wohl aber spezifische Positionen inner-

Soziale Positionen im Vordergrund

halb einer reich differenzierten Sozialstruktur. Der European Marriage Pattern drehte sich seiner Ansicht nach „um das Behaupten und Erlangen bestimmter – tatsächlich knapper und meist an ein Erbe gebundener – sozialer Positionen und nicht um materielle Ressourcen schlechthin" ... Damit erscheint das Heiratsverhalten nicht als Variable im biologischen Reproduktionsprozeß, wohl aber als Variable im Prozeß der „Reproduktion einer spezifischen Klassen- und Sozialstruktur" (S. 69).

Einwände gegen Ehmers Argumentation

Zunächst ist zu monieren, daß Ehmer Heiratsverhalten anhand von Daten für den männlichen Teil der Bevölkerung analysiert, was in einem demographischen Kontext eher ungewöhnlich ist. Unverständlich ist weiter, weshalb ausgerechnet KNODEL [129: Behavior, 122–124] als Kronzeuge für ein Ansteigen des Heiratsalters im 18. Jahrhundert herangezogen wird, stellt doch dieser Autor unmißverständlich fest [S. 124]: „There is no major change in age at marriage during the period", was im übrigen auch für den männlichen Bevölkerungsteil gilt. Überlesen wurde auch die Erklärung, die VIAZZO [239: Communitiés, 268] für das scheinbare Paradox einer sinkenden Heiratshäufigkeit und einer steigenden Ledigenquote bei steigenden landwirtschaftlichen Erträgen im Schweizer Alpenraum liefert: Für den Vergleich mit der Ernährungsbasis bei einer wachsenden Bevölkerung sind nicht relative Ziffern wie Heiratshäufigkeit und Ledigenquote, sondern absolute Zahlen von Verheirateten und Ledigen maßgebend. Und diese nahmen in den von ihm diskutierten Fallstudien erheblich zu.

Soziale und herrschaftliche Kräfte

Wenn auch die Kritik Ehmers am homöostatischen Modell relativiert werden muß, so sollte die Forschung doch seinen weiterführenden Interpretationsansätzen nachgehen.

Es leuchtet ein, daß die Bemühungen von Obrigkeiten, Gemeinden und Hausvätern vorrangig auf die Bewirtschaftung und Kontrolle knapper sozialer Positionen gerichtet waren. Einmal war „Bevölkerungsdruck" im prästatistischen Zeitalter nur auf Grund einer Verknappung von „Stellen" überhaupt wahrnehmbar. Es fehlten die konzeptionellen Voraussetzungen zur Artikulierung eines „Bevölkerungsproblems" – die zentrale Argumentationsfigur hat erst Malthus (1798) geliefert. Dann rührte „Bevölkerungsdruck" – auf Grund der ungleichen Verteilung der Ressourcen – immer zuerst an die soziale Ordnung. Ein rasches Anwachsen der Unterschichten wurde als potentielle Bedrohung des Status quo wahrgenommen und nach Möglichkeit „eingedämmt", und zwar lange bevor Grenzen der ökologischen Tragfähigkeit erreicht waren. Am wirksamsten geschah dies unter den geltenden Voraussetzungen über eine restriktive, mit knappen „Stellen" legitimierte Heiratspolitik von Obrigkeiten und Gemeinden.

Die Annahme eines obrigkeitlichen Regelsystems des Heiratsverhaltens stellt eine bevölkerungsgeschichtliche Untersuchung vor die Aufgabe, Inhalte, Verbreitung und Auswirkungen einer restriktiven Ehegesetzgebung abzuschätzen. Dabei muß zwischen einer dogmengeschichtlichen [vgl. 71: FROHNEBERG, Bevölkerungslehre] und einer wirkungsgeschichtlichen Analyseebene unterschieden werden [58: EHMER, Heiratsverhalten, 45]. In der älteren Forschungsliteratur lassen sich zwei verschiedene dogmengeschichtliche Argumentationsstränge erkennen: Die eine Gruppe von Autoren hebt die Maßnahmen hervor, die im Sinne des Populationismus auf eine Vermehrung der Bevölkerung hinzielten, während die andere Gruppe einseitig die Ehebeschränkungen thematisiert [179: W. MÜLLER, Wohlfahrt, 116-11]. Eine Verbindung der beiden Positionen sucht MATZ [164: Pauperismus, 175] mit der Feststellung, daß die Obrigkeiten versuchen, das Wachstum der Bevölkerung auf jenes der Wirtschaft abzustimmen. Zielkonflikte ergaben sich dabei in zweierlei Hinsicht [58: EHMER, Heiratsverhalten, 50-52]: {Ambivalenz bevölkerungspolitischer Maßnahmen}

1. Die nach dem Aderlaß des Dreißigjährigen Krieges zur Geltung gelangte Lehre der Populationisten propagierte zwar ein möglichst starkes Wachstum der Volksmenge zur Vermehrung der Mittel des Staates, andererseits aber sollte die angestrebte soziale Harmonie nicht durch eine Vermehrung der „gefährlichen Klassen" unterminiert werden. Dieses ambivalente Ziel suchte man durch eine Unterscheidung zwischen förderungs- und unterdrückungswürdigen Ehen nach Maßgabe der ökonomischen Fähigkeiten zu erreichen.

2. Die Politik des Absolutismus suchte den Einfluß der Grundherren auf das Heiratsverhalten der Untertanen zurückzudrängen, mußte aber für den Vollzug zur Einschätzung der ökonomischen Fähigkeiten und des moralischen Verhaltens einzelner Personen diesen lokalen Führungsgruppen eine enorme Macht zugestehen.

Seltenheitswert haben Angaben für die Zeit vor 1700: Daß im frühen 16. Jahrhundert sehr wenige Menschen von der Ehe ausgeschlossen wurden, belegen Daten aus dem Bistum Speyer: Nicht weniger als 90% der „Erwachsenen" waren dort 1530 verheiratet, wobei anzunehmen ist, daß in den Zahlen der „Kinder" auch ledige Erwachsene bis zu 30 Jahren enthalten sind, die weiterhin im elterlichen Haushalt blieben [BULL in 18: ANDERMANN, Bevölkerungsstatistik, 110-112; FLEISCHHAUER in 78: GÖTTMANN, Bodenseeraum, 3]. {Definitiv Ledige}

In der Genfer Oberschicht stieg der Anteil der über 50jährigen ledigen Frauen von der Mitte des 16. bis zum Ende des 18. Jahrhunderts von 1,7% auf über 30% an – bei einer Vervierfachung im Verlaufe des 17. Jahrhunderts [163: MATTMÜLLER, Bevölkerungsgeschichte, 220]. Im 18. Jahrhundert weisen die sieben regionalen Mortalitätstafeln [GEHRMANN in 112: IMHOF, Lebenserwartungen, 69–70] einen kontinuierlich zunehmenden Anteil der Ehelosen von 10–20% aus [vgl. auch 150: LEE, Germany, 147; 30: BIETENHARD Langnau, 122]. Spitzenwerte um 20% wurden in Städten (Hamburg, Luzern, Genf) erreicht; das hängt mit dem hohen Anteil der (ledigen) Dienstboten zusammen.

Heiratsalter und soziale Schichtung

Die in Lokal- und Regionalstudien verstreuten Hinweise auf schichtspezifische Unterschiede im Heiratsalter hat kürzlich SCHLUMBOHM [218: Sozialstruktur] zusammengetragen: Was das Alter der Bräute bei der Erstehe betrifft, hat sich der von KNODEL [129: Behavior, 137–143] aufgezeigte Befund durchwegs bestätigt, daß Männer der dörflichen Oberschicht in der Regel um zwei bis drei Jahre jüngere Bräute nahmen als die Angehörigen der Unterschicht ([s. a. 168: MENOLFI, Thurgau, 308]. In einigen Ortschaften zeigte sich sogar eine lineare Beziehung zwischen der Größe des Landbesitzes und dem durchnittlichen Alter der Bräute: Je größer der Hof, desto jünger die Braut. Zwei Bestimmungsgründe werden für das sozial unterschiedliche Heiratsalter der Frauen in der Literatur angeboten: Ein ökonomischer Ansatz weist darauf hin, daß Frauen aus der Unterschicht sich ihre Mitgift als Mägde zusammensparen mußten, während sie den Frauen aus der Oberschicht aus dem elterlichen Besitz zukam und kaum mit zunehmendem Lebensalter gewachsen sein dürfte. Unter dem familiensoziologischen Aspekt ist darauf hingewiesen worden, daß sich eine junge Braut besser in die Autoritätsstruktur eines großbäuerlichen Haushalts eingefügt haben mag. Bei den *Männern* wies das durchschnittliche Alter der ersten Eheschließung dagegen kein entsprechend zeitlich stabiles und räumlich konsistentes Muster auf. Aufgefallen ist SCHLUMBOHM [218: Heiratsverhalten, 333], daß Söhne aus großbäuerlichen Familien, die Heuerlinge wurden, deutlich später heirateten als die Erben großer Höfe. Er interpretierte diesen Sachverhalt dahingehend, daß die Kinder großer Bauern erst warteten, ob sich nicht eine Gelegenheit zur Einheirat auf einen Hof bot, ehe sie den folgenschweren Schritt einer Heirat ohne Landbesitz taten.

Rückgang der Zweitehen

Bei der Untersuchung der Zweitehen wirkt sich erschwerend aus, daß diese analytisch in drei Gruppen aufgeteilt werden müssen: Zweitehen von Witwern mit ledigen Frauen, solche von ledigen Männern mit Witwen und solche von Witwern mit Witwen [30: BIETENHARD, Langnau, 120]. Schichtspezifische Unterschiede sind bisher nicht nachgewiesen worden [129: KNODEL, Behavior]. Besonders gering scheinen die Heiratschancen für Witwen dort gewesen zu sein, wo sie auf dem Heiratsmarkt erfolgreich durch Dienstboten konkurrenziert wurden [109: IMHOF, Studien, 218–219; zur Situation der Witwen ausführlich 42: BORSCHEID, Alter, 100–123]. Für die Erklärung des Rückgangs der Zweitehen im 18. Jahrhundert sind bisher zwei Ansätze angeboten worden: Von der Haushaltforschung herkommend postulieren MITTERAUER und SIEDER [173: Familie, 150], daß primär der Druck des Rollenergänzungszwanges ausschlaggebend war. Am dringlichsten mußte die Lücke dann gefüllt werden, wenn es Säuglinge und mehrere Kleinkinder zu versorgen galt [109: IMHOF, Studien, 217–219]. Gegen diese Erklärung spricht der Befund von KNODEL [129: Behavior, 182], wonach die Häufigkeit der Wiederverheiratung von verwitweten Männern und Frauen mit steigender Kinderzahl sank. Zusammen mit den rückläufigen Altersdifferenzen bei der Eheschließung läßt sich der im 18. Jahrhundert einsetzende Rückgang der Zweitehen seiner Meinung nach eher einer wachsenden Bedeutung enmotionaler Bindungen in der Ehe zuordnen.

Weniger Aufmerksamkeit hat die gegen Ende des 18. Jahrhunderts einsetzende Einebnung des saisonalen Heiratsmusters gefunden. Um diese Zeit begann der langfristig bemerkenswert konstante agrarische Zyklus [118: KESSLER, Radolfzell, 40] in Heimarbeitergebieten zu verflachen. SCHLUCHTER [217: Gösgen, 176] und GÖBEL [76: Bevölkerung, 252] führen dies auf den regelmäßigeren Arbeitsanfall in der Heimindustrie zurück, BECKER [26: St. Lambrecht, 146] glaubt den Einfluß der beginnenden „Agrarrevolution" zu erkennen, 203: RÖDEL [Mainz, 163] erklärt die beginnende Auffüllung des Fastentrogs in der Franzosenzeit mit einsetzender „Entchristlichung". Für eine generalisierende Aussage ist es bei dieser Thematik jedenfalls noch zu früh. Was die Bindung der Heiraten an Bevorzugte Wochentage betrifft, lassen die Ergebnisse [besonders ausgiebig 203: RÖDEL, Mainz, 185–194; 40: BOHL, Stockach, 347 ZSCHUNKE, Oppenheim, 179] keine konfessionelle Prägung erkennen, so daß lokale Traditionen prägend wirkten.

Einebnung des saisonalen Heiratsmusters

6. Illegitimität

„Revolution der Prüderie"?
Über die Ursachen des auffälligen, für weite Teilen Europas konstitutiven U-förmigen Verlaufs der Unehelichenraten vom späten 16. bis zum frühen 19. Jahrhundert ist in der internationalen Forschung viel spekuliert worden. Zunächst eine quellenkritische Bemerkung [182: NORDEN, Krise, 168]: Die Häufigkeit der in den Registern erfaßten unehelichen Geburten widerspiegelt außereheliche Sexualität nur in jenen Fällen, in denen die Mutter ihr Kind in ihrem Kirchspiel zur Taufe anmeldete, es bis zu diesem Zeitpunkt am Leben blieb und der Pfarrer den sozialen und legalen Status des Täuflings korrekt vermerkte.

Verschiedene Autoren [alle zit. bei 26: BECKER, St. Lambrecht, 298–304] begründen den Rückgang im 16. und frühen 17. Jahrhundert mit einer „Revolution der Prüderie", die durch die Internalisierung von Verhaltensanweisungen von Kirche und Obrigkeit durchgesetzt worden sei, und berufen sich dabei auf die Zivilisationstheorie von NORBERT ELIAS: USSEL argumentiert, die zunehmende Verbürgerlichung des 15. und 16. Jahrhunderts habe zu einer sukzessiven Verdrängung des Sexuellen geführt, für PALLAVER brauchte es dazu auch die Perfektionierung der obrigkeitlichen Repression, INGRAM bezieht die Haltung der dörflichen Öffentlichkeit als Vollzugsorgan der obrigkeitlichen und kirchlichen Moralprogramme in die Betrachtung ein, die einen gemeinsamen Interessenschwerpunkt bei der Kontrolle der Unterschichten fand [s. a. 182: NORDEN, Krise, 164–177]. Aus der Sichtweise seines Materials argumentiert BECKER [26: St. Lambrecht, 305–312], die dörfliche Oberschicht habe das obrigkeitliche Moralprogramm flexibel gehandhabt und während der Krisenperiode im späten 16. und frühen 17. Jahrhundert im Sinne eines „social check" konsequenter durchgesetzt. IMHOF [108: Jahre, 57] ist dagegen der Meinung, „daß viele Jugendliche angesichts massiver Strafandrohung und Skandalisierung der Folgen eines nicht-ehelichen Geschlechtsverkehrs ihre Lektion besonders gut gelernt und es manche in punkto Empfängnisverhütung und Abtreibung zu einer gewissen Virtuosität gebracht hatten".

Shorters These einer „sexuellen Revolution"
Die vom späten 18. Jahrhundert an registrierte plötzliche Zunahme der Unehelichkeitsraten [207: ROLLER, Durlach, 71; 129: KNODEL, Behavior, 192–198; 182: NORDEN, Krise, 164–177; 26: BECKER, St. Lambrecht, 235–248; 30: BIETENHARD, Langnau, 124; ZSCHUNKE, Oppenheim, 149; 175: MOMSEN, Husum, 71; 40: BOHL,

6. Illegitimität

Stockach, 389–394; 43: BREIT, Leichtfertigkeit, 317–318; SACHS-GLEICH in 78: GÖTTMANN, Bodenseeraum, 27] ist zum Anlaß einer längeren Kontroverse geworden [resümiert bei 182: NORDEN, Krise, 167–168 und 43: BREIT, Leichtfertigkeit, 8–9]: Den ruckartigen Anstieg unehelicher Geburten interpretierte SHORTER 1971 als Ausdruck einer einsetzenden Individualisierung der Unterschichten, die materiell durch die Ausbreitung außerhäuslicher Lohnarbeit getragen wurde und mental als Abschüttelung kirchlicher Normen, sexuell durch freizügigere Beziehungen zwischen den Geschlechtern, als „sexuelle Revolution", in Erscheinung trat. Die Säkularisierungsthese hatte Shorter von PHAYER (1970) übernommen, der davon ausgegangen war, daß es in der traditionalen Gesellschaft Bayerns zuvor kaum voreheliche Sexualität gegeben habe.

Shorters These wurde von mehreren Autoren in Frage gestellt: LEE [149: Bastardy, 403–405] argumentierte, voreheliche Beziehungen seien nur im Widerspruch zu den Normen von Staat und Kirche, nicht jedoch zu jenen der dörflichen Gesellschaft gestanden, was BREIT [43: Leichtfertigkeit] anhand von eigenen Aussagen der Betroffenen in Berichten über Eheversprechungsklagen in den Konsistorialprotokollen der geistlichen Gerichtsbarkeit bestätigt hat: Der voreheliche Geschlechtsverkehr galt in der Sicht der ländlichen Tradition als ehebegründend und wurde nicht als Sünde betrachtet [ähnlich 40: BOHL, Stockach, 388; 25: BECK, Unterfinning, 132–136; 182: NORDEN, Krise, 170; SACHS-GLEICH in 78: GÖTTMANN, Bodenseeraum, 44]. Im weiteren weist KNODEL [129: Behavior, 244] nach, daß mindestens ein Viertel der unehelichen Geburten nachträglich legitimiert wurde. Zwar akzeptierte Shorter in seiner Entgegnung (1977/78) diesen Argumentationsstrang Lees, wies ihn aber nur dem traditionalen Typ der großbäuerlichen Familie zu und behauptete, für den Anstieg der Unehelichkeitsraten sei der Typ der modernen Unterschichtsfamilie verantwortlich, bei der die Partner nicht unbedingt die spätere Heirat anstrebten.

Voreheliche Beziehungen

Die bisher im Kontext der Shorter-Kontroverse vorgebrachten neuen Begründungen für die Zunahme der Illegitimität gliedern sich in zwei Gruppen. Die eine greift auf die von der französischen Forschung (Flandrin, Foucault) lancierte These eines Abbaus der institutionalisierten sexuellen Repression zurück, die andere operiert mit der Verschärfung der obrigkeitlichen Heiratspolitik. LEE [149: Bastardy, 172] stellt den Abbau der entehrenden Schandstrafen für voreheliche Sexualität in den Vordergrund [ähnlich 40: BOHL, Stockach, 394] – in Oldenburg wurden 1771 uneheliche Kin-

Erklärungen für die Zunahme der Illegitimität

der den ehelichen sogar im Erbgang gleichgestellt [182: NORDEN, Krise, 171] – und argumentiert daneben, die einsetzende Agrarrevolution habe es dem finanziell besser gestellten Gesinde eher erlaubt, Kinder in die Welt zu setzen. Andere Autoren erklären den Anstieg mit der restriktiven Heirats- und Niederlassungspolitik, die zwar die Eheschließungsziffern gesenkt, dafür aber die Unehelichkeitsraten in die Höhe getrieben habe [u. a. 76: GÖBEL, Bevölkerung, 249]. Diese scheinbar widersprüchlichen Argumentationsstränge hat BREIT [43: Leichtfertigkeit, 300–302] miteinander verbunden: Auf Grund der zunehmend griffigen Heiratspolitik, der härteren Strafen für voreheliche Sexualität und den schwindenden Möglichkeiten, ohne ausreichende materielle Basis einen Hausstand zu gründen, wurde es für „leichtfertige" Paare im Verlaufe des 18. Jahrhunderts immer schwieriger, ihre Beziehung in einer Ehe zu legalisieren. Zudem verlor die Kirche durch die Aufhebung der geistlichen Gerichtsbarkeit die Möglichkeit, im Sinne einer Eheschließung Druck auf einen Schwängerer auszuüben. In dieser verzweifelten Situation nahmen die werdenden Mütter unsagbare Mühen auf, um ihren Zustand zu verbergen. Mit dem Wegfall der Strafe im späten 18. Jahrhundert war der Leib des „Täters" nicht mehr bedroht, und seine Seele war auf Grund der einsetzenden Säkularisierung weniger verängstigt. Die Eltern unehelicher Kinder waren in der Regel Menschen ohne eigenen Haushalt. Im ländlichen Bereich gehörten sie häufig dem Stand der Dienstboten an [26: BECKER, St. Lambrecht, 275, 308; 182: NORDEN, Krise, 174–175], in Garnisonsstädten und im Gefolge der Einquartierung von Truppen fällt der hohe Anteil der Soldaten auf [203: RÖDEL, Mainz, 172; SCHMIDT in IMHOF, Gießen, 528–530; ZSCHUNKE, Oppenheim, 149–152; 48: BURRI, Luzern, 21; SACHS-GLEICH in 78: GÖTTMANN, Bodenseeraum, 34].

Bedingungen von Illegitimität in städtischen Milieus

Unzureichend untersucht ist die Situation in Städten: Offen ist zunächst, ob ein Zusammenhang zwischen der Größe der Stadt und dem Anteil der Unehelichen bestand; RÖDEL [203: Mainz, 176] weist auf die „unstädtisch niedrigen Werte" im traditionell katholisch geprägten Mainz hin. Dann wären die Werte einer Stadt mit jenen ihres Umlandes zu vergleichen: In einer Kleinstadt wie Gießen zeigten sich diesbezüglich keine Unterschiede [103: IMHOF, Gießen, 540–542]. Zusammenhänge zwischen Familienformen und Illegitimität hat MITTERAUER [171: Mütter, 101] aufgrund der Auswertung österreichischer Seelenbeschreibungen und Personenstandslisten aufgezeigt: In den von ihm untersuchten Städten wurden im späten 18. Jahrhundert vermehrt Mädchen vom Lande ohne örtliche verwandtschaftliche Beziehungen als Dienstmädchen bevorzugt, die ohne soziale Kontrolle auch sexuell leichter ausgenutzt werden konnten [s. a. 40: BOHL, Stockach, 389–394; 103: IMHOF, Gießen, 538; 48: BURRI, Luzern, 96 und ZSCHUNKE, Oppenheim, 151]. Die letztgenannten Autoren weisen auch darauf hin, daß Inseln erhöhter Illegitimität mit der Einquartierung von Truppen in Zusammenhang stehen. In einer Stadt wie Berlin, in der ein Fünftel der Einwohner Soldaten waren, lag es für ledige Frauen aus den Unterschichten nahe, sich mit Prostitution ein Zubrot zu verdienen. In den 80er Jahren stieg dort die Sterblichkeit der illegitimen Säuglinge auf über 80%, was auf heimlichen oder verdeckten Kindsmord hindeutet [29: BIELKE, Friedrichswerder, 192–195].

7. Fruchtbarkeit

Bei der Arbeit mit den Pfarrbüchern besteht eine der Hauptaufgaben der Quellenkritik darin, die Unterschiede zwischen dem eigentlichen vitalstatistischen Ereignis und seiner Registrierung festzuhalten und allenfalls durch eine Unschärferelation zu bestimmen [217: SCHLUCHTER, Gösgen, 65]. Bei der Verwendung der nicht nominativen Methode stellt sich die Schwierigkeit, daß die Totgeburten je nach Pfarrer teils nicht verzeichnet, teils verzeichnet, aber nicht gezählt, teils verzeichnet und mitgerechnet sind. Im weiteren ist zu prüfen, ob sie sowohl im Tauf- wie im Sterberegister eingetragen sind [175: MOMSEN Husum, 46]. Bei einer Totgeburtenrate von unter 3% ist Unterregistrierung anzunehmen [124: KISSKALT, Sterblichkeit, 450; 129: KNODEL, Behavior, 37]. In katholischen Gebieten wird die Gleichsetzung von Taufen und Geburten durch die Praxis der Taufspende bestätigt, da selbst vor und bei der Geburt verstorbene Säuglinge das Sakrament der Taufe im Notfall von der Hebamme erhielten [BOHL in 18: ANDERMANN Bevölkerungsstatistik, 316; 203: RÖDEL, Mainz, 17]. Für protestantische Gebiete muß der Tagesabstand zwischen Geburt und Taufe ermittelt werden, um die Taufen auf Grund der geschätzten endogenen Mortalität auf Geburten hochrechnen zu können: In Oppenheim betrug er 1700–1720 für reformierte und lutherische Täuflinge 2–4 Tage und ging auf Drängen des kurpfälzischen Kirchenrats bis zum Ende des Jahrhunderts um einen Tag zurück [ZSCHUNKE, Oppenheim, 155]. Im Kanton Bern räumte man den Eltern in der Stadt eine, auf der Landschaft gar zwei Wochen dafür ein [188: C. PFISTER, Grauzone, 28].

Unterscheidung von Totgeburten, Taufen und Geburten

Saisonalität der Taufen

Seit dem Aufschwung der Historischen Demographie und der damit verknüpften historischen Motivationsforschung ist die Forschungsdiskussion über die Ursachen der markanten Saisonalität der Taufen oder Geburten bzw. Konzeptionen nicht zur Ruhe gekommen. Zur Interpretation sind bisher drei Ansätze vorgebracht worden. Ein erster, der kanonische Ansatz, argumentiert mit der Geltungskraft kirchlicher Vorschriften – die katholische Kirche hatte den Geschlechtsverkehr sowohl 40 Tage vor Weihnachten als auch 40 Tage vor Ostern verboten – [DENZLER zit. in 26: BECKER, St. Lambrecht, 135], wodurch im September und im Dezember streng genommen überhaupt keine Kinder hätten zur Welt kommen dürfen. Nicht einmal im streng katholischen Mainz läßt sich jedoch ein solchen Verhalten belegen [203: RÖDEL, Mainz, 162]. Ein zweiter, der innerdemographische Ansatz [236: VAN DÜLMEN, Fest, 92] nimmt an, daß die Saisonalität der Taufen – mit einer Phasenverschiebung von 9 Monaten – jene der Heiraten wiederspiegelt; doch im Material KNODELS [129: Behavior, 281] folgen nicht nur die Erstgeburten, sondern auch jene höherer Ordnung, wenn auch abgeschwächt, demselben saisonalen Muster. Ein dritter, der arbeitsökonomische Ansatz, geht von der Feststellung aus, daß die saisonale Verteilung der Geburten – selbst in Städten wie Mainz und Trier [203: RÖDEL, Mainz, 155, 137: KOHL, Trier, 80] – an den bäuerlichen Arbeitsrhythmus angepaßt war, indem während der Arbeitsspitzen in der Ernte – in Winzerorten während der Weinlese – weniger Kinder gezeugt wurden [ZSCHUNKE, Oppenheim, 152]. Inwieweit diese offensichtliche Alternanz von aktiveren und passiveren Zeiten in der Liebe zweckrational als kalkulierte Verlegung der Geburten in den ruhigeren Teil des Jahres oder arbeitsphysiologisch durch sexuelle Ermüdungserscheinungen während der Erntezeit interpretiert wird, hängt von der weltanschaulichen Position des Forschers ab [203: RÖDEL, Mainz, 162; 26: BECKER, St. Lambrecht, X; 239: VIAZZO 263; 108: IMHOF, Jahre, 51–54]. Bemerkenswert ist die Feststellung SCHLUCHTERS, [217: Gösgen, 182–183], wonach sich die Geburten in Heimarbeiter-Gemeinden mit saisonal ausgeglichenerem Arbeitsanfall regelmäßiger auf die einzelnen Kalendermonate verteilten.

Schicht- und konfessionsspezifische Fruchtbarkeit

Was die Unterschiede zwischen der ehelichen Fertilität der verschiedenen sozialen Schichten in der dörflichen Gesellschaft betrifft, deutet das wenige bisher verfügbare Material – KNODEL [129: Behavior, 294] hat seine Daten leider nicht für das 18. Jahrhundert aufgeschlüsselt – auf eine größere Fruchtbarkeit der Oberschichten hin, wobei der Befund nicht eindeutig ist: Im schleswig-holsteinischen Leezen brachten die Frauen der bäuerlichen Oberschicht infolge einer Kombination von niedrigerem Heiratsalter und höherer innerehelicher Fruchtbarkeit ein Kind mehr ins Erwachsenenalter als jene der übrigen Schichten [73: GEHRMANN, Leezen, 253–254]. In der hegauischen Kleinstadt Stockach gebaren die Frauen der untersten Steuerklasse auf Grund ihrer späteren Heirat durchschnittlich 0,6 Kinder weniger als jene der beiden anderen Steuergruppen [40: BOHL, Stockach, 400]. Dagegen zeigten sich im oldenburgischen Stollhamm und im bernischen Langnau keine nennenswerten schichtspezifischen Unterschiede in der ehelichen Fruchtbarkeit [182: NORDEN, Krise, 159; 30: BIETENHARD, Langnau, 136]. Im gemischt konfessionellen Oppenheim nahm die Kinderzahl bei lutherischen und katholischen, nicht aber bei reformierten Familien mit dem Vermögen zu [ZSCHUNKE, Oppenheim, 199].

Über die Größenordnung des gesamten durch Zweitehen rekuperierten Anteils an Fruchtbarkeit bestehen in der internationalen Forschung [55: DUPAQUIER, Marriage] erhebliche Unsicherheiten, weil dies eine chancenspezifische Untersuchung des gesamten Heiratsmarktes voraussetzen würde: Wie oft kam es vor, daß ein älterer, wohlhabender Witwer bei einer Heirat mit einer erheblich jüngeren Partnerin einen jüngeren, sexuell aktiveren Konkurrenten verdrängte und damit die Fruchtbarkeit der entsprechenden Frau reduzierte? Wie groß war die Wahrscheinlichkeit, daß ein jüngerer lediger Mann bei einer wirtschaftlich bedingten Heirat mit einer älteren Witwe nach deren Tod eine fruchtbarere Zweitehe eingehen konnte? *Ungeklärter demographischer Stellenwert der Zweitehen*

Die Diskussion um die Anwendung von Geburtenplanung ist auf zwei Ebenen geführt worden. Die bevölkerungspolitische Kontroverse dreht sich vor allem darum, inwieweit die in der westlichen Literatur vor allem von Klerikern seit alters geführte Diskussion kontrazeptiver Praktiken auf deren effektive Verbreitung hindeutet. Aufsehen erregten HEINSOHN, KNIEPER und STEIGER [90: Menschenproduktion] 1979 mit ihrer These, welche die frühneuzeitlichen Hexenverfolgungen mit Berufung auf den „Hexenhammer" (1487) und eine Bulle Papst Innozenz' VIII. von 1484 als gezielten Feldzug gegen das Wissen der Hebammen auf dem Gebiete der Schwangerschaftsverhütung und Fruchtabtreibung zum Zwecke der „Menschenproduktion" bezeichnet. Die moderne Hexenforschung hat zwar diese Ansicht als monokausal, ahistorisch, regional zu wenig differenziert oder als Fehldeutung der Quellen zurückgewiesen, *Hexenverfolgung als Feldzug gegen kontrazeptives Wissen?*

doch sollte sie in ihrem Kern auf der Basis von Akten der Konsistorialgerichte besser ausgeleuchtet werden, in welchen das antikonzeptionelle Wissen der Unterschichten thematisiert wird [25: BECK, Unterfinning]. So vertritt etwa BECKER [26: St. Lambrecht, 312] anhand solchen Materials die Überzeugung, daß der *Coitus interruptus* in seinem untersteirischen Untersuchungsraum Bestandteil des dörflichen Diskurses über Sexualität war und an Jugendliche weitergegeben wurde. Dagegen hat BREIT [43: Leichtfertigkeit] in seinem oberbayerischen Material keine entsprechenden Hinweise gefunden.

Nachweis von Geburtenplanung

In der historisch-demographischen Diskussion geht es primär um die Gültigkeit der Indikatoren, welche von der klassischen Forschung zum Nachweis eines Reproduktionsverhaltens herangezogen werden, mit dem die Zahl der überlebenden Nachkommen *bewußt* auf eine bestimmte Zielgröße begrenzt werden sollte [128: KNODEL, Germany; Behavior, 251–254, 284]; Rückgang der altersspezifischen Fruchtbarkeit in den oberen Altersklassen, Absinken des Alters bei der letzten Geburt oder übermäßige Dehnung des letzten Geburtenintervalls, differenziert nach dem Heiratsalter [194: U. PFISTER, Anfänge, 81; anschaulich: 108: IMHOF, Jahre, 57–58; EBELING/ KLEIN, in 91: HINRICHS, Niederlande, 44, 30: BIETENHARD, Langnau, 152]. Konsens besteht dahingehend, daß allein auf Grund roher Fruchtbarkeitsziffern, des Quotienten zwischen Geburten und Ehen [40: BOHL, Stockach, 317–318; 30: BIETENHARD, Langnau, 132–133] oder gar der bloßen Trends von Taufen [z. B. 26: BECKER, St. Lambrecht, 138] nicht auf kontrazeptives Verhalten geschlossen werden darf. Umstritten ist dagegen, ob neben einem auf eine gewünschte Kinderzahl ausgerichteten, unumkehrbaren vorgezogenen Abbruch der reproduktiven Tätigkeit („stopping") [129: KNODEL, Behavior, 348–349] auch Strategien zur temporären Regulierung der überlebenden Nachkommenschaft, etwa zur Überbrückung einer wirtschaftlichen Notlage, unter diesen Begriff fallen, die sich in einem hohen Prozentsatz von sehr langen Intervallen („spacing") äußerten und oft wieder von einer Zeit höherer Fruchtbarkeit abgelöst wurden [104: IMHOF, Heuchelheim, 221; 73: GEHRMANN, Leezen, 258]. Erschwert wird der Nachweis dadurch, daß ein verfrühter Abbruch der reproduktiven Tätigkeit auch durch sekundäre Sterilität verursacht werden [40: BOHL, Stockach, 370, 384] oder (bei einem großen Altersunterschied von Mann und Frau) mit der nachlassenden Zeugungskraft des Mannes im Zusammenhang stehen kann [129: KNODEL, Behavior, 269–272]. Den Anteil der primär sterilen Ehen setzt IMHOF [112: Lebenserwartungen, 74] bei knapp 10% an.

Dadurch ist der ausufernde, vor allem in der frankophonen Forschung (ARIÈS, BURGIÈRE, FLANDRIN, PERRENOUD) geführte Diskurs über die Anfänge von Geburtenplanung angesprochen. In der Diskussion findet man zwei Argumentationsstränge [194: U. PFISTER, Anfänge, 20–28]: Der eine geht von Flandrins These aus, wonach sich in Westeuropa zwei Typen von Sexualverhalten – ein innereheliches und ein außereheliches – herausgebildet hatten: das erstere lustlos, fortpflanzungsorientiert, das letztere erotisch und zur Vermeidung unerwünschter Folgen tendenziell kontrazeptiv ausgerichtet. Die Verbreitung von Geburtenbeschränkung ergäbe sich als Folge einer Übertragung des außerehelichen Verhaltens auf den innerehelichen Bereich. Der zweite Ansatz geht von der Beobachtung aus, daß kontrazeptives Verhalten zuerst bei protestantischen Bevölkerungen aufgetreten ist und stützt sich, ausgehend von WEBERS (1920) bekannter These der protestantischen Ethik, auf Aussagen der Reformatoren, welche die Eigenverantwortung der Eltern für ihre Kinder hervorheben und die eheliche Sexualität etwas positiver bewerten. In seiner Analyse zu Zürich zeigt ULRICH PFISTER, wie Veränderungen im städtischen Schichtungsgefüge um die Mitte des 17. Jahrhunderts für bestimmte soziale Gruppen die Anwendung von Geburtenbeschränkungen unter zweckrationalen Gesichtspunkten geboten sein ließen. Stärker mentalitätsgeschichtlich orientiert ist die – spekulative – Erklärung NORDENS [182: Krise, 306]: Er interpretiert das kontrazeptive Verhalten der Unterschichten an der oldenburgischen Küste einmal als „logische Konsequenz" des drängenden Mangels an Wohnraum und der migratorischen Lebensweise, hebt dann aber in Anlehnung an IMHOF vor allem die Traumatisierung durch Meeresgewalten und die Bedrohung durch Territorialherren hervor. Dabei wäre die Skepsis GEHRMANNS [72: Einsichten, 474–75] in Rechnung zu stellen, wonach die Prägung der Mentalität durch religiöse Einflüsse und deren Konsequenzen auf das generative Verhalten noch unzureichend untersucht sei. Erklärungsbedürftig wäre nach Ansicht dieses Autors eher die Bedeutung der Alphabetisierung. Einen vielversprechenden Ansatz, der in Zusammenarbeit mit der historischen Familienforschung und der Frauenforschung zu verfolgen wäre, bietet schließlich die von der historischen Demographie noch kaum rezipierte, durch CALDWELL [49: Decline] anhand von Erfahrungen aus Drittweltländern entwickelte „Wealth Flow Theorie", welche der Beziehung zwischen den Ehegatten sowie der Richtung des intergenerationellen Flusses von materiellen und emotionalen Werten – von den Kindern zu den El-

Anfänge von Geburtenplanung

II. Grundprobleme und Tendenzen der Forschung

Verbreitung von Geburtenplanung

tern in patriarchalischen, von den Eltern zu den Kindern in „egalitären" Gesellschaften – entscheidende Bedeutung zumißt.

Neben den im ersten Teil thematisierten Untersuchungen für städtische Bevölkerungen im 17. und 18. Jahrhundert [194: U. PFISTER, Anfänge; konfessionell unterschiedlich ZSCHUNKE, Bevölkerung, 198–226] sind auch für den ländlichen protestantischen Raum [182: NORDEN, Krise, 306; 101: HOUDAILLE, Fécondité, 701; 76: GÖBEL, Bevölkerung, 157; 178: MÜLLER, Karlsruhe, 54] und selbst für das katholische Bayern [147: LEE, Bayern 326–329] Belege für Geburtenplanung vorgelegt worden, welche die These KNODELS [129: Behavior, 16], in ländlichen Gesellschaften des vorindustriellen Deutschland sei die Praxis der Geburtenplanung unbekannt gewesen, zumindest zu erschüttern vermögen.

Eine erste demographische Transition nach dem Pestzeitalter?

Für die zweite Hälfte des 17. Jahrhunderts hat MATTMÜLLER [163: Bevölkerungsgeschichte, 391–400] anhand der für die Schweiz vorliegenden Fallstudien ein Sinken der Heiratsziffern, ein Ansteigen des Heiratsalters und ein Absinken der Tauf- und Geburtenziffern festgestellt. Er hat diese Veränderung der Reproduktionsweise in ein wechselseitiges Verhältnis zum Sinken der Mortalität nach dem Ende der Pestzüge in den 1660er Jahren gesetzt und als ‚Erste demographische Transition' etikettiert. Die neue Situation nach dem definitiven Wegbleiben der Pestzüge habe dazu geführt, so seine Lesart, daß die Paare beim Heiraten und die Ehepaare von einem gewissen Zeitpunkt an ein geburtenplanendes Verhalten anwendeten, das sie bislang nur in den kurzen Phasen zwischen erfolgter Rekuperation und einer neuen Pest angewendet hätten. In dieser aus dem homöostatischen Modell abgeleiteten, theorieähnlichen Form bedarf dieses Interpretationsmuster einer sorgfältigen Überprüfung, vor allem, weil als Folge der Pestzüge im 17. Jahrhundert markante Struktureffekte aufgetreten sind, die Mattmüller außer Acht läßt. In diesem Zusammenhang sollte auch den bisher noch nicht problematisierten Ursachen der Fruchtbarkeitsbaisse im frühen 18. Jahrhundert [228: BREMEN, 6580, 10; ZSCHUNKE, Oppenheim, 148; 138: KRAUSS, Schönau, 299] nachgegangen werden.

Zunahme der innerehelichen Fruchtbarkeit

Daß zur Erklärung von Veränderungen der „natürlichen Fruchtbarkeit" neben verhaltensgesteuerten auch physiologische Komponenten ins Auge gefaßt werden müssen, hat NETTING [181: Alp, 159–168] erstmals am Beispiel von Törbel aufgezeigt (vgl. Teil 1). Sein Befund, wonach sich in diesem Walliser Dorf vom späten 18. Jahrhundert an die Geburtenabstände verkürzten, hat nun seine Entsprechung in einer großen Anzahl von neueren Studien gefunden [129: KNODEL, Behavior, 264; HINRICHS/REINDERS in 56: ECKHART/SCHMIDT, Oldenburg, 674; 31: BLASCHKE, Sachsen, 199–203; 40: BOHL, Stockach, 327; 73: GEHRMANN, Leezen, 249; 245: ZSCHUNKE, Oppenheim, 194; 138: KRAUSS, Schönau, 295; MAUERSBERG zit. in 147: LEE, Bayern, 313; 76: GÖBEL, Bevölkerung, 253; 142: KUHRMANN, Suhrental, 108; 221: SCHÜRMANN, Appenzell, 84; 214: SCHELBERT, Schwyz, 200–201; 198: PREUSS, Lintorf, 100]. Dieses überraschende Ergebnis trägt zur Erklärung bei, weshalb das Heiratsalter in der zweiten Hälfte des 18. Jahrhunderts trotz tendenziell wachsenden Nahrungsspielraums hoch blieb oder sich noch erhöhte. Die steigende Fruchtbarkeit steht auch in unmittelbarem Zusammenhang mit der tendenziell steigenden Säuglingssterblichkeit. Beides erhärtet die Gültigkeit des homöostatischen Modells und legt zumindest für den deutschen Sprachraum eine Re-Interpretation der gängigen Auffassung nahe, wonach die in der zweiten Hälfte des 18. Jahrhunderts einsetzende lange Welle des Bevölkerungswachstums durch ein Sinken der Mortalität ausgelöst wurde [161: MATTMÜLLER, Bevölkerungswelle, 403: 134: KÖLLMANN, Preußen, 101]. Soweit das Phänomen der steigenden innerehelichen Fruchtbarkeit in der Fachliteratur überhaupt thematisiert wird, gehen die Deutungsmuster von Verbesserungen in der Ernährung aus, obschon die Zusammenhänge zwischen Ernährung und Fruchtbarkeit in der medizinischen Forschung noch kontrovers diskutiert werden [FRISCH zit. in 181: NETTING, Alp]. Dabei hat sich die Diskussion unter Historikern bisher auf die Kartoffel konzentriert [129: KNODEL, Behavior, 284], wogegen andere Komponenten der Ernährung, vor allem die Milch, wenig Beachtung gefunden haben [186: C. PFISTER, Klima, 116–123]. Hier zeichnet sich über die beiden Konzepte „Agrarrevolution" und „Protoindustrialisierung" eine aussichtsreiche Verbindung von der historischen Demographie zur historischen Ernährungsforschung und zur Agrargeschichte ab.

Zusammenhänge zwischen Ernährung und Fruchtbarkeit

8. Sterblichkeit

Eine überzeugende Theorie der Sterblichkeit, die Stand und Entwicklung der durchschnittlichen Lebenserwartung beider Geschlechter im Spannungsfeld sozialer und biologischer Determinanten darstellen und erklären kann, ist nach Meinung HAUSERS [87: Sterblichkeit] noch zu entwickeln. Voraussetzung dazu ist demographieseitig ein Datengerüst, in dem die Sterbefälle nach Alter, Geschlecht, Zivilstand, Todesursache, sozialer Schicht und weiterer Kenngrößen aufgeschlüsselt werden. Die Gewinnung solcher Ziffern und Meßgrößen aus historischen Quellen ist aufwendig und methodisch anspruchsvoll, wenn sie den Standards überräumlicher und -zeitlicher Vergleichbarkeit genügen sollen. Bei der Erhebung von Sterbezahlen in Kirchenbüchern muß sichergestellt werden, daß Säuglinge erfaßt worden sind [145: LAUFER, Trier, 55], wobei die Erfahrung zeigt, daß Unterregistrierung in der Regel in eindeutiger Form in Erscheinung tritt [GEHRMANN in 112: IMHOF, Lebenserwartungen].

Regionale Sterbetafeln für das 18. Jahrhundert

Methodisches Neuland betreten hat die Imhof-Schule mit der Berechnung regionaler Sterbetafeln für sechs ländliche Regionen: Für die Zeit seit dem ausgehenden 17. Jahrhundert bis 1850 stehen in zehnjährigen Abständen regional gegliederte jahresspezifische Daten der Sterbewahrscheinlichkeit, der Lebenserwartung und der Überlebenden zur Verfügung, die sich mit den modernen Periodensterbetafeln vergleichen lassen. Sie erlauben es unter anderem, regional verschiedene Typen generativer Verhaltensweisen herauszuarbeiten [112: IMHOF, Lebenserwartungen]. Dabei ist dem Einwand von KNODEL [129: Behavior, 53–60] Rechnung zu tragen, wonach die Relationen zwischen Säuglings-, Kinder- und Erwachsenensterblichkeit historisch nicht konstant geblieben sind, so daß mit Hilfe der Modelltafeln auf der Basis von bekannten Säuglings- und Kindersterblichkeitswerten allein nicht korrekt auf die Erwachsenensterblichkeit geschlossen werden kann.

Saisonalität der Sterbefälle

Bei der Saisonalität der Sterbefälle ist die getrennte Darstellung und Interpretation von Erwachsenen-, Kinder- und Säuglingssterblichkeit [ZSCHUNKE, Oppenheim, 164] methodisch sinnvoll. Bei der Interpretation der letzteren muß beachtet werden, daß sie infolge ihrer bedeutenden neonatalen Komponente teilweise an die Geburtenhäufigkeit gebunden ist, was viele Forscher wie IMHOF [z. B. 107: Säuglingssterblichkeit], wie KNODEL [129: Behavior, 60–63] moniert, schlicht ignorieren. Im Jahresverlauf waren sowohl das neonatale Sterblichkeitsrisiko wie jenes der älteren Säuglinge (im 2.–11. Lebensmonat) nahezu ausgeglichen, mit Ausnahme eines für Süddeutschland charakteristischen, durch die Ruhr [124: KISSKALT, Sterblichkeit, 470] verursachten Gipfels im Hoch- und Spätsommer [40: BOHL, Stockach, 329–331; 245: ZSCHUNKE, Oppenheim, 163; 203: RÖDEL, Mainz, 331]. Dieser ist möglicherweise durch die dort herrschenden höheren Temperaturen mitbedingt. Mit Blick auf die Alpen hat ZURFLUH [in 239: VIAZZO, 216] die Frage aufgeworfen, ob die tieferen Temperaturen in höheren Lagen nicht generell die Anfälligkeit für Sommerdiarrhöen vermindern.

Bei der Untersuchung der „sozialen Ungleichheit vor dem Tode" standen lange Zeit familial exogene Gründe – mangelnde Ernährung und Hygiene, enge Wohnbedingungen – im Zentrum [EBELING/KLEIN, in 92: Niederlande, 33; 21: BAHL, Ansbach, 228; 168: MENOLFI, Thurgau, 334–336; 221: SCHÜRMANN, Appenzell, 108; 29: BIELKE, Friedrichswerder]. Familial-endogene Determinanten werden nur in jenen Fallstudien in den Blick gerückt, in welchen diese Tendenz nicht festzustellen ist [40: BOHL, Stockach, 401; 137: KOHL, Trier, 136–138; umfassend: 245: ZSCHUNKE, Oppenheim, 162–172]. Dies ist wohl Aufgabe der Historischen Familienforschung, die sich mit diesem Phänomen noch nicht mit der gebotenen Intensität auseinandergesetzt hat [151: LENZ, Mortuis, 68; zur Haushaltfamilie: 173: MITTERAUER/SIEDER, Familie; 102: HUBBARD, Familie].   Soziale Ungleichheit vor dem Tode

Manche Autoren stellen fest, daß infolge der wesentlich höheren Säuglingssterblichkeit trotz biologisch konstanter Geschlechterproportion das weibliche Geschlecht bei Erreichung des Heiratsalters in der Überzahl war [207: ROLLER, Durlach, 116; 107: IMHOF, Säuglingssterblichkeit, 21: BAHL, Ansbach, 191; 188: C. PFISTER, Grauzone, 35–37]. Von diesem Sachverhalt ausgehend, wäre den Hinweisen von MACKENROTH [156: Bevölkerungslehre, 41] weiter nachzugehen – möglicherweise auf der Basis der Imhofschen Datenbank –, wonach die Sexualproportion bei der Geburt keine Konstante darstellt, sondern langfristige Veränderungen zeigt: Im süddeutschen Engen weist der pest- und kriegsgeplagte Zeitabschnitt 1611–1650 bereits bei der Geburt einen Mädchenüberschuß auf [BROSIG in 78: GÖTTMANN Bodenseeraum, 62, s. a. 227: SIEGLERSCHMIDT, Langenstein; 118: KESSLER, Radolfzell, 62–63].   Veränderungen der Sexualproportion

IMHOF [107: Säuglingssterblichkeit, 377] hat aufgezeigt, daß die Säuglingssterblichkeit in bayerischen Dörfern nach dem vierten Kind deutlich anstieg. Er betrachtet dies als einen gültigen Nachweis dafür, daß „Himmeln" bewußt als „nachgeburtliche Familienplanung" praktiziert worden ist. Gegen diese Sichtweise hat KNODEL [129: Behavior, 94–95] statistische Bedenken angemeldet: Da die Säuglingssterblichkeit mit zunehmender Kinderzahl tendenziell immer anstieg, müsse der Effekt der Geschwisterzahl ausgeschaltet werden. In diesem Zusammenhang ist auch zu klären, ob die im späten 18. Jahrhundert zunehmende Säuglingssterblichkeit [z. B. 209: RUESCH, Appenzell 375; 245: ZSCHUNKE, Oppenheim, 164; 214: SCHELBERT, Schwyz, 171–176; 138: KRAUSS, Schönau, 315] dem   „Himmeln" und Fremdstillen

98   II. Grundprobleme und Tendenzen der Forschung

Anstieg der innerehelichen Fruchtbarkeit kausal zugeordnet werden kann. Das ist zwar im Einzelfall schwer zu beweisen, weil man oft vor einem Huhn-Ei-Problem steht, ist aber im Hinblick auf eine Bestimmung der Motivation generativen Verhaltens wichtig [72: GEHRMANN, Einsichten, 476]. Weiter wird der bisher erst am Beispiel Hamburgs nachgewiesenen Sitte des Fremdstillens nachzugehen sein. Im Unterschied zur französischen Praxis wurden Nährammen dort als Mägde vom Lande in die Stadt gedingt, auch in Haushalte der Mittelschicht. Die Muttermilch war als ideale Säuglingsnahrung hochgeschätzt [153: LINDEMANN, Love], was mit ein Grund für die relativ geringe Säuglingssterblichkeit im dortigen Bürgertum gewesen sein mag [112: IMHOF, Lebenserwartungen, 219–230].

Typologie von Sterblichkeitskrisen

Seit Jean Meuvrets 1946 erschienenem Aufsatz ist die Diskussion um die Bevölkerungskrisen in der historischen Demographie nicht zur Ruhe gekommen [105: IMHOF, Einführung, 12–19]. Um dem inflationär und schwammig verwendeten Krisenbegriff mehr Profil zu verleihen, sind immer wieder neue mathematische Formeln vorgeschlagen worden, die sich aber nicht durchzusetzen vermochten. In der Forschungspraxis bleibt die gebräuchliche Abgrenzung zwischen der offenen Mortalitätskrise „alten Typs" und der verdeckten „crise larvée" fließend [203: RÖDEL, Mainz, 223–224]. Eine typologische Abgrenzung der beiden verschiedenen Grundmuster von Sterblichkeitskrisen, der epidemischen Krise und der durch ein Auseinanderscheren von Verstorbenen und Geborenenkurve gekennzeichneten Subsistenzkrise [108: IMHOF, Jahre, 202], hat unter Einbezug der Rekuperationsmechanismen zuletzt MATTMÜLLER [163: Bevölkerungsgeschichte, 293, 295] versucht. Solche Modelle haben primär idealtypischen Wert, weil sich in der Forschungspraxis oft verschiedene Krisentypen überlagern oder ineinander übergehen [66: FRANÇOIS, Koblenz, 55; 187: POST, Status, 241–243; 178: MÜLLER, Karlsruhe, 80–81, 223: SCHULTZ, Berlin, 130] (vgl. Teil I). Solche Summationseffekte stehen oft in Zusammenhang mit kriegerischen Ereignissen [66: FRANÇOIS, Koblenz, 33; BROSIG in 78: GÖTTMANN, Bodenseeraum, 69], sei es, daß als Folge von Truppenkonzentrationen die Nahrung verknappte und die geschwächte Bevölkerung zusätzlich zu Schanzarbeiten herangezogen wurde [203: RÖDEL, Mainz, 236–237], sei es, daß sich die Bevölkerung vor den Soldaten hinter feste Stadtmauern flüchtete und dort als Folge der katastrophalen hygienischen Bedingungen Opfer von Epidemien wurde (vgl. Teil 1), sei es, daß allein die Nähe eines Kriegsschauplatzes die Preise auf den angrenzenden Märkten in die Höhe trieb

8. Sterblichkeit

[189: C. PFISTER, Fluctuations]. Die von IMHOF [103: Gießen, 234–235] mit Blick auf Gießen und FRANÇOIS [66: Koblenz, 33] mit Blick auf Koblenz aufgeworfene Frage, ob die anhaltend hohe Sterblichkeit während des 18. Jahrhunderts nicht neben den strukturellen Ursachen auch der dauernden Präsenz des Krieges als verschärfendem Faktor zuzuschreiben ist, ist wohl für das 17. und 18. Jahrhundert für ganz Deutschland zu stellen.

Um die mortalitätsbedingten Auswirkungen einer Krise auf die Bevölkerungsstruktur abschätzen zu können, sollte schließlich trotz der damit verbundenen terminologischen Probleme [122: KIER, Göttingen, 5; 209: RUESCH, Appenzell; 203: RÖDEL, Mainz, 213–218; 183: OETER, Sterblichkeit] wenn immer möglich geklärt werden, um welche Epidemie es sich gehandelt hat, weil die Seuchen ihre Opfer vorwiegend in einer bestimmten Altersgruppe forderten [203: RÖDEL, Mainz, 227–228], ihr Auftreten häufig an epidemiespezifische klimatische Konstellationen gebunden war, und weil schließlich viele Epidemien in ihrem Auftreten und in ihrer Virulenz aus unerforschten und vielleicht unerforschlichen Gründen im Sinne einer „pathocénose" (GRMEK) voneinander abhängig sind. Um qualitative Fortschritte bei zentralen Fragen zu erzielen, müssen die wichtigsten unmittelbar betroffenen Disziplinen, vor allem die Medizingeschichte, die Sozialgeschichte und die Historische Demographie, künftighin ihre Erkenntnisse gegenseitig in einem sehr viel stärkeren Maße zur Kenntnis nehmen. Neben einem analytischen Ansatz bedarf es dabei, wie GRMEK gefordert hat, auch eines „synthetischen Zugriffs", und neben der pathologischen Realität dürfte, wie BULST [46: Pest, 18] moniert, die Ebene der Gesellschaft und ihrer Wahrnehmung von Krankheit nicht ausgeblendet werden.

Medizinhistorische Untersuchung von Epidemien

Mangellagen lassen sich in einer weitgehend selbstversorgenden Agrargesellschaft über Teuerungen fassen und – sofern Kriege und Naturkatastrophen ausgeschlossen werden – auf klimatische Konstellationen zurückführen. Eine mechanische Kausalität von Teuerung und Mortalität darf dabei nicht vorausgesetzt werden [187: POST, Status, 241–243; 66: FRANÇOIS, Koblenz, 36]. Ein stringenter Nachweis von Klima-Effekten ist zunächt an eine detaillierte Rekonstruktion der Witterungsverhältnisse gebunden. In einem nächsten Schritt ist die Witterungsabhängigkeit der wichtigsten Kulturpflanzen und der Viehwirtschaft unter den herrschenden agrarräumlichen und rechtlichen Bedingungen abzuklären, dann ist die Wirksamkeit risikomindernder und krisenüberbrückender Pufferungsmechanismen (Substitutions- und Importmöglichkeiten, obrig-

Klimatische Gunst- und Ungunstperioden

keitliche Vorratshaltung etc.) in Rechnung zu stellen, schließlich ist die Dimension der sozialen Ungleichheit einzubeziehen [186: C. PFISTER, Klima, 2: 62–64]. Modellrechnungen lassen im Untersuchungszeitraum eine langfristige Alternanz von klimatischen Gunstphasen (1525–1565, 1630–1678, 1721–1766) und Ungunstphasen (1566–1629, 1679–1720, 1767–1817) erkennen [189: C. PFISTER, Fluctuations], die ihre Entsprechung teilweise in der demographischen Entwicklung finden. Um diesen Befund räumlich breiter abzustützen, erscheint die systematische Aufarbeitung des in Deutschland reichlich vorhandenen witterungsgeschichtlichen Quellenmaterials geboten. Dabei ist darauf hinzuweisen, daß solche Untersuchungen – bei der bekannten Großräumigkeit von Klimakonstellationen – letztlich in einen gesamteuropäischen Rahmen einzuordnen sind.

Offene Fragen der Pestdemographie

In der Pestforschung lassen sich drei Bereiche unterscheiden: Ein medizinischer, der sich mit Art, Verbreitung und Verschwinden der Pest beschäftigt; ein mentalitätsgeschichtlich-anthropologischer, der die Wahrnehmung der Epidemie und die Reaktionsweisen der Gesellschaft thematisiert, schließlich ein demographischer, der das sozial- und wirtschaftshistorische Umfeld untersucht. Die medizinhistorische Diskussion wird seit den 1950er Jahren beherrscht von der Frage, ob die Seuche vorrangig über den auf Nagern parasitierenden Rattenfloh oder über den in großer Zahl in den Kleidern seines Wirts lebenden Menschenfloh verbreitet wurde. Als Beitrag zur Rattenflohtheorie erwähnenswert ist die Fallstudie von WOEHLKENS [243: Pest]. Ungeklärt ist im weiteren, warum die Letalität vieler historischer Epidemien höher lag als bei den klinisch untersuchten Beispielen im ausgehenden 19. und im 20. Jahrhundert [238: VASOLD, Not]. Umstritten ist schließlich die alters- und geschlechtsspezifische Letalität [163: MATTMÜLLER, Bevölkerungsgeschichte, 246].

Bis in die frühen 1970er Jahre hat die Pestforschung in Deutschland [120: KEYSER, Pest] vorrangig Chronologie und Verbreitungsgeschichte der Epidemie am Beispiel von Städten untersucht. Zur Pest auf dem Lande liegen erst wenige Fallstudien vor [MATTMÜLLER, Bevölkerungsgeschichte, 244]. Mit einem flächendeckenden Ansatz geht BULST [46: Pest, 29–30] für Westfalen und den Niederrhein der Frage nach dem Verbreitungsmuster der Epidemie und der psychosozialen Reaktion der Bevölkerung nach.

Gegenüber der Ansicht der älteren Forschung, wonach pestbedingte Bevölkerungsverluste primär durch Zuwanderung ausgeglichen wurden, ist im letzten Jahrzehnt die ausschlaggebende Rolle

8. Sterblichkeit

der demographischen Rekuperationsmechanismen hervorgehoben worden [45: BULST, 9744; 245: ZSCHUNKE, Oppenheim; BÜHL, in 60: ENDRES, Nürnberg, 162–166; 163: MATTMÜLLER, Bevölkerungsgeschichte/1]. Unklar ist dabei geblieben, wie stark mit dem Heiratsboom eine soziale Umwälzung verbunden war. Heirateten Knecht und Magd tatsächlich und „wurden im Regelfall Bauer und Bäuerin"? [42: BORSCHEID, Alter, 80]. Oder griff die Obrigkeit hier stabilisierend ein [168: MENOLFI, Thurgau, 235].

In den letzten Jahren hat sich der Forschungsschwerpunkt auf das Spektrum obrigkeitlicher Maßnahmen und die gesellschaftliche Reaktion auf die Seuche verlagert. Dabei wird versucht, den Vollzug der von der zweiten Hälfte des 16. Jahrhunderts an einsetzenden großen Menge der obrigkeitlichen Pestverordnungen nachzuweisen [46: BULST, Pest, 30–31]. Als demographisch bedeutsame Determinanten kristallisieren sich zumindest im städtischen Bereich eine griffigere Ausgestaltung von Quarantäne- und Kontrollmaßnahmen und eine zunehmende umwelthygienische Sensibilisierung der Obrigkeiten heraus [45: BULST, 9744, 262; BÜHL, in: 60: ENDRES, Nürnberg, 134–136], die sich in Anstrengungen zur Verbesserung der Wasserversorgung und der Entsorgung niederschlugen. In der Frage nach der Wirksamkeit dieser Maßnahmen stehen sich in der neueren Forschung zwei Ansichten gegenüber: BULST [46: Pest, 20] vertritt die französische Schule, welche das Erlöschen der Pest in Anlehnung an die frankophone Position mehr an eine veränderte Virulenz des Erregers bindet und damit „letztlich unerklärlich" läßt [s. a. 238: VASOLD, Not, 177]. Dagegen schreiben MATTMÜLLER [163: Bevölkerungsgeschichte, 244] und RÖDEL [204: Pest, 204–205] der Wirksamkeit administrativer Maßnahmen (Information, Infrastruktur, Quarantäne, Grenzüberwachung), welche die erstarkenden absolutistischen Staaten im späten 17. Jahrhundert immer effizienter und unter gegenseitiger Absprache durchzusetzen verstanden, eine entscheidende Rolle zu. Dabei läßt sich eine Kontinuitätslinie von der bis 1750 im Vordergrund stehenden Pestabwehr zu den seuchenprophylaktischen Maßnahmen des späten 18. und frühen 19. Jahrhunderts verfolgen, indem die bei der Eindämmung gegen die Pest erfolgreich entwickelten Strategien weiter ausgebaut und zur Bekämpfung anderer Epidemien (Ruhr, Pocken) eingesetzt wurden. [190: C. PFISTER, Tod; 115: JUNGKUNZ, Nürnberg; 205: RÖDEL, Pokken]. In die seit einigen Jahren laufende Debatte um den Stellenwert der medizinischen „Umwelttheorie" im 18. Jahrhundert [200: RILEY, Disease] hat sich die deutschsprachige Forschung trotz Vorliegen ei-

Wirksamkeit umwelthygienischer Maßnahmen

nes reichen Fundus an Quellenmaterial, abgesehen von BLASIUS [32: Krankheit], noch kaum eingeschaltet.

Endemische Malaria an der norddeutschen Küste

Als Ursache der abnorm hohen Kinder- und Erwachsenensterblichkeit unter den Marschbewohnern an der Nordseeküste hat NORDEN [182: Krise, 85–94] am Beispiel der Halbinsel Butjadingen überzeugend die Malaria herausgearbeitet, die dort unter dem Namen Wechsel- oder Kältefieber seit Jahrhunderten endemisch war. Die Erkrankungen setzten nach spätsommerlichen Hitzewellen ein und erreichten nach einem geringfügigen Abflauen im Herbst im folgenden Frühjahr ihren Höhepunkt. Ungeklärt bleibt, inwieweit der Übergang von der endemischen zur epidemischen, weit tödlicheren Verlaufsform im 18. Jahrhundert mit einem Trend zu heißeren Sommern in Zusammenhang gebracht werden muß und warum die Malaria mit ganz wenigen Ausnahmen [Oberrhein: 24: BECHBERGER, St. Leon, 92] auf die Küste beschränkt blieb. Eine Rolle spielte hier möglicherweise die unzureichende Versorgung mit sauberem Trinkwasser [HINRICHS und REINDERS in 56: ECKHART/SCHMIDT, Oldenburg, 671], noch gibt es Unsicherheiten darüber, inwieweit diese Einzeluntersuchungen exemplarischen Wert für Küstenregionen beanspruchen dürfen. Endemische Krankheiten werden in den Quellen weniger häufig als Todesursachen erwähnt und tragen ein weniger scharfes Profil: Bei dieser Unsicherheit schält sich als eindeutiger Befund die große Bedeutung der tuberkulösen Erkrankungen und jener der Atemwege heraus [65: FRANÇOIS, Mortalité, 159; 94: HINZ, Lüneburg, 81].

Unterschiede in der Lebenserwartung

Einen Rückgang in der Lebenserwartung lutherischer Mittel- und Oberschichten bis zum Dreißigjährigen Krieg und einen anschließenden Wiederanstieg bis um 1740 hat LENZ [151: Mortuis, 88–113] anhand von Angaben aus Leichenpredigt-Daten ermittelt. Unklar bleibt, inwieweit diese Tendenzen auch für die übrigen Teile der Bevölkerung gelten. Für die erste Hälfte des 18. Jahrhunderts hat ZSCHUNKE [Bevölkerung, 185–6] am Beispiel von Oppenheim einen Unterschied von rund zehn Jahren zwischen der Lebenserwartung der katholischen und jener der protestantischen Bevölkerung ausgemacht. Diese konfessionsspezifischen Unterschiede wurzelten bei den Frauen in der unterschiedlichen Qualität der Geburtshilfe, bei den Männern in sozio-professionellen Verschiedenheiten. Diese sind, wie das Beispiel des Fürstentums Nassau-Siegen [76: GÖBEL, Bevölkerung, 165] vermuten läßt, wohl schwerer zu gewichten als vermögensspezifische Differenzen. Bei beiden Geschlechtern weisen die Leichenpredigt-Daten außerdem eine hohe Übersterblichkeit

8. Sterblichkeit

der Ledigen auf [151: LENZ, Mortuis, 113; s. a. 245: ZSCHUNKE, Oppenheim, 146 für Oppenheim], wie sie für die moderne Gesellschaft mit ihrer mangelnden sozialen Integration typisch ist. Daneben stellt IMHOF [106: Frauen] in seinem umfangreichen Material eine durchgängige Übersterblichkeit verheirateter Frauen im fruchtbaren Alter fest, die er vorrangig mit der enormen Arbeitsbelastung erklärt. Erklärungsbedürftig bleibt im weiteren die höhere Lebenserwartung der Verwitweten beider Geschlechter. Bei der Interpretation hilft auch die Arbeit BORSCHEIDS [42: Alter] über die bisher noch kaum erforschte Geschichte des alten Menschen in der Frühen Neuzeit nicht weiter. Rätselhaft bleibt schließlich eine im Leichenpredigt-Material zu Tage tretende und noch breiter zu belegende Scherenbewegung der männlichen und weiblichen Lebenserwartung in der ersten Hälfte des 17. Jahrhunderts. Vor allem überrascht der Terraingewinn der Frauen, die ja von der Pest ebenso betroffen wurden wie die Männer. Diese Fragen lassen sich vielleicht, wie LENZ [151: Mortuis, 115] vorschlägt, durch eine Verbindung von Familiengeschichte und (protestantischer) Mentalitätsgeschichte klären.

Gesamthaft gesehen sind zur Interpretation von Veränderungen in der Lebenserwartung [Daten ab 1740: 112: IMHOF, Lebenserwartungen; 214: SCHELBERT, Schwyz, 203] bisher zwei Erklärungs-Ansätze diskutiert worden: Die „endogene" Säkularisierungs-These stellt den bei den protestantischen Ober- und Mittelschichten feststellbaren Anstieg nach 1650 in den Kontext einer stärker diesseits orientierten Lebensweise [151: LENZ, Mortuis, 89, 91]; in katholischen Gebieten, so läßt sich anhand des Fallbeispiels von Koblenz vermuten, erfolgte die Aufgabe der traditionellen Passivität gegenüber epidemischen Krankheiten erst ganz am Ende des 18. Jahrhunderts [66: FRANÇOIS, Koblenz, 41]. Die verschiedenen Varianten der „exogenen" These sprechen Komponenten des Syndroms an, das den Veränderungen in der Häufigkeit und Schwere von Epidemien zugrundeliegt, sei es der Zustand der öffentlichen und privaten Hygiene [42: BORSCHEID, Alter, 30], Veränderungen des Klimas [SCHELBERT, Gösgen, 164–165] oder langfristige Verschlechterungen und Verbesserungen der Ernährung [16: ABEL, 7088; 167: MCKEOWN, Rise]. Als Interpretationshilfe lassen sich unter Umständen berufsspezifische Unterschiede [203: RÖDEL, Mainz, 210–212; 245: ZSCHUNKE, Oppenheim, 214–221] heranziehen.

Endogene und exogene Erklärungsansätze

9. Wanderungen

Wanderungen als Schwachstelle der Historischen Demographie

Unter ‚Wanderung' versteht ALBRECHT [in: 44: BROCKSTEDT, Schleswig-Holstein, 10] „die Ausführung einer räumlichen Bewegung, die einen vorübergehenden oder permanenten Wechsel des Wohnsitzes bedingt". Unter den zahlreichen Typologien der Wanderungen in der Literatur [z. B. HORSTMANN und LEE, zit. in 44: BROCKSTEDT, Schleswig-Holstein, 30–32; SCHELBERT in 163: MATTMÜLLER, Bevölkerungsgeschichte, 312] ist der historisch-demographischen Forschung als Grundmuster eine stark vereinfachte Form des klassischen Distanzmodells am ehesten angemessen, welches zwischen Binnenwanderung, Ein- und Auswanderung unterscheidet, auch wenn es im Falle Deutschlands auf besondere Schwierigkeiten stößt [82: HACKER, Baden, 28; 44: BROCKSTEDT, Schleswig-Holstein, 91: HINRICHS, Niederlande].

Die Untersuchung der Wanderungen ist wohl die empfindlichste Schwachstelle der historisch-demographischen Forschung. Die klassischen Familienrekonstitutions-Studien erlauben praktisch nur eine Skizzierung der Heiratskreise [73: GEHRMANN, Leezen, 262], d. h. der Herkunftsorte, aus denen die in einer Kirchgemeinde verzeichneten Heiratspartner stammten. Die Anwendung der nicht-nominativen Methode zur Berechnung von Wanderungs-Saldi zwischen zwei Zählungen setzt genaue Einwohnerzahlen in kürzeren Abständen und jährliche Geburten- und Sterbezahlen voraus [163: MATTMÜLLER, Bevölkerungsgeschichte, 308–311]. Doch ist daraus nicht ersichtlich, wieviele Menschen tatsächlich zu- oder wegwanderten, noch läßt sich daraus etwas über die soziale Herkunft und die Motive der Wandernden erschließen.

Die Wanderungstheorie Hoffmann-Nowotnys

Eine sozialhistorische, auf die Erschließung historisch-empirischer Ergebnisse gerichtete Theorie der Migration liefert bestenfalls einen Orientierungsrahmen von begrenzter Reichweite, in welchen eine Vielzahl von Interpretationsmustern eingespannt werden kann [PUSBACK in 44: BROCKSTEDT, Schleswig-Holstein, 47–58; BADE, in Niederlande, 63–70]. Überzeitliche Gültigkeit beansprucht die auf der Systemtheorie Luhmanns (1984) aufbauende Wanderungstheorie von HOFFMANN-NOWOTNY [99: Paradigmen]: Die ungleiche Verteilung von Macht und Prestige (wohl auch von ökonomischen Ressourcen) ruft innerhalb eines Systems strukturelle Spannungen hervor, die unter Umständen durch Wanderung von betroffenen Individuen oder Gruppen in ein anderes System mit geringeren Spannungen ausgeglichen werden können. Migration ist folglich abhängig von der ungleichen Verteilung der Spannungen im gesamten Weltsystem. Jede Gesellschaft als ein systemisch organisierter Kontrollmechanismus selektioniert aus einer im Prinzip unendlichen Vielzahl von Handlungsmöglichkeiten eine vergleichbar geringe Zahl aus und deklariert sie als gewünscht und geboten, während sie dafür sorgt, daß andere ausgeschlossen bleiben. Zusammen mit der internen und externen Verteilung von Spannungen erklären die verschiedenen „Kontrollen" (auch in den potentiellen Einwanderungsgesellschaften) dann im einzelnen, welche Kategorien von Personen überhaupt als potentielle oder faktische Wanderer in Erscheinung treten. Ein Wanderungsentschluß wird dann gefaßt, wenn im Bewußtsein der Beteiligten ein erheblicher Niveauunterschied besteht. Bestimmend ist in der Regel eine Konstellation von positiven und negativen Faktoren, die auf verschiedene Gruppen unterschiedlich einwirken, je nach dem Filter der sozialen und psychologischen Wahrnehmung. Das bekannte Modell von LEE [zit. in 44: BROCKSTEDT, Schleswig-Holstein, 34] geht von zwei Regionen mit unterschiedlicher Ausstattung aus, die als günstig bzw. ungünstig wahrgenommen werden.

Wie bei der Rekonstruktion des reproduktiven Geschehens ist auch bei den Wanderungen zwischen einem aggregativ-makroanalytischen und einem personalisiert-mikroanalytischen Ansatz – anhand der Untersuchung von Kirchenbüchern im Herkunftsland und im Zielland – zu unterscheiden. Der erstere strebt einen großräumigen Überblick über Volumen, Herkunftsräume und Zielgebiete von Wanderungsbewegungen an, kann aber die Wanderungsmotive und -umstände nur über soziöökonomische Eckdaten fassen. Der letztere kann die komplexe Wirklichkeit des Wanderungsgeschehens für den Bereich einer Kirchgemeinde dicht, personenbezogen und quellennah aufarbeiten, aber es stellt sich die Frage, ob und wie sich die Ergebnisse verallgemeinern lassen. Wichtig ist die Erkenntnis, daß die beiden Ansätze komplementär sind und in der Forschung gleichgewichtig, am besten im Rahmen koordinierter Projekte, berücksichtigt werden sollten. *Makroanalytischer und mikroanalytischer Ansatz*

9.1 Binnenwanderung

Wichtigstes Konzept bei der Untersuchung der Stadt-Umlandbeziehungen ist die aus dem theoretischen Apparat der modernen Raumforschung übernommene Theorie der zentralen Orte (CHRISTALLER). *Zentralörtliche Funktionsbereiche der Stadt*

Dabei reicht für die vorstatistische Zeit die einfache Unterscheidung in Umland, Hinterland und Einflußgebiet (SCHÖLLER) aus. Die raumbindenden und bereichsbildenden zentralörtlichen Funktionen werden in der historischen Forschung sinnvollerweise drei Bereichen – dem herrschaftlich-administrativen, dem wirtschaftlichen und dem kulturellen – zugewiesen [IRSIGLER in 47: BULST, Stadt-Land-Beziehungen, 13–24]. Die Untersuchung und Kartierung des Zuwanderungsbereichs ist dabei für die Bestimmung der Zentralität mittlerer und höherer Zentren besonders hilfreich [BLOTEVOGEL, zit. in 47: BULST, Stadt-Land-Beziehungen, 25].

Quellenmäßige Erfassung der Land-Stadt-Wanderung

Die Analyse der Zuwanderung vom Lande in die Stadt auf der Basis von Bürgerbüchern, Bürgeraufnahmebüchern und Steuerlisten erfaßt nur eine mehr oder weniger große und mehr oder weniger gut abgrenzbare Teilmenge der Wandernden, deren Verhältnis zur Gesamtmenge wir nicht genau kennen. Festgehalten ist außerdem nicht der Zeitpunkt der tatsächlichen Zuwanderung, sondern jener der rechtlichen Integration in die bürgerliche Gesellschaft der Stadt, die Jahre bis Jahrzehnte später erfolgen kann [Zusammenfassung des älteren Forschungsstandes bei 184: PENNERS, Braunschweig, 59–75]. Für FRIEDRICHS [70: Immigration, 67] ist es wesentlich, dauerhafte und temporäre Zuwanderer zu unterscheiden, wobei die ersteren ihrerseits in die beiden sich überlappenden Gruppen der einheiratenden und der nicht einheiratenden Neubürger gegliedert werden können. Abzuklären bleibt, inwieweit dem Zustrom in die Städte eine fast ebenso bedeutende Stadt-Land-Wanderung entspricht: Lokale Statistiken aus dem späten 19. Jahrhundert lassen während der sommerlichen Arbeitsspitzen in der Ernte ein Rückfluten breiter Bevölkerungsströme von den größeren Städten aufs Land erkennen, dem zu Beginn der Arbeitsflaute im Winter ein Rückstrom in die Städte entsprach [143: LANGEWIESCHE, Mobilität, 14–30]. Für die permanente Rückwanderung von der Stadt auf das Land kommt HOCHSTADT [98: Migration, 209] auf Grund von vier Fallstudien auf ein Minimum von 2–8% pro Jahr. Dieser Befund darf nicht generalisiert werden, er weist aber darauf hin, daß die Mobilität der städtischen Bevölkerungen in der Frühen Neuzeit möglicherweise sogar höher war als heute.

Abweichungen vom Gravitationsmodell

Vermehrte Beachtung muß den Abweichungen vom üblichen distanzabhängigen „Gravitationsmodell" geschenkt werden [237: VASARHELYI, Einwanderung, 145–158; 145: LAUFER, Trier, 110; 94: HINZ, Lüneburg, 132; 70: FRIEDRICHS, Immigration, 67]; einmal hinsichtlich der konfessionellen Einflüsse [66: FRANÇOIS, Koblenz, 55], dann vor allem hinsichtlich der Zentralität. So läßt sich die Zuwanderung nach Mainz überhaupt nicht in dieses Schema einordnen, indem sich bei den Männern, die eine Ehe schlossen, fast von einer linearen Zunahme nach der weiteren Entfernung ihres Herkunftsortes von Mainz sprechen läßt: Nur gerade 19% stammten aus dem nahen Umfeld, über 60% aus Ortschaften, die über 50 km, 21% sogar aus solchen, die über 250 km vom Trauungsort weg lagen. Da keine Untersuchungen zur Migration von vergleichbar großen deutschen Städten vorliegen, läßt sich dieser Befund nicht schlüssig interpretieren. Auch die berufsspezifischen Befunde [185: PENNERS-ELLWART, Danzig, 174–179; 94: HINZ, Lüneburg, 138] sind für eine Generalisierung noch zu wenig tragfähig.

Ältere Untersuchungen weisen der größeren Stadt – vereinfacht gesagt – die bevölkerungsgeschichtliche Funktion eines Ventils in einem ländlichen Umland zu, in dem ein Bevölkerungsdruck wirkte. Dagegen geht PENNERS [184: Braunschweig, 112] von der Existenz eines demographisch bedingten Soges der Stadt aus und läßt die Frage nach einem ohnehin nicht plausibel nachzuweisenden ‚Bevölkerungsdruck' im Umland ausdrücklich offen. Für die Attraktivität der Stadt als Arbeitsplatz sprechen nicht zuletzt die Modellrechnungen von DE VRIES [50: Urbanization, 215], wonach in der demographischen Erholungsphase nach dem Dreißigjährigen Krieg die Bevölkerung der 56 größten Städte (im Zeitpunkt um 1800) überproportional stark anwuchs. Im Falle Hamburgs wurde dieses stürmische Wachstum von einer liberalen Immigrationspolitik getragen, wodurch die Zuwanderer schon im späten 17. Jahrhundert numerisch an der Spitze standen und die Stadt bis um 1800 gegen 130000 Einwohner zählte [154: LINDEMANN, Patriots, 52]. In Basel waren im letzten Drittel des 18. Jahrhunderts ebensoviele Beisassen und Aufenthalter wie Bürger wohnhaft; in den Residenzstädten München und Hannover hatten die neuen Bevölkerungsschichten im gleichen Zeitraum die bürgerlichen nicht nur numerisch, sondern auch sozial überflügelt [165: MAUERSBERG, Städte, 133–145].

Attraktivität der Stadt

Wenig Aufmerksamkeit ist bisher dem relativen Wachstum von Land- und Stadtbevölkerung geschenkt worden. Verschiedene Regionalstudien sind zu dem Ergebnis gekommen, daß der Anteil der Landbevölkerung aus der Umgebung an der Zuwanderung im 18. Jahrhundert stärker zunahm, indem Gebiete, die aufgesiedelt worden waren, nun mit zeitlicher Verzögerung einen Überschuß an die Stadt abgaben [21: BAHL, Ansbach, 180–188; 145: LAUFER, Trier, 229; 207: ROLLER, Durlach, 39; 40: BOHL, Stockach, 361, 362].

108   II. Grundprobleme und Tendenzen der Forschung

Erforschung der ländlichen Mobilität

Die räumliche Reichweite der ländlichen Binnenwanderung läßt sich anhand der Heiratskreise abschätzen, sofern die Herkunft der Brautleute im Eherodel verzeichnet ist [182: NORDEN, Krise, 187–194; 184: PENNERS, Braunschweig, 107; 73: GEHRMANN, Leezen, 262–293; 176: MOMSEN, Mobilität], in manchen schweizerischen Gebieten außerdem anhand der Rückmeldungen von auswärtigen Taufen an die Heimatgemeinde sowie der Nachführung der Abwesenden in Bevölkerungsverzeichnissen [193: H. U. PFISTER, Auswanderung, 142; 30: BIETENHARD, Langnau, 101]. Im schleswig-holsteinischen Leezen wurden von 1763 an in den Totenrödeln beim Tode eines Elternteils die Aufenthaltsorte der Nachkommen angegeben, was es GEHRMANN [73: Leezen, 262–293] erlaubt hat, das Wanderungsverhalten der Kinder aus seßhaften Ehen einzubeziehen. Sofern in kürzeren zeitlichen Abständen Seelenregister oder Haushaltsrödel aufgenommen worden sind, kann sogar die „Micro-Mobilität" (POUSSOU) innerhalb einer Kirchgemeinde nachgezeichnet werden [30: BIETENHARD, Langnau, 104–111; 165–173; 182: NORDEN, Krise, 182–204]. Das Motiv für die seltenen Erhebungen zur Auswanderung vor 1800 lieferte die obrigkeitliche Befürchtung einer emigrationsgesteuerten Entvölkerung, die sich im Falle der dänischen Erhebung von 1753 [176: MOMSEN, Mobilität, 135] und der bernischen von 1764 [PFISTER, in 60: ENDRES, Nürnberg] als unbegründet erwies.

Konfessionelle Barrieren

Während der entscheidende Hinderniswert konfessioneller Grenzen für die Wanderungsströme gut bekannt ist [203: RÖDEL, Mainz, 323; 66: FRANÇOIS, Koblenz, 49; 169: MESMER, Migration], wäre bei der Erarbeitung einer Typologie der historischen (Binnen-)wanderung in Deutschland die Bedeutung naturräumlicher Wanderungsbarrieren [182: NORDEN, Krise, 190] besser auszuloten. Völlig im dunkeln liegen die Wanderungsmuster in den Gebieten der Gutswirtschaft. Hier ist vorrangig von Interesse, inwieweit die herrschaftlichen Befugnisse prägend wirkten.

Solddienst-Wanderungen

Die Solddienstwanderungen können am geeignetsten im Rahmen der Landesgeschichte untersucht werden [184: PENNERS, Braunschweig, 98–103; 134: KÖLLMANN, Preußen, 97–98]. Ehe eine gesamtdeutsche Bilanz gezogen werden kann, ist noch viel Kärrnerarbeit zu leisten. Dabei dürfte es nicht besonders lohnend sein, zu versuchen, die durch den Solddienst induzierten Wanderungsströme verallgemeinernd nach Immigration und Emigration zu bilanzieren, ganz zu schweigen von ihrem Anteil an der Binnenwanderung. Weiter zu diskutieren wären dagegen die Auswirkungen auf die Fruchtbarkeit. Hier könnte an die Ergebnisse von MATTMÜLLER [163: Bevölkerungsgeschichte, 325] angeknüpft werden, wonach die Schweizer Söldner in ihrer Mehrzahl vor dem heiratsfähigen Alter Dienst leisteten und den Dienst mit 28/29 Jahren quittierten, also genau in dem Alter, in dem der Mann im Ancien Régime die Ehe einging. Für den Berner Aargau können die Verluste auf ein Promille oder rund ein Fünftel des Geburtenüberschusses, für das Herzogtum Braunschweig-Wolfenbüttel auf ein Zehntel [184: PENNERS Braunschweig, 98–103] veranschlagt werden. Das sind Größenordnungen, die durch die homöostatischen Regelungsmechanismen traditionaler Gesellschaften problemlos kompensiert werden konnten. Erhebliche demographische Bedeutung wird dem Menschenbedarf der Armee in Preußen zugeschrieben. Dort griff Friedrich Wilhelm I. für die Aufstockung des Heeres auf die nachgeborenen Bauernsöhne zurück. Wer nach 20 oder 30 Jahren heimkehrte, taugte „nicht mehr zum Familienvater". Wir wissen nicht, ob diese jungen, heiratsfähigen Männer unter den gesellschaftlichen Bedingungen im Heimatdorf und des Ehekonsensrechts des Gutsherrn heiratsfähig gewesen wären, aber es läßt sich aus dem Menschenbedarf der Gutsbezirke und den nach Krieg und Pest nicht wieder voll aufgefüllten Regionen Preußens vermuten [134: KÖLLMANN, Preußen, 97–98; zur Pest von 1709–11 in Ostpreußen 238: VASOLD, Not, 166–171].

Für die Wanderarbeit zwischen Deutschland und den Niederlanden, die vom 17. bis zum 19. Jahrhundert andauerte und einen beträchtlichen Umfang aufwies, liegt für das Osnabrücker Land und das Emsland seit kurzem eine umfassende Untersuchung vor [38: BÖLSKER, Hollandgängerei].

Wanderarbeit

9.2 Einwanderung

Die Einwanderung ist bis jetzt entweder unter dem Blickwinkel der landesgeschichtlichen Forschung angepackt worden, oder es sind spezifische Wanderungsschübe wie etwa die der Niederländer im 16. oder der Hugenotten am Ende des 17. Jahrhunderts international untersucht worden. Eine Zusammenfassung der unzähligen, im regionalen und lokalen Schrifttum verstreuten Informationspartikel zu einer Gesamtschau wäre noch zu leisten. Dabei müßte ein auf neueren Migrationstheorien abgestützter Ansatz gewählt werden, wie dies JERSCH-WENZEL [113: Hugenotten] für die brandenburgischen Städte im 18. Jahrhundert versucht hat. Was Umfang und

Umfang der Einwanderung

110   II. Grundprobleme und Tendenzen der Forschung

Zeitpunkt der Einwanderung nach dem Dreißigjährigen Krieg betrifft, ist im wesentlichen immer noch die Darstellung von FRANZ [68: Krieg] maßgebend. FENSKE [62: Migration, 187] schätzt den Zufluß von außen in der zweiten Hälfte des 17. Jahrhunderts ohne die Nennung von Berechnungsgrundlagen auf 400000 Menschen, was mit den in der Literatur genannten Zahlen für die einzelnen Volksgruppen nicht in Übereinstimmung zu bringen ist. Aus Böhmen sollen 150000 Menschen eingewandert sein, was BLASCHKE [31: Sachsen, 113] für übertrieben hält; die österreichische Einwanderung wird auf 30–40000 [68: FRANZ, Krieg, 84], die hugenottische auf 44000 beziffert [157: MAGDELAINE, Francfort, 82], die Gruppe der 1731/32 vertriebenen Salzburger Protestanten zählte 22000 Seelen. Für die Einwanderung aus der Schweiz wagt MATTMÜLLER [163: Bevölkerungsgeschichte, 332–342] keine Gesamtschätzung; aber in Anbetracht des diskontinuierlichen, krisengesteuerten Charakters dieser Auswanderungsbewegung dürfte eine Zahl von 30000 kaum überschritten worden sein. Die übrigen Gruppen – Niederländer, Norditaliener [20: AUGEL, Einwanderung, 130–133] – waren bedeutend kleiner. Insgesamt läßt sich aus diesen Angaben ein Faustwert von 300000 Einwanderern errechnen.

Einwanderung aus der Schweiz und Oberitalien

Für die Einwanderung ins Rheinland aus Oberitalien [20: AUGEL, Einwanderung] sowie aus der Schweiz [163: MATTMÜLLER, Bevölkerungsgeschichte, 332–342] nach dem Dreißigjährigen Krieg liegen zusammenfassende Darstellungen aus der Sicht des Herkunftslandes vor. Die Auswanderungsbewegung der Jahrhundertmitte aus der Schweiz war zunächst Symptom einer ökonomischen Krise und wurde durch den Bauernkrieg von 1653 intensiviert, vor allem in den Zentralgebieten der Bauernbewegung (Luzern, Berner Emmental), weniger durch Verbannungen und Angst vor Strafe, wie dies [68: FRANZ, Krieg, 75] vermutet, als durch die den „schuldigen" Gemeinden und Individuen auferlegten harten Bußen, welche viele bäuerliche Betriebe zusätzlich belasteten. Da die Schweiz von den verheerenden Pestzügen der 1630er Jahre keineswegs verschont blieb [163: MATTMÜLLER, Bevölkerungsgeschichte, 228–245], kann „Bevölkerungsdruck" [68: FRANZ, Krieg, 75] bloß vorübergehend im Verlaufe von Krisen wirksam gewesen sein: So schob die Berner Obrigkeit in den frühen 1690er Jahren kinderreiche arme Familien in die Kurmark ab [MOSER in 68: FRANZ, Krieg, 100], wie dies von der Mitte des 19. Jahrhunderts an bei der Auswanderung aus Deutschland und der Schweiz in die USA gängige Praxis werden sollte. Die Bedeutung einer bevölkerungspolitisch motivierten Toleranzpolitik haben LASCH [144: Kassel, 18], SCHILLING [215: Exulanten, 42], VOLK [239: Toleranz] und für die 1715 neugegründete badische Residenz [178: MÜLLER, Karlsruhe, 37] aufgezeigt.

Die Emigration der Hugenotten, die mit Abstand größte Massenauswanderung im frühneuzeitlichen Europa, ist durch das Gedenkjahr 1985 stärker in den Brennpunkt der Forschung in Ost (vgl. Beiträge in Z. für Geschichtswissenschaft 1986) und West [54: DUCHHARDT, Exodus; 230: THADDEN, Hugenotten] gerückt. Eine Pilotfunktion kommt in diesem Zusammenhang einem von der Volkswagenstiftung finanzierten deutsch-französischen Forschungsprojekt zu: Mit Blick auf die Errichtung einer Datenbank sollen Wanderwege, Dauer der Flucht, Finanzierung und individuelle Schicksale rekonstruiert werden. [54: DUCHHARDT, Exodus, 2.] Was Deutschland betrifft, bleibt selbst bei bedeutenden Aufnahmeländern wie Brandenburg-Preußen und Hessen-Kassel quellenmäßig noch viel zu tun [WEITZEL in 54: DUCHHARDT, Exodus, 122].

Die Hugenotten

Hinsichtlich der personellen Struktur und des Informationsflusses ist der Einwanderungsprozeß erst punktuell ausgeleuchtet worden. Unter den Hugenotten in Deutschland befand sich ein verhältnismäßig großer Anteil von Bauern und Landleuten. Die Auswanderer aus der Dauphiné etwa waren nicht reich. Es waren kleine Handwerker, Kleinbauern, Besitzer oder Pächter, einige Ärzte und Juristen, einige Tuchweber [PILLORGET in 54: DUCHHARDT, Exodus, 3].

Berufliche Struktur der Einwanderer

Am Beispiel des Kronauer Amtes (Kanton Zürich) zeigt H. U. PFISTER [193: Auswanderung, 75], daß die Schweizer Einwanderung in die Gebiete am Oberrhein und in die Pfalz nicht eine Angelegenheit von Bauern war, die auf verlassenen Gütern siedelten, sondern vorwiegend von jungen, ledigen Burschen, die sich, dem höheren Lohngefälle folgend, zunächst als Dienstboten und Handwerker verdingten. Einige gründeten an ihrem Dienstort eine Familie, andere kehrten in ihre Heimat zurück und lösten einen neuen Wanderungsschub aus (Feedback-Effekt). Die persönlichen Beziehungen zu anderswo bereits Niedergelassenen prägten die Wahl des Wanderungsziels und führten dazu, daß zahlreiche Auswanderer aus der gleichen Gemeinde in den gleichen Zielort zogen. Die Funktion von Wanderungspionieren erfüllten rund 1000 Schweizer Mennoniten, die sich im Elsaß und in der Pfalz niederließen und dort Musterwirtschaften aufbauten [193: H. U. PFISTER, Auswanderung, 328]. Die Einwanderer aus Oberitalien ins Rheinland waren vorwiegend als Kaufleute, Hausierer, Handwerker, Bauarbeiter und Kaminfeger tätig [20: AUGEL, Einwanderung, 170].

Wirtschaftliche Bedeutung der Einwanderung

Recht gut erforscht sind die konkreten Bedingungen der Eingliederung – Integration, Akkulturation, Assimilation – in Brandenburg-Preußen und Hessen für die Hugenotten [VETTER in 54: DUCHHARDT, 141–154; 230: THADDEN, Hugenotten, 186–197; BIRNSTIEL in 230: THADDEN, Hugenotten, 115–126].

Bei der Ansiedlung ist grundsätzlich zwischen der städtischen Siedlung, der Anlage von Neustädten [ENDRES in 54: DUCHHARDT, Exodus, 155–176] und den Landkolonien zu unterscheiden. Die Integration vollzog sich unter zwei verschiedenen Ordnungsvorstellungen: der Eingliederung durch volle Einbürgerung ohne rechtliche Sonderstellung und der Eingliederung durch Ausbau einer Sonderrechtsstellung [WEITZEL, in 54: DUCHHARDT, Exodus, 139; WILKE in 230: THADDEN, Hugenotten, 100–114]. Während die Literatur in Rezeption der merkantilistischen Wirtschaftspolitik der gewerblich-industriellen Innovationsleistung (neue Berufe und Techniken wie Strumpfwirkerei, Seidenweberei und -färberei, Porzellanherstellung; neue Organisationsformen wie die Manufaktur) seit jeher breiten Raum gegeben hat [ENDRES in 54: DUCHHARDT, Exodus, 162–169; 170: MITTENZWEI, Hugenotten; JERSCH-WENZEL in 230: THADDEN, Hugenotten, 160–171], werden die Hugenotten als Träger wissenschaftlicher und agrarischer Innovationen – Weizen, Kartoffel, Maulbeerbäume, Veredlung von Obstbäumen, Bau von Treibhäusern – [63: FISCHER, Hugenotten 26–28] seltener thematisiert.

Die böhmischen Exulanten in Sachsen siedelten vorwiegend entlang der Grenze; sie waren nicht Träger von Innovationen, fielen aber als qualifizierte heimindustrielle Arbeitskräfte ins Gewicht [31: BLASCHKE, Sachsen, 113–15]. Die Geschichte der preußischen Kolonisationen unter Friedrich dem Großen ist seit BEHRE [27: Statistik] vernachlässigt worden, obschon der ausgewogene Überblick von KUHN [141: Kolonisation, 182–196] gezeigt hat, daß die Ergebnisse heutigen Ansprüchen nicht mehr gerecht werden können.

9.3 Auswanderung

Entwicklung der Auswanderungs-Forschung

Mit der Gründung des Bismarckreiches leitet das sich entwickelnde Nationalstaatsbewußtsein zunächst die geschichtliche Erforschung der noch laufenden Auswanderung nach Nordamerika ein [Literatur bei 220: SCHÜNZEL, Auswanderung]. In der Zwischenkriegszeit wurde die Geschichte der deutschen Minoritäten in Osteuropa anhand von Siedlerlisten untersucht und später zur Legitimation des nationalsozialistischen Machtanspruchs mißbraucht [8: KALLBRUN-

NER [Quellen]. Diesen Traditionsfaden nahmen nach dem Ende des Zweiten Weltkrieges Karl STUMPP [229: Rußland] und Werner HAKKER [u.a. 82: Baden] auf. Die bisher vorgelegte Literatur ist recht umfangreich, aber fragmentarisch auf einzelne Orte oder Regionen begrenzt, häufig personen-, familien- und ereignisgeschichtlich orientiert und zeitlich stark auf das 19. Jahrhundert zugeschnitten. Die von der frühneuzeitlichen zur neuzeitlichen Auswanderung laufenden Kontinuitätslinien hat im landesgeschichtlichen Rahmen erstmals v. HIPPEL [97: Auswanderung] herausgearbeitet.

Regionalgeschichtliche Ansätze tendieren dazu, die in ihrem Untersuchungsraum wirkenden wirtschaftlichen und demographischen Kräfte vertieft zu behandeln und damit als Ursachen in den Vordergrund zu rücken. Dagegen wird die auf Grund von Propaganda wahrgenommene Attraktivität des Ziellandes tendenziell vernachlässigt. THISTLETHWAITE [in 116: KAMPHOEFNER, Westfalen: 3] spricht in diesem Zusammenhang von einem „Salzwasser-Vorhang", den es auch für die Forschung zu durchdringen gebe. Die Perspektive der Wanderer und der Wanderungsprozeß seien als eine geschlossene Folge von Erfahrungen zu betrachten. Dazu gehört auch die Frage, ob die Auswanderer nach Nordamerika ihren Entschluß in Kenntnis der abschreckenden Reisebedingungen faßten – die Reise auf überfüllten Zwischendecks dauerte wochenlang bei erbärmlichsten hygienischen Bedingungen und entsprechend hohen Mortalitätsraten [97: v. HIPPEL, Auswanderung, 34; 79: GRUBB, Morbidity]. Eine ausgewogene Beurteilung läßt sich durch eine grenzüberschreitende Zusammenarbeit zwischen Historikern aus dem Ausgangs- und Zielgebiet von Wanderungsströmen gewinnen [234: TROMMLER, Amerika; 91: HINRICHS/VAN ZON, Niederlande].

Durchdringung des „Salzwasser-Vorhangs"

Zeitlich beschränken sich die Aussagen sozusagen ausschließlich auf die Zeit nach 1680, obschon der Typ der krisengesteuerten fluchtartigen Auswanderung schon früher nachgewiesen werden kann: So lief vom Herbst 1622 bis zum Frühjahr 1623 in Oberschwaben eine Emigrationswelle Richtung Österreich und Böhmen [80: HACKER [Bodenseeraum, 7]].

Stand der Forschung

Für keines der wichtigsten Zielgebiete liegt bisher eine brauchbare Gesamtdarstellung vor. Für Rußland muß immer noch auf die faktenorientierte Arbeit von STUMPP [229: Rußland] zurückgegriffen werden. Die zusammenfassende Darstellung der österreichischen Südostkolonisation [ADAM, zit. in 61: FENSKE, Auswanderung, 189] ist ungedruckt, die Gesamtdarstellung von BENNION [28: Flight] zur

114   II. Grundprobleme und Tendenzen der Forschung

Auswanderung nach Nordamerika liegt nur als Mikrofilm vor, WO-
KECK [in: 234: TROMMLER, Amerika] ist stark auf Pennsylvania bezogen. Für eine ganze Anzahl von Auswanderungsregionen sind
Grundlagen durch die quellennahen Untersuchungen von HACKER
[80: Bodenseeraum, 81: Schwarzwald, 82: Baden, 93: Neckar] auf-
bereitet worden.

Umstrittener Umfang der Emigration

Daten über den Umfang der Emigration im Zeitablauf sind bestenfalls im Rahmen von Landesgeschichten greifbar. Der Verlauf
der Emigration nach Nordamerika läßt sich für Philadelphia, einen
der wichtigsten Einwandererhäfen, anhand der von 1727–54 fast
lückenlos erhaltenen „Abjuration Lists" erfassen. In diesen sind alle
männlichen erwachsenen Einwanderer verzeichnet, die den vorge-
schriebenen Treueid auf die britische Krone geleistet hatten [220:
SCHÜNZEL, Auswanderung, 110–112]. Sie dürften die Schwankungen
der Gesamteinwanderung einigermaßen zutreffend widerspiegeln,
wenn auch zu berücksichtigen bleibt, daß andere wichtige Lande-
plätze mit Philadelphia konkurrierten [97: v. HIPPEL, Auswanderung, 31]. Was die Größenordnung der gesamten deutschen Ameri-
kaauswanderung nach Nordamerika in der Kolonialzeit betrifft, hat
sich die Forschung noch nicht auf einen Schätzwert einigen können: MOLTMANN [in 234: TROMMLER, Amerika, 40] spricht von 65–
100000, KÖLLMANN [131: Ploetz, 158] von 200000, BENNION (28:
Flight, 42] von 500000 Menschen, laut FENSKE [61: Auswanderung,
340–342] waren es gar doppelt so viele. Für Südosteuropa schwanken die in der Literatur genannten Zahlen für die Gesamteinwanderung zwischen 0,5 und 1,5 Millionen bei einem Anteil der Deutsch-
stämmigen von einem Sechstel bis einem Fünftel [123: KISS, Ungarn, 6–10].

Schub, Zug und „Feedback"

Bei der Diskussion des Wanderungsverhaltens ist bisher wenig
mehr als „eine Wäscheliste von Schub- und Zug-Faktoren"
[THISTLETHWAITE in 116: KAMPHOEFNER, Westfalen, 3] präsentiert
worden. Dabei wird nur selten konsequent zwischen strukturellen
und konjunkturellen Faktoren unterschieden, und der Wanderungs-
vorgang wird noch nicht stringent genug (über den Feedback des
Informationsrückflusses) als rückgekoppelter Prozeß analysiert. Als
Ausnahme ist v. HIPPEL [97: Auswanderung] hervorzuheben, der
auch als erster die vom 18. ins 19. Jahrhundert laufenden Kontinuitätslinien des Auswanderungsprozesses thematisiert hat.

Die Bedeutung des Erbrechts

Kontrovers diskutiert wird die Bedeutung des Erbrechts mit
Blick auf die Hauptauswanderungsgebiete im Südwesten des Reiches mit Schwerpunkten am Mittelrhein, im Mosel-Saar und Nek-

9. Wanderungen

kargebiet [28: BENNION, Flight, 165-204], wo fast ausnahmslos Realteilung herrschte. SELIG [225: Würzburg, 93] ordnet den Befund seines Untersuchungsraumes in die traditionelle Dichotomie von bevölkerungsdynamischen Realteilungsgebieten und stagnierenden Anerbengebieten ein, wenn er argumentiert, das Wachstum der Bevölkerung habe bei rückläufigen Betriebsgrößen bis zur Mitte des 18. Jahrhunderts zu einer schleichenden malthusianischen Krise mit Verarmung, Landmangel, vergößerter Krisenanfälligkeit geführt, welche die latente Bereitschaft zur Auswanderung förderte [225: SELIG, Würzburg, 254]. Dagegen hat FENSKE [61: Auswanderung 187-192], die Position eingenommen, die durch den Dreißigjährigen Krieg gerissenen Lücken seien im deutschen Südwesten mit dem Einsetzen der Auswanderung Ende des 17. Jahrhunderts noch keineswegs aufgefüllt gewesen. Viele der Neusiedler, welche die Lücken nach dem Dreißigjährigen Krieg teilweise aufgefüllt hatten, blieben als Bevölkerungsgruppe in der neuen Heimat hochgradig mobil. So zogen viele Schweizer Einwanderer des 17. Jahrhunderts im 18. Jahrhundert als „Pfälzer" nach Amerika weiter [193: H. U. PFISTER, Auswanderung, 328]. Wenn Südwestdeutschland für mehr als ein Jahrhundert den größten Beitrag zur Auswanderung leistete, so FENSKE [61: Auswanderung, 187-192], sei dies nur indirekt Resultat seiner Besitzstrukturen: Die auf die Anwerbung von Siedlern Bedachten hätten ihre Anstrengungen ausschließlich auf diesen Raum konzentriert. Einmal, weil sie in den am dichtesten besiedelten Gebiete am besten Resonanz zu finden hofften. Dann, weil mit den Flußsystemen von Rhein und Donau relativ bequeme Verkehrswege zur Verfügung standen. Schließlich aber – und dieses Argument hält er für das ausschlaggebende – habe die ausgeprägte Territorialisierung einen wirksamen Widerstand der Obrigkeiten gegen die Werbungen unmöglich gemacht. Bezeichnenderweise wurde Württemberg mit seiner doch recht straff organisierten Verwaltung von der Abzugsbewegung zunächst nicht erfaßt, obwohl hier alle strukturellen Bedingungen für eine breite Emigration gegeben waren. BENNION [28: Flight, 165-240] zeigt anhand von Karten auf, daß Auswanderungsherde in protestantischen und katholischen Territorien Südwestdeutschlands im Verlaufe der Zeit je nach Bearbeitungsintensität durch Werber aktiviert wurden. Die Frage, inwieweit das Anerbenrecht wirkte, müßte wie bei der Auswanderung im interregionalen Vergleich untersucht werden. *Bedeutung des Schleppertums*

Auf die Anziehungskraft der neuen Heimat legen FENSKE [61: Auswanderung, 188] und BENNION [28: Flight, 235] in der ersten gro- *Verfolgung von Rückwanderern* ßen Phase der Migrationen bis zum Ende des 18. Jahrhunderts das entscheidende Gewicht. Reisende Agenten, die sogenannten Neuländer, priesen die Aufnahmeländer mit Flugschriften, Manifesten, Broschüren und Berichten an, um den Menschenfluß in Gang zu bringen. Dahinter standen die populationistischen Interessen von Fürsten und Großgrundbesitzern sowie jene von Reedern und Kapitänen, die an der Überfahrt verdienten [220: SCHÜNZEL Auswanderung, 72]. Zu wenig Beachtung haben die Berichte von zeitweise Zurückgekehrten gefunden, welche innerhalb eines Dorfes regelrecht ansteckend wirken konnten („Feedback"): BLOCHER [36: Auswanderer, 133] spricht im Zusammenhang mit der Propagandawirkung der 1732 gegründeten Kolonie Purysbury (S. Carolina) von einem Auswanderungsfieber, der „Rabies Carolinae". Die mobilisierende Wirkung solcher Erzählungen läßt sich auch am harten Vorgehen von Behörden gegen propagandistisch tätige Rückkehrer zur „Informationsverhinderung auf unterster Ebene" (v. HIPPEL) messen [233: TREUDE, Sauerland, 10]. Die Propaganda konnte nur deshalb eine so breite Resonanz finden, weil sie allenthalben auf Unzufriedenheit traf [61: FENSKE, Auswanderung, 192].

10. Räumliche Varianten generativer Verhaltensweisen

Die Frage nach dem Erklärungswert ökotypischer und ökonomischer Determinanten für demographisches Verhalten soll abschließend an vier verschiedene Typräume – die Stadt, das Heimindustriegebiet, den Alpenraum und den Küstenraum – herangetragen werden.

10.1 Die Bevölkerungsweise der Stadt

Was ist konstitutiv für städtische Demographie? Obschon sich die historische Forschung im deutschen Sprachraum seit langem mit der Stadt befaßt hat, ist aus den zahlreichen Städtemonographien bisher noch kein ausgewogenes und empirisch ausreichend gesättigtes Gesamtbild der städtischen Bevölkerungsweise gewonnen worden. Abgesehen von der bekannten Tatsache, daß die Nachfrage der Stadt nach Arbeitskräften Zuwanderer aus dem Umland anzog, bleibt unklar, worin denn nun eigentlich ein „städtetypisches demographisches Verhalten" besteht. Das entsprechende Kapitel in der typologischen Studie von GERTEIS [74: Städte] wirkt in dieser Beziehung eher blaß und ist wenig strukturiert. Der einschlägige (ältere), auf die städtische Mortalität beschränkte Aufsatz von FRANÇOIS [65: Mortalité] hebt als demographisch konstitutive Merkmale der Stadt eine im Vergleich zum Umland erhöhte Säuglings- und Kindersterblichkeit hervor. In den Augen SHARLINS [226: Decrease] beruht die seit Graunt und Süssmilch verbindliche Position, wonach auf Grund ungünstiger hygienischer und epidemiologischer Bedingungen keine Stadt ihre Bevölkerungszahl aus eigener Kraft halten konnte [z. B., 94: HINZ, Lüneburg, 75; 176: MOMSEN, Mobilität, 66; 203: RÖDEL, Mainz, 144. Gegenbeispiel: 137: KOHL, Trier, 28], allerdings auf einem statistischen Artefakt: Die ständige Zuwanderung in die Städte ist nach seiner Lesart nicht zur Kompensation eines anhaltenden Wachstumsdefizits erfolgt; vielmehr ergab sich der chronische Überschuß an Sterbefällen in den Kirchenbüchern gerade aus der Tatsache, daß die zahlreichen zugewanderten Lehrlinge, Gesellen und Dienstboten nur in den städtischen Sterberegistern, nicht aber in den Taufrödeln Spuren hinterließen.

Für DE VRIES [50: Urbanization, 185–197] hängt die Brauchbarkeit dieses Modells vom schwierig zu führenden Nachweis ab, daß die Existenz von zwei in ihrem demographischen Verhalten scharf getrennten Gruppen für die frühneuzeitliche Stadt tatsächlich konstitutiv ist. Für beide Auffassungen, die traditionelle und die revisionistische, können Belege beigebracht werden: Aus den Tabellen IMHOFS [112: Lebenserwartungen, 196–464] ist abzulesen, daß die auf den (schichtspezifisch verzerrten) Geschlechterbüchern beruhende Sterbetafel von Hamburg im Vergleich zu ländlichen Gebieten für die Zeit von 1740 an keinerlei Besonderheiten zeigt, was auf die große Bedeutung der „Ungleichheit vor dem Tode" hindeutet. Andererseits weisen die Leichenpredigten für die Periode vor 1750 eine relative Übersterblichkeit der Erwachsenen aus der Ober- und Mittelschicht im Vergleich zur ländlichen Bevölkerung des Umlandes und Familienrekonstitutionen für das 18. Jahrhundert einen defizitären Netto-Reproduktions-Koeffizienten aus [66: FRANÇOIS, Koblenz, 26–28]. Anhand altersklassenspezifischer Sterbedaten für die Lausitz läßt sich feststellen, daß in den Städten 50–60%, in den Dörfern nur 20–50% der Kinder vor dem 14. Altersjahr starben [31: BLASCHKE, Sachsen, 168]. In Ansbach (1731) dominierten Einkind- und Zweikindfamilien sowie kinderlose Ehen (66%), im Mittel entfielen auf 100 stehende Ehen nur 207 Kinder [21: BAHL, Ansbach, 226–227]. Ähnlich 1649 in Trier [145: LAUFER, Trier, 80].

Eine langfristige positive Bevölkerungsbilanz weisen für die Aufbaujahre Berlin und Karlsruhe auf [223: SCHULTZ, Berlin 328–

Umstrittene Übersterblichkeit der Städter

29; 178: MÜLLER, Karlsruhe, 29]. Sie ist auf die demographische „Anomalie der Neulandgebiete" (SCHULTZ) zurückzuführen: Aus dem Kindersegen der ersten – meist im heiratsfähigen Alter stehenden – Zuwanderergeneration (Primäreffekt) ergab sich eine Generation später ein Geburtenschub (Echo-Effekt), so daß sich eine relativ junge Bevölkerung über zwei bis drei Generationen erhielt.

Alters- und Geschlechtsaufbau: Das Beispiel Göttingen

Anhand einer Einwohnerliste läßt sich der Bevölkerungsaufbau einer frühneuzeitlichen Stadt exemplarisch aufzeigen und sozialtopographisch kartieren, wie dies SACHSE [212: Göttingen] durchgeführt hat: Der schmale Fuß der Pyramide und ihre anschließende Verbreiterung zeigen, daß die Einwohnerzahl aufgrund der natürlichen Bevölkerungsentwicklung nicht gehalten werden konnte, sondern durch Zuwanderung aus der näheren Umgebung, vorwiegend von Frauen zwischen 15 und 24, alimentiert werden mußte, die sich in der Stadt als Mägde verdingten [entsprechend 34: BLENDINGER Weissenburg, 57; 166: MAUERSBERG, Fulda, 79]. Der Überhang in der betreffenden Altersgruppe deckt sich fast exakt mit der gleichzeitig neu auftauchenden Gruppe des Dienstpersonals. Ob sie sich tatsächlich dort verheirateten, wie SACHSE annimmt, müßte auf der Basis einer Familienrekonstitution abgeklärt werden. Bei den Männern verzeichnen die entsprechenden Jahrgänge ein teilweise durch Kriegseinflüsse, teilweise durch die Wanderung der Handwerkersöhne bedingtes Defizit. Als Korrelat zum Frauenüberschuß in der Stadt weist SACHSE [212: Göttingen, 25] auf die Existenz eines höheren Männeranteils in der näheren Umgebung hin, da Männer häufiger als Frauen die Stadt nur als Arbeitsstelle aufsuchen, ihren Wohnsitz aber im nahen Umland beibehalten. Inwieweit ein solcher „Männerwall" [224: SCHWIDETZKY, Männerwall] tatsächlich zum Idealtypus der frühneuzeitlichen deutschen Stadt gehörte, müßte näher untersucht werden. Die bei Männern und Frauen unterschiedlichen Verhaltensabläufe kommen auch bei den als „Söhne" und „Töchter" bezeichneten Angehörigen zur Geltung, die ohne eigene Kochstelle im Haushalt ihrer Eltern lebten. Ein erheblicher Teil der „Söhne" in der Altersgruppe der 15- bis 19jährigen verließ den elterlichen Haushalt für die Berufsausbildung, während die meisten „Töchter" weiterhin dort lebten. In Ansbach (1731) war der männliche Anteil des „gebröteten" (das heißt im Haushalt des Dienstherrn verpflegten) Gesindes (Lehrjungen, Gesellen, Knechte) etwas größer (generell schwanken die nachgewiesenen Gesindeanteile zwischen 8% und 20% [94: HINZ, Lüneburg, 74; 21: BAHL, Ansbach, 217; 166: MAUERSBERG, Fulda, 79; 145: LAUFER, Trier, 79, 94;

BOHL in 18: ANDERMANN, Bevölkerungsstatistik, 55]. Dafür sind in nichtbürgerlichen Einpersonenhaushalten zugewanderte ledige und vor allem verwitwete Frauen nachgewiesen, welche sich ihr Brot mit Spinnen, Nähen, Waschen und Flickarbeit, ja sogar mit Sandtragen auf dem Bau verdienten [21: BAHL, Ansbach, 192; 145: LAUFER, Trier, 82].

10.2 Gibt es eine proto-industrielle Bevölkerungsweise?

Auf der Basis der Proto-Industrie – der hauswirtschaftlichen, von Handelszentren aus organisierten, auf überregionalen Märkten abgesetzten Massenproduktion von Waren in ländlichen Gegenden – bildete sich, so die ursprüngliche Lesart des Konzepts von KRIEDTE/MEDICK/SCHLUMBOHM [140: Industrialisierung], als Gegenpol zum (homöo-)statischen, traditionalen agrarischen Bevölkerungsmodell eine neuartige, wachstumsorientierte Bevölkerungsweise heraus. Auf der Basis von Lohnarbeit war die Familiengründung nicht länger an die Verfügbarkeit einer freiwerdenden „Stelle" durch Erbgang gebunden; die demographischen Brems- und Kontrollmechanismen des westeuropäischen Heiratsmodells konnten damit unterlaufen werden. Eine frühe Eheschließung war prinzipiell möglich, von der typischen Lebensverdienstkurve her ökonomisch vorteilhaft und von der sozialen Form des hausindustriellen Arbeitsprozesses her notwendig. Bei sinkendem Heiratsalter, so die Theorie, bildete sich ein auf die Maximierung von kindlichen Arbeitskräften ausgerichtetes, krisenresistentes generatives Verhalten heraus, das den Übergang zu einer wachstumsorientierten Bevölkerungsweise einleitete.

Protoindustrie als demographisches Treibhaus?

In den 15 Jahren seit der ursprünglichen Formulierung dieses empirisch schwach abgestützten, aber einleuchtenden Modells hat die europäische Forschung eine so große Variationsbreite von Entwicklungen aufgezeigt, daß KRIEDTE/MEDICK/SCHLUMBOHM, [139: Verengung] ihr Konzept in entscheidenden Punkten modifizieren mußten: Einmal erwies sich die Verknüpfung zwischen dem heimindustriellen Arbeitsprozeß und der demographischen Verhaltensweise als weniger stringent als ursprünglich angenommen. Zu rechnen ist mit einer größeren Variabilität der Haushaltsstruktur und des Heiratsalters; der ökonomische Anreiz zur frühen Eheschließung dürfte dort weniger durchschlagend gewesen sein, wo die jungen Leute ohne Heirat und Haushaltsgründung einen eigenen Lohn verdienen konnten. Dann gilt es, zur Erklärung des Heiratsverhal-

Modifikation des Modells

tens die kombinierte Wirkung der jeweiligen agrarischen und gewerblichen Konstellation auf Männer wie auf Frauen zu analysieren. Schließlich hat es sich gezeigt, daß auch agrarische Intensivierung an sich ein beträchtliches Bevölkerungswachstum in Gang setzen konnte [HARNISCH, 84: Probleme, 267–339; 186: C. PFISTER, Klima, 2: 106–125]. Übrig bleibt nur die Feststellung, „daß die Proto-Industrialisierung im regionalen Rahmen Möglichkeiten zu einem wesentlichen Bevölkerungswachstum bot, wenn auch in vielfältigen Formen und nicht in Gestalt eines unbedingten Imperativs zu früher Eheschließung" KRIEDTE/MEDICK/SCHLUMBOHM, [140: Verengung, 86] Beizufügen wäre hier die Schlußfolgerung, die GÖTTMANN [77: Tragfähigkeit, 180] aus seiner Untersuchung der Getreideeinfuhren aus Oberschwaben ins ostschweizerische Heimindustriegebiet gezogen hat: Solange die Handelsreichweite des wichtigsten Nahrungsmittels Getreide begrenzt war, blieben das gewerbliche und das demographische Wachstum von den Subsistenzmöglichkeiten der integrierten Agrar- und Gewerberegionen in ihrer Gesamtheit abhängig.

Beispiele deutscher Protoindustrie-Gebiete

In dieser sehr allgemeinen Form läßt sich der Erklärungsansatz mit den Beispielen aus dem Untersuchungsraum gut vereinbaren: Im westfälischen Kirchspiel Spenge (Grafschaft Ravensberg), wo sich schon im 16. Jahrhundert eine exportorientierte ländliche Hausleinenindustrie herausgebildet hatte, heirateten die Frauen aus der agrarischen Schicht im Mittel um 1,4 Jahre früher als die Frauen der Heuerlinge [EBELING/KLEIN, in 92: Niederlande, 48]. Eine Fallstudie über Wuppertal im 18. Jahrhundert illustriert, daß sich die Kolonie um die Textilmanufaktur der Gebrüder Engels vorwiegend aus Zuwanderern aus dem bäuerlichen Milieu der Grafschaft Mark rekrutierte [127: KNIERIEM, Wuppertal]. In Kursachsen wiesen die protoindustrialisierten Gebirgsgegenden den höchsten Geburtenüberschuß auf, und der Anteil der Kinder war am größten; nur konnte BLASCHKE [31: Sachsen, 196–197] anhand seines Materials nicht abklären, ob und wie sehr die höhere Fruchtbarkeit auf die Zuwanderung junger, fruchtbarer Altersklassen, also auf Struktureffekte, zurückgeführt werden kann. Weitgehend den Anforderungen des klassischen Modells entsprechen die Verhältnisse im Fürstentum Siegen: Das dort bis in die 1770er Jahre nachgewiesene Bevölkerungswachstum von 1,5% lag in der Tat erheblich höher als jenes in agrarisch orientierten Regionen. Dies läßt sich zum einen auf eine Senkung des mittleren Heiratsalters beider Geschlechter, zum anderen auf eine nur geringe Vergrößerung der Familien, schließlich auf Zuwanderung zurückführen. Nur durch eine rigorose Handhabung der gesetzlichen Ehebeschränkung durch die Herrschaft wurde die Bevölkerungswelle schließlich gebrochen [76: GÖBEL, Bevölkerung]. Wenig wissen wir bisher über die Bevölkerungsweise in Bergbauregionen [31: BLASCHKE, Sachsen, 149–159].

U. PFISTER [196: Gewerberegionen] regt auf Grund seiner Schweizer Evidenz an, die demo-ökonomische Bedeutung der Protoindustrie nach den infrastrukturellen Voraussetzungen und dem Niveau der Löhne zu differenzieren. Dabei geht er von dem Grundsatz aus, daß in einer Bevölkerung, die ihre Arbeit zwischen landwirtschaftlichen und gewerblichen Aktivitäten aufteilt, die Arbeitsleistung in den beiden Sektoren grundsätzlich vom gegenseitigen Verhältnis der (marginalen) Arbeitsproduktivität im protoindustriellen und im agrarischen Bereich abhängig ist. Bei niedrigem Lohnniveau (z. B. im Entlebuch und im Emmental) wurde die gewerbliche Tätigkeit nur subsidiär von den zur Feldarbeit weniger tauglichen Familienmitgliedern und oft nur im Winter betrieben. Dabei blieb die Haushaltsgründung an einen minimalen Landbesitz gebunden. Die Löhne aus heimindustrieller Aktivität wurden teilweise in die Landwirtschaft investiert, wo sie die Tragfähigkeit erweiterten. Wo die protoindustriellen Tätigkeiten eine Ausbildung, Geräte und geeignete Arbeitsräume erforderte, wie in der Weberei (z. B. Basler Landschaft) oder in der Uhrmacherei (z. B. Neuenburger Jura), konnte die Haushaltsgründung ebenfalls nicht in direkter Reaktion auf protoindustrielle Marktverhältnisse erfolgen, sondern hing in beträchtlichem Ausmaß von der Sparfähigkeit der Kleinbauern und der ererbten Ausstattung mit Ressourcen ab. In beiden Konstellationen war das höhere Bevölkerungswachstum möglicherweise an eine sinkende Mortalität der Erwachsenen gebunden und – wie MATTMÜLLER [162: Kleinlandwirtschaft] vermutet – ursächlich mit einem Übergang von der Getreide-Brei-Nahrung zu einer gesünderen, auf der Trias von Milch, Getreide und Kartoffeln beruhenden Ernährungsweise im Zuge einer „heimindustriellen Agrarrevolution" verknüpft. Einzig in den Spinnereibezirken im Süden des Kantons Zürich, wo hohe Abnehmerpreise mit geringen Anforderungen und geringen Investitionen einhergingen, konnten sich die Haushalte der Heimarbeiter völlig von der agrarischen Basis lösen. Dort war das Bevölkerungswachstum an eine größere Heiratshäufigkeit und eine höhere Geburtenrate gebunden [196: U. PFISTER, Gewerberegionen, 152]. Für den klassischen Typ des protoindustriellen Gebietes ist wohl nur die erstere konstitutiv, da eine gesteigerte innereheli-

Heimindustriegebiete in der Schweiz

che Fruchtbarkeit auch in rein agrarisch geprägten Gebieten nachgewiesen ist.

Protoindustrialisierung und Reagrarisierung
Noch wenig untersucht sind die demographischen Folgen eines Abbaus von Arbeitsplätzen im Sekundärbereich. Hier ist auf die Studie BECKERS [26: St. Lambrecht] zu verweisen. In diesem untersteyrischen Dorf war die zwischen dem Ende dieser montanen Konjunktur im ausgehenden 17. Jahrhundert und dem Beginn der Agrarrevolution im ausgehenden 18. Jahrhundert eingeschichtete Periode der Reagrarisierung von einer Verringerung der Gesamtfruchtbarkeit begleitet, die durch eine Verschärfung des „preventive check" und des „social check" über sinkende Nuptialität und eine innereheliche Fertilität führte. Innerhalb des homöostatischen Modells ist die Argumentation stimmig, demographisch ist sie in Ermangelung einer Familienrekonstitution jedoch zu wenig breit untermauert.

10.3 Bevölkerungsweisen im Alpenraum

Die Alpen als ‚Menschenreservoir'?
In die Erforschung der Demographie des Alpenraums hat die komparative Studie von VIAZZO [238: Alps, 9] frischen Wind gebracht. Er rüttelt überzeugend am gängigen, bereits durch Guichonnet und Lichtenberger [zit. in 239: VIAZZO, Communities] in Frage gestellten Topos, wonach Berggebiete als Folge der kargen naturräumlichen Bedingungen und von chronisch hohen Geburtenüberschüssen auf ständige Abwanderung angewiesen waren und den Tiefländern im wesentlichen als „fabriques d'hommes" (BRAUDEL) dienten: Als regulatorische Elemente hat Guichonnet die Wirksamkeit einer hohen Säuglings- und Kindersterblichkeit (im Rahmen eines „high pressure regimes"), Lichtenberger eine durch ein hohes Heiratsalter gedrosselte Fruchtbarkeit (im Rahmen eines „low pressure regimes") postuliert. Viazzo geht in seiner Kritik über diese Positionen hinaus, indem er mit überzeugenden, empirisch breit abgestützten Argumenten in Abrede stellt, daß sich die Bevölkerungsweise im Alpenraum bei der Vielfalt der regionalen und kommunalen Spielarten überhaupt in einem einzigen Idealtyp zusammenfassen lasse.

Kontraste zwischen West- und Ostalpen
Besonders eindrücklich ist der Kontrast zwischen relativ egalitär geschichteten Regionen und Kommunen in den Schweizer Alpen mit Realteilung und nach 1750 einsetzendem Bevölkerungswachstum auf der Basis der Kartoffel – ein exemplarischer Wert ist hier der Monographie des Walliser Dorfes Törbel [181: NETTING, Alp, 159–168] beizumessen – einerseits und jenen Gebieten in den

Ostalpen, wo die obrigkeitlich erzwungene Unteilbarkeit der großen
Höfe mit starker Dominanz einer marktorientierten Viehwirtschaft
der Einführung der Kartoffel im Wege stand und ein hoher Anteil
lebenslanger lediger Dienstboten, der sich in extrem hohen Illegitimitätsraten
äußerte, in Verbindung mit kontrazeptiven Praktiken
das Bevölkerungswachstum abwürgte, andererseits. Inwieweit diese
nur teilweise auf Familienrekonstitution abgestützten Ergebnisse
von BECKER [26: St. Lambrecht; s. a. 172:MITTERAUER, Familienforschung,
233–256] verallgemeinert werden dürfen, kann auf Grund
der schmalen empirischen Basis nicht entschieden werden. Jedenfalls
sollten die am Beispiel des ökologisch relativ einheitlichen Alpenraumes
gewonnenen kontrastreichen Ergebnisse dazu anspornen,
die relative Bedeutung ökologischer, ökonomischer, herrschaftlicher
und normintegrativer Komponenten für das Bevölkerungsverhalten
generell neu zu überdenken.

10.4 Das Küstengebiet als demographischer Schwundraum

Schärfer als in den Alpen dürften ökologische Determinanten, wie — Chronische Übersterblichkeit
auf Grund von Fallstudien zu vermuten ist, die Bevölkerungsweise
in Küstengebieten geprägt haben. Völlig atypisch ist das demographische
Muster an der oldenburgischen Marschküste, und zwar in
zweierlei Hinsicht: Einmal durch die dort herrschende, von MOMSEN
[175: Husum, 93] für Schleswig festgestellte, ökotypisch bedingte,
chronische Übermortalität. Im 18. Jahrhundert bildete sich langfristig
ein demographisches Vakuum aus, welches einen Strom von Zuwanderern
anzog. Chronische Übersterblichkeit und konjunkturelle
Schwankungen setzten über Konkurse und Zwangsversteigerungen
ständig Stellen frei, auf der anderen Seite verlangten Deichbau und
eine stärkere Hinwendung von der Milchwirtschaft zum Ackerbau
mehr Arbeitskräfte.

Noch überraschender ist, daß die hohe Mortalität nicht durch — Unerklärliche Dauerkrise
ein entsprechend tiefes Heiratsalter aufgewogen wurde. Im Gegenteil:
Auf dem Höhepunkt der schleichenden Krise in der Mitte des
18. Jahrhunderts wurde die Fruchtbarkeit durch Geburtenbeschränkung
sogar zusätzlich gedrosselt. Waren die Menschen dieser Region
mit ihrem bemerkenswert hohen Alphabetisierungsgrad der anderswo
üblichen, „fast routinemäßigen Neuschöpfung von Leben"
gegenüber besonders skeptisch eingestellt, wie dies HINRICHS [92:
Regionalgeschichte, 103–105] vermutet? Ökotypisch scheint diese
Bevölkerungsweise an den unmittelbaren Küstenbereich gebunden

zu sein: Die etwas landeinwärts gelegenen Flußmarschen der Weser und die Geestgebiete zeigen dagegen mit teilweise beträchtlichen Geburtenüberschüssen eigenständige Profile [HINRICHS/REINDERS in 56: ECKHARDT/SCHMIDT, Oldenburg, 664–667]. Im überregionalen Kontext wurden diese gegenläufigen Tendenzen durch anhaltende Zuwanderung ins Küstengebiet teilweise eingeebnet. Die Frage nach dem überregional exemplarischen Wert des Beispiels Oldenburg stellt sich um so dringender, als es einer sehr klaren Gliederung von Zuwanderungsgebieten an den Nordseeküsten von Calais bis Butjadingen und von großen Abwanderungsgebieten im deutschen Hinterland, dem sogenannten „Nordsee-System", zugeordnet werden kann [LUCASSEN, in 92: Niederlande, 78].

III. Quellen und Literatur

Die Abkürzungen für die Zeitschriften entsprechen den Siglen der Historischen Zeitschrift.

1. Quellensammlungen und Bibliographien

1. P. BECKER, Leben, Lieben, Sterben: Die Analyse von Kirchenbüchern. St. Katharinen 1989.
2. DAHLMANN-WAITZ.Bibliographie der Quellen und der Literatur zur Deutschen Geschichte. 10. Aufl. Liefg. 59 (1988), 64 (1990), 66 (1990).
3. M. DUNCKER, Verzeichnis der württembergischen Kirchenbücher. Stuttgart 1912.
4. H. FRANZ, Die Kirchenbücher in Baden. Inventare der nichtstaatlichen Archive in Baden-Württemberg. Karlsruhe 1957.
5. K. GÄRTNER/ J. OTTO/ M. TOLLE (Hrsg.), Bibliographie deutschsprachiger bevölkerungswissenschaftlicher Literatur: 1978–1984. Wiesbaden 1986.
6. H. HARNISCH, Quellen zur Bevölkerungsgeschichte in der Periode des Übergangs vom Feudalismus zum Kapitalismus, vornehmlich am Beispiel Preußens, in: JbWG 1979, 65–84.
7. F. HEINZMANN, Bibliographie der Ortssippenbücher in Deutschland. Düsseldorf 1988.
8. W. JENSEN, Die Kirchenbücher Schleswig-Holsteins, der Landeskirche Eutin und der Hansestädte. 2. Aufl. Neumünster 1958.
9. J. KALLBRUNNER/ F. WILHELM, Quellen zur deutschen Siedlungsgeschichte in Südosteuropa. München 1932–1936.
10. P. T. LANG, Die Kirchenvisitationsakten des 16. Jahrhunderts und ihr Quellenwert, in: RottJbKiG 6 (1987), 133–153.
11. W. LENGSFELD/ I. CORNELIUS (Hrsg.), Bibliographie deutschsprachiger bevölkerungswissenschaftlicher Literatur 1966–1975. Bundesinstitut für Bevölkerungsforschung. Wiesbaden 1979.
12. H. LÖCHERRBACH, Verzeichnis der Kirchenbücher der Rheinprovinz. Köln 1934.
13. N. OHLER, Pfarrbücher als Quelle für den Historiker. Forschun-

gen und Berichte zur Volkskunde in Baden-Württemberg 1974–1977, Freiburg 1977, 115–148.
14. Bibliographie Internationale de la Démographie Historique. Paris 1978 ff.
15. E. W. ZEEDEN/P. T. LANG/C. REINHARDT/H. SCHNABEL-SCHÜLE, Repertorium der Kirchenvisitationsakten aus dem 16. und 17. Jahrhundert in Archiven der Bundesrepublik Deutschland. Stuttgart 1984, 1987.

2. Darstellungen

16. W. ABEL, Massenarmut und Hungerkrisen im vorindustriellen Deutschland. Göttingen 1972.
17. W. ABEL, Agrarkrisen und Agrarkonjunktur. Dritte, neubearb. und erw. Aufl. Hamburg 1978.
18. K. ANDERMANN/H. EHMER (Hrsg.), Bevölkerungsstatistik an der Wende vom Mittelalter zur Neuzeit. Sigmaringen 1990.
19. G. ANGERMANN, Land-Stadt-Beziehungen. Bielefeld und sein Umland 1760–1860. Münster 1982.
20. J. AUGEL, Italienische Einwanderung und Wirtschaftstätigkeit in rheinischen Städten des 17. und 18. Jahrhunderts. Bonn 1971.
21. H. BAHL, Ansbach. Strukturanalyse einer Residenz vom Ende des Dreißigjährigen Krieges bis zur Mitte des 18. Jahrhunderts. Ansbach 1974.
22. P. BAIROCH/J. BATOU/P. CHÈVRE, La population des villes européennes. Banque de données et analyse sommaire des résultats 800–1850. Genf 1988.
23. A. BALTHASAR, Luzern: Vom Städtchen zur Stadt, die langfristige Bevölkerungsentwicklung 1700–1930 unter Anwendung der „Generalized Inverse Projection", in: SZG 38/1, 1–29. 1988.
24. W. BECHBERGER, St. Leon und seine Bevölkerung 1707–1757, in ZGO 134, 129–193. 1986.
25. R. U. BECK, Das Dorf Unterfinning im ehemaligen Landgericht Landsberg. München 1978.
26. P. BECKER, Leben und Lieben in einem kalten Land. Sexualität im Spannungsfeld von Ökonomie und Demographie. Das Beispiel St. Lambrecht 1600–1850. Frankfurt 1989.
27. O. BEHRE, Geschichte der Statistik in Brandenburg-Preußen bis zur Gründung des Königlichen Statistischen Bureaus. Berlin 1905 (Neudruck Vaduz 1979).

28. L. C. BENNION, Flight from the Reich: a geographic exposition of south-west german emigration 1683–1815. Diss. phil. Syracuse 1971.
29. E. BIELKE/W. RIBBE (Hrsg.), Friedrichswerder 1720–1799. Eine historisch-demographische Untersuchung als Beitrag zur Sozialgeschichte des 18. Jahrhunderts, in: Berlin-Forschungen, hrsg. v. W. RIBBE, Berlin 1986, 135–195.
30. B. BIETENHARD, Langnau im 18. Jahrhundert. Langnau 1988.
31. K. BLASCHKE, Bevölkerungsgeschichte von Sachsen bis zur industriellen Revolution. Weimar 1967.
32. D. BLASIUS, Geschichte und Krankheit, in: GG 2 (1976), 386–415.
33. D. BLASIUS, Ehescheidung in Deutschland, 1794–1945. Göttingen 1987.
34. F. BLENDINGER, Die Bevölkerung in der ehemaligen Reichsstadt Weissenburg am Nordgau von rund 1580 bis 1720. Diss. München 1940.
35. P. BLICKLE, Die Revolution von 1525. 2., neubearb. und erw. Aufl.. München 1983.
36. A. BLOCHER, Die Eigenart der Zürcher Auswanderer nach Amerika 1734–1744. Zürich 1976.
37. W. A. BOELCKE, Wirtschaftsgeschichte Baden-Württembergs. Von den Römern bis heute. Stuttgart 1987.
38. F. BÖLSKER, Die Hollandgängerei im Osnabrücker Land und im Emsland. Sögel 1987.
39. W. BÖSER, Ortssippenbücher, in: Blätter für deutsche Landesgeschichte 121 (1985), 1–48.
40. P. BOHL, Die Stadt Stockach im 17. und 18. Jahrhundert. Konstanz 1987.
41. B. BOLOGNESE-LEUCHTENMÜLLER, Bevölkerungsentwicklung und Berufsstruktur, Gesundheits- und Fürsorgewesen in Österreich 1750–1918. Wirtschafts- und Sozialstatistik Österreich–Ungarns 1. Wien 1978.
42. P. BORSCHEID, Geschichte des Alters. Vom Spätmittelalter zum 18. Jahrhundert. München 1989.
43. S. BREIT, „Leichtfertigkeit" und ländliche Gesellschaft. Voreheliche Sexualität in der frühen Neuzeit. München 1991.
44. J. BROCKSTEDT (Hrsg.), Mobilität in Schleswig-Holstein, 1600–1900. Neumünster 1979.
45. N. BULST, Vier Jahrhunderte Pest in niedersächsischen Städten. Vom Schwarzen Tod (1349–1351) bis in die erste Hälfte des

18. Jahrhunderts, in: Katalog zur Landesausstellung Niedersachsen 1985, Braunschweig 1985, 251–270.
46. N. BULST, Krankheit und Gesellschaft in der Vormoderne. Das Beispiel der Pest, in: Maladies et Société (XII-XVIII siècles). Actes du Colloque de Bielefeld, Paris 1989, 17–47.
47. N. BULST/J. HOOCK/F. IRSIGLER (Hrsg.), Bevölkerung, Wirtschaft und Gesellschaft. Stadt-Land-Beziehungen in Deutschland und Frankreich 14. bis 19. Jahrhundert. Trier 1983.
48. H. R. BURRI, Die Bevölkerung Luzerns im 18. und frühen 19. Jahrhundert. Luzern 1975.
49. J. C. CALDWELL, Theory of fertility decline. London 1982.
50. J. DE VRIES, European Urbanization 1500–1800. London 1984.
51. Die Bevölkerungsentwicklung Bremens seit 1700. Materialsammlung zur Historischen Demographie einer Großstadt, Stat. Mitt. Bremen 45, Bremen 1979.
52. C. DIPPER, Deutschland 1648–1789. Frankfurt/M. 1991.
53. H. DOPSCH/ H. SPATZENEGGER, Geschichte Salzburgs. Bd. 2. 1. Teil. Salzburg 1988.
54. H. DUCHHARDT (Hrsg.), Der Exodus der Hugenotten. Köln 1985.
55. J. DUPAQUIER/P. LASLETT/M. LIVI BACCI/H. HÉLIN/S. SOGNER (Hrsg.), Marriage and remarriage in populations of the past. New York 1981.
56. A. ECKHARDT/H. SCHMIDT (Hrsg.), Geschichte des Landes Oldenburg. Oldenburg 1987.
57. W. EHBRECHT (Hrsg.), Voraussetzungen und Methoden geschichtlicher Städteforschung. Köln 1979.
58. J. EHMER, Heiratsverhalten, Sozialstruktur, ökonomischer Wandel. England und Mitteleuropa in der Formationsperiode des Kapitalismus. Göttingen 1991.
59. J. EHMER/M. MITTERAUER (Hrsg.), Familienstruktur und Arbeitsorganisation in ländlichen Gesellschaften. Wien/Köln/Graz 1986.
60. R. H. ENDRES, Nürnberg und Bern. Zwei Reichsstädte und ihre Landgebiete. Nürnberg 1990.
61. H. FENSKE, Die deutsche Auswanderung, in: Mitt. des historischen Vereins der Pfalz 76 (1978), 183–220.
62. H. FENSKE, International Migration: Germany in the 18th century, in: CEH 13 (1980), 332–347.
63. G. FISCHER, Die Hugenotten in Berlin. Berlin 1985.
64. G. FLOREY, Geschichte der Salzburger Protestanten und ihrer Emigration 1731/32. Wien/Köln/Graz 1977.

65. E. FRANÇOIS, La mortalité urbaine en Allemagne au XVIIIe siècle, in: Annales de démographie historique 15 (1978), 135–165.
66. E. FRANÇOIS, Koblenz im 18. Jahrhundert. Göttingen 1982.
67. E. FRANÇOIS, Immigration et société urbaine en Allemagne (XVIIe–XVIIIe siècle), in: M. GARDEN/ Y. LEQUIN (Hrsg.), Habiter la ville, Lyon 1984, 37–54.
68. G. FRANZ, Der Dreißigjährige Krieg und das deutsche Volk. (4. Aufl.) Stuttgart/New York 1979.
69. W. FREITAG, Krisen vom „type ancien". Eine Fallstudie: Die Grafschaft Lippe 1770–1773, in: Lipp. Mitt. 55 (1986), 97–139.
70. C. R. FRIEDRICHS, Immigration and urban society: seventeenth-century Nördlingen, in: Immigration et société urbaine en Europe occidentale XVIe–XXe siècles, Recherche sur les Civilisations, Paris 1985, 65–77.
71. E. FROHNEBERG, Bevölkerungslehre und Bevölkerungspolitik des Merkantilismus unter besonderer Berücksichtigung des 17. und 18. Jahrhunderts und der Länder Deutschland, England, Frankreich und Italien. Gelnhausen 1930.
72. R. GEHRMANN, Einsichten und Konsequenzen aus neueren Forschungen zum generativen Verhalten im demographischen Ancien Regime und in der Transitionsphase, in: Z. f. Bevölkerungswiss. 5 (1979), 457–485.
73. R. GEHRMANN, Leezen, 1720–1870. Ein historisch-demographischer Beitrag zur Sozialgeschichte des ländlichen Schleswig-Holstein. Neumünster 1984.
74. K. GERTEIS, Die deutschen Städte in der frühen Neuzeit. Darmstadt 1986.
75. R. GLASER, Klimarekonstruktion für Mainfranken, Bauland und Odenwald anhand direkter und indirekter Witterungsdaten seit 1500. Stuttgart 1991.
76. G. W. GÖBEL, Bevölkerung und Ökonomie. Historisch-demographische Untersuchung des Kirchspiels Siegen in der Nassau-Oranischen Zeit (1742–1806). St. Katharinen 1988.
77. F. GÖTTMANN, Aspekte der Tragfähigkeit in der Ostschweiz um 1700, in: J. JAHN, W. HARTUNG (Hrsg.), Gewerbe und Handel vor der Industrialisierung. Sigmaringen 1991, 152–182.
78. F. GÖTTMANN/ J. SIEGLERSCHMIDT (Hrsg.), Vermischtes zur neueren Sozial-, Bevölkerungs- und Wirtschaftsgeschichte des Bodenseeraumes. Konstanz 1990.
79. F. GRUBB, Morbidity and mortality on the north atlantic pas-

sage. Eigteenth century german immigration, in: J. of Interdisc. History 17 (1987), 565–585.
80. W. HACKER, Auswanderung aus dem nördlichen Bodenseeraum im 17. und 18. Jahrhundert. Singen 1975.
81. W. HACKER, Auswanderungen aus dem südöstlichen Schwarzwald zwischen Hochrhein, Baar und Kinzig insbesondere nach Südosteuropa im 17. und 18. Jahrhundert. München 1975.
82. W. HACKER, Auswanderungen aus Baden und dem Breisgau: obere und mittlere rechtsseitige Oberrheinlande im 18. Jahrhundert. Stuttgart 1980.
83. W. HACKER, Kurpfälzische Auswanderer vom unteren Neckar: rechtsrheinische Gebiete der Kurpfalz. Stuttgart 1983.
84. H. HARNISCH, Bevölkerungsgeschichtliche Probleme der Industriellen Revolution in Deutschland, in: K. LÄRMER (Hrsg.), Studien zur Geschichte der Produktivkräfte. Berlin 1979, 35–50.
85. H. HARNISCH, Forschungen zur Bevölkerungsgeschichte, in: Z. f. Geschichtswiss., Sonderband: Historische Forschungen in der DDR 1970–1980 (1980), 660–665.
86. J. A. HAUSER, Bevölkerungslehre. Bern 1982.
87. J. A. HAUSER, Ansatz zu einer ganzheitlichen Theorie der Sterblichkeit, in: Z. f. Bevölkerungswiss. 1 (1983), 159–186.
88. J. HECHT, L'idée du dénombrement jusqu'à la révolution, in: Pour une histoire de la statistique, Hrsg. vom Institut National de la Statistique et des Etudes Economiques (INSEE), Bd. 1, Paris 1978, 21–82.
89. G. HECKH, Bevölkerungsgeschichte und Bevölkerungsbewegung des Kirchspiels Böhringen auf der Uracher Alb vom 16. Jahrhundert bis zur Gegenwart, in: Archiv für Rassen- und Gesellschaftsbiologie 33 (1939), 126–169.
90. G. HEINSOHN/R. KNIEPER/O. STEIGER, Menschenproduktion. Allgemeine Bevölkerungslehre der Neuzeit. Frankfurt/M. 1979.
91. E. HINRICHS/W. NORDEN/B. MENSSEN/A. M. TAUBE, Regionalgeschichte. Probleme und Beispiele. Hildesheim 1980.
92. E. HINRICHS/ H. VAN ZON (Hrsg.), Bevölkerungsgeschichte im Vergleich. Studien zu den Niederlanden und Nordwestdeutschland. Aurich 1988.
93. L. HINTERMAYR, Wemding im Dreißigjährigen Krieg. Wemding 1989.
94. U. HINZ, Die Bevölkerung der Stadt Lüneburg im 18. Jahrhundert, in: Lüneburger Blätter 15/16 (1965), 71–138.

95. K. HINZE, Die Bevölkerung Preußens im 17. und 18. Jahrhundert nach Quantität und Qualität, in: DERS., Die Arbeiterfrage zu Beginn des modernen Kapitalismus in Brandenburg-Preußen 1685–1806, 2. verm. und verbess. Ausg., hrsg. v. O. BÜSCH. Berlin 1963. (Neudruck Berlin 1981), 282–315.
96. W. HIPPEL, Bevölkerung und Wirtschaft im Zeitalter des Dreißigjährigen Krieges, in ZHF 5 (1978), 413–448.
97. W. HIPPEL, Auswanderung aus Südwestdeutschland. Studien zur Württembergischen Auswanderung und Auswanderungspolitik im 18. und 19. Jahrhundert. Stuttgart 1984.
98. S. L. HOCHSTADT, Migration in Germany: an historical study, in: CEH 16 (1983), 195–224.
99. H. J. HOFFMANN-NOWOTNY, Paradigmen und Paradigmenwechsel in der sozialwissenschaftlichen Wanderungsforschung. Versuch einer Skizze einer neuen Migrationstheorie, in: G. JARITZ/ A. MÜLLER (Hrsg.) Migration in der Feudalgesellschaft. Frankfurt 1988, 21–42.
100. J. HOOCK, Sciences camérales et statistique démographique en Allemagne au XVIIe et XVIIIe siècle, in: Annales de Démographie Historique (1979), 145–155.
101. J. HOUDAILLE, La fécondité en Allemagne avant 1850, in: Population 34 (1979), 695–705.
102. W. H. HUBBARD, Familiengeschichte. München 1983.
103. A. E. IMHOF (Hrsg.), Historische Demographie als Sozialgeschichte. Gießen und Umgebung vom 17. bis zum 19. Jahrhundert. Darmstadt und Marburg 1975.
104. A. E. IMHOF, Ländliche Familienstrukturen an einem hessischen Beispiel: Heuchelheim 1690–1900, in: H. CONZE, Familie in der Neuzeit Europas. Stuttgart 1976, 121–135.
105. A. E. IMHOF, Einführung in die Historische Demographie. München 1977.
106. A. E. IMHOF, Die Übersterblichkeit verheirateter Frauen im fruchtbaren Alter, in: Z. f. Bevölkerungswiss. 5 (1979), 487–510.
107. A. E. IMHOF, Unterschiedliche Säuglingssterblichkeit in Deutschland, 18.–20. Jahrhundert. – Warum? in: Zeitschr. für Bevölkerungswiss. 7 (1981), 343–382.
108. A. E. IMHOF, Die gewonnenen Jahre. München 1981.
109. A. E. IMHOF, Wiederverheiratungen in Deutschland zwischen dem 16. und dem Beginn des 20. Jahrhunderts, in: 152, 185–222.
110. A. E. IMHOF, Die verlorenen Welten. München 1984.

111. A. E. IMHOF, Die Lebenszeit. Vom aufgeschobenen Tod und von der Kunst des Lebens. München 1988.
112. A. E. IMHOF, Lebenserwartungen in Deutschland vom 17. bis 19. Jahrhundert. Unter Mitwirkung von R. GEHRMANN et al. Weinheim 1990.
113. S. JERSCH-WENZEL, Hugenotten, Juden und Böhmen in brandenburgischen Städten des 18. Jahrhunderts, in: Immigration et société urbaine en Europe occidentale XVI–XXe siècles, Recherches sur les Civilisations, Paris 1985, 101–114.
114. S. JERSCH-WENZEL, Die Hugenotten und das Refuge: Deutschland und Europa. Berlin 1990.
115. W. JUNGKUNZ, Die Sterblichkeit in Nürnberg 1714–1850, in: MVG Nürnberg 42 (1951), 289–352.
116. W. D. KAMPHOEFNER, Westfalen in der Neuen Welt. Eine Sozialgeschichte der Auswanderung im 19. Jahrhundert. Münster 1982.
117. H. KELLENBENZ/W. ROLF, Das Deutsche Reich 1350–1650, in: Handbuch der Europäischen Wirtschafts- und Sozialgeschichte, Stuttgart 1986, 822–893.
118. A. KESSLER, Bevölkerungsgeschichte der Stadt Radolfzell im 17. und 18. Jahrhundert. Mag.arbeit Univ. Konstanz 1990. (Masch.)
119. E. KEYSER, Bevölkerungsgeschichte Deutschlands. 2. erw. Aufl. Leipzig 1941.
120. E. KEYSER, Die Pest in Deutschland und ihre Erforschung, in: Problèmes de Mortalité. Colloque international tenu à l'Université de Liège 1965, 369–377.
121. T. KIEFNER, Die Waldenser auf ihrem Weg aus dem Val Clouson durch die Schweiz nach Deutschland, 1532–1755. 2 Bde. Göttingen 1980, 1985.
122. E. KIER, Epidemische Krankheiten in Göttingen bis zum Jahr 1875. Diss. med. Göttingen 1939.
123. I. KISS, Deutsche Auswanderung nach Ungarn aus neuer Sicht. Köln 1979.
124. K. KISSKALT, Epidemiologisch-statistische Untersuchungen über die Sterblichkeit 1600–1800, in: Archiv für Hygiene und Bakteriologie 137 (1953), 26–42.
125. K. KLEIN, Die Bevölkerung Österreichs vom Beginn des 16. bis zur Mitte des 18. Jahrhunderts, in: H. HELCZMANOVSKI (Hrsg.), Beiträge zur Bevölkerungs- und Sozialgeschichte Österreichs, München 1973, 47–112.

126. K. KLEIN, Die „Leutebeschreibung" von 1695. Der erste Versuch einer Volkszählung in Niederösterreich, in: Jb für Landeskunde von Niederösterreich, NF 53, 91–104. 1987.
127. M. KNIERIEM, Zur Migration spezieller Berufsgruppen in das östliche Wuppertal 1740–1800 am Beispiel der dezentralen Manufaktur der Gebrüder Engels in Barmen, in: P. ASSION (Hrsg.). Transformationen der Arbeiterkultur. Marburg 1986, 168–173.
128. J. KNODEL, Natural fertility in pre-industrial Germany, in: Population Studies 32 (1978), 418–510.
129. J. KNODEL, Demographic Behavior in the Past. A Study of fourteen German Village Populations in the 18th and 19th centuries. Cambridge 1988.
130. F. C. KOCH, The Volga Germans in Russia and the American from 1763 to the present. London 1977.
131. W. KÖLLMANN, Bevölkerungs-Ploetz. Raum und Bevölkerung in der Weltgeschichte. Bd. 2./3. Würzburg 1956.
132. W. KÖLLMANN, Bevölkerung in der industriellen Revolution. Göttingen 1974.
133. W. KÖLLMANN, Bevölkerungsgeschichte, in: W. SCHIEDER/V. SELLIN (Hrsg.) Sozialgeschichte in Deutschland, Bd. 2., Göttingen 1986, 9–31.
134. W. KÖLLMANN, Lage der Bevölkerung in Preußen zur Zeit Süssmilchs und in England zur Zeit Malthus', in: S. MACKENSEN (Hrsg.), Bevölkerungsgeschichte und Bevölkerungstheorie in Geschichte und Gegenwart, Frankfurt 1989, 93–108.
135. F. KOERNER, Die Bevölkerungsverteilung in Thüringen am Ausgang des 16. Jahrhunderts, in: Wiss. Veröff. Dt. Inst. f. Länderkunde, NF, 15/16 (1958), 178–315.
136. R. KÖTZSCHKE, Allgemeine Wirtschaftsgeschichte des Mittelalters. Jena 1924.
137. T. KOHL, Familie und soziale Schichtung. Zur historischen Demographie Triers 1730–1860. Stuttgart 1985.
138. M. KRAUSS, Die Bevölkerung der Stadt Schönau (Odenwald) im 18. Jahrhundert, in: Z. f. die Gesch. des Oberrheins, N.F., 99 (1990), 283–329.
139. P. KRIEDTE/H. MEDICK/J. SCHLUMBOHM, Industrialisierung vor der Industrialisierung. Göttingen 1978.
140. P. KRIEDTE/H. MEDICK/J. SCHLUMBOHM, Sozialgeschichte in der Erweiterung – Proto-Industrialisierung in der Verengung? in: GG 18 (1992), 70–87.

141. W. KUHN, Die preußische Kolonisation unter Friedrich dem Großen. Köln 1971.
142. F. KURMANN, Das Luzerner Suhrental im 18. Jahrhundert. Luzern 1985.
143. D. LANGEWIESCHE, Wanderungsbewegungen in der Hochindustrialisierungsperiode, in VSWG 64 (1977), 1–40.
144. M. LASCH, Untersuchungen über Wirtschaft und Bevölkerung der Landgrafschaft Hessen-Kassel und der Stadt Kassel vom Dreißigjährigen Krieg bis zum Tode Landgraf Karls 1730. Kassel 1969.
145. W. LAUFER, Die Sozialstruktur der Stadt Trier in der frühen Neuzeit. Diss. Saarbrücken 1973.
146. R. D. LEE, Population Patterns in the Past. New York 1977.
147. R. W. LEE, Zur Bevölkerungsgeschichte Bayerns 1750–1850. Britische Forschungsergebnisse, in: VSWG 62 (1975) 309–338.
148. W. R. LEE, Population growth, economic development and social change in Bavaria, 1750–1850. New York 1977.
149. W. R. LEE, Bastardy in South Germany. A Reply, in: J. of Interdisciplinary History 8 (1978), 471–476.
150. W. R. LEE, Germany, in: DERS. (Hrsg.), European Demography and Economic Growth, London 1979, 144–195.
151. R. LENZ, De mortuis nil nisi bene? Leichenpredigten als multidisziplinäre Quelle. Sigmaringen 1990.
152. R. LENZ, Studien zur deutschsprachigen Leichenpredigt der frühen Neuzeit. Marburg 1981.
153. M. LINDEMANN, Love for Hire; the Regulation of the Wet-Nursing Business in Eighteenth-Century Hamburg, in: J. of Family History 6/1981, 379–409. 1981.
154. M. LINDEMANN, Patriots and Paupers. Hamburg 1712–1830. New York, Oxford 1990.
155. K. H. LUDWIG, Neue Quellen zur Bevölkerungsentwicklung in der ersten Hälfte des 16. Jahrhunderts. Die Salzburger Mannschaftsauszüge von 1531 und 1541, in: Mitt. der Ges. f. Salzburger Landeskunde 117 (1977), 201–215.
156. G. MACKENROTH, Bevölkerungslehre. Berlin 1953.
157. M. MAGDELAINE, Le Refuge: Le rôle de Francfort-sur-le-Main, in: Les Protestants auvergnats au temps de la révocation de l'édit de Nantes. Actes du colloque Clermont-Ferrand, Clermont-Ferrand 1986, 77–84.
158. P. MARSCHALCK, Bevölkerungsgeschichte Deutschlands im 19. und 20. Jahrhundert. Frankfurt/M. 1984.

159. P. MARSCHALCK/W. H. KÖLLMANN (Hrsg., Bevölkerungsgeschichte. Köln 1972.
160. F. MATHIS, Die deutsche Wirtschaft im 16. Jahrhundert. EdG Bd. 11. München 1992.
161. M. MATTMÜLLER, Das Einsetzen der Bevölkerungswelle in der Schweiz. Versuch eines Überblicks über den Stand der Forschung. In: VSWG 63 (1976), 390–405.
162. M. MATTMÜLLER, Kleinlandwirtschaft und Heimindustrie im protoindustriellen Gebieten der Schweiz, in: Studia polono-helvetica, Basel 1983, 79–94.
163. M. MATTMÜLLER, Bevölkerungsgeschichte der Schweiz. Die frühe Neuzeit, 1500–1700, 2 Bde. Basel/Frankfurt a. M. 1987.
164. K. J. MATZ, Pauperismus und Bevölkerung. Die gesetzlichen Ehebeschränkungen in den süddeutschen Staaten während des 19. Jahrhunderts. Stuttgart 1980.
165. H. MAUERSBERG, Wirtschafts- und Sozialgeschichte zentraleuropäischer Städte in neuerer Zeit. Dargestellt an den Beispielen Basel, Frankfurt a. M., Hamburg, Hannover und München. Göttingen 1960.
166. H. MAUERSBERG, Die Wirtschaft und Gesellschaft Fuldas in neuerer Zeit. Stuttgart 1969.
167. T. MCKEOWN, The Modern Rise of Population. London 1976.
168. E. MENOLFI, Sanktgallische Untertanen im Thurgau. St. Gallen 1980.
169. B. MESMER, Migration über die Sprachgrenze. Zur Wanderung der Deutschberner ins Waadtland im 18. und 19. Jahrhundert, in: Berner Z. f. Gesch. und Heimatkunde, 45 (1983), 171–184.
170. I. MITTENZWEI, Die Hugenotten in der gewerblichen Wirtschaft Brandenburg-Preußens, in: ZfG 1986, 494–507.
171. M. MITTERAUER, Ledige Mütter. Zur Geschichte illegitimer Geburten in Europa. München 1983.
172. M. MITTERAUER, Historisch-anthropologische Familienforschung. Wien/Köln 1990.
173. M. MITTERAUER/R. SIEDER, Historische Familienforschung. Frankfurt 1982.
174. G. MOLTMANN, Die deutsche Auswanderung in überseeische Gebiete: Forschungsstand und Forschungsprobleme, in: Der Archivar 32 (1979), 67–66.
175. I. E. MOMSEN, Die Bevölkerung der Stadt Husum von 1769 bis 1860. Kiel 1969.

176. I. E. Momsen, Mobilität in Schleswig-Holstein um 1750 unter besonderer Berücksichtigung der Auswanderung, in: Z. f. Schleswig-Holstein. Geschichte 102/103 (1978), 111–138.
177. O. Morlinghaus, Bevölkerungs- und Wirtschaftsgeschichte des Fürstbistums Bamberg im Zeitalter des Absolutismus. Diss. phil. hist. Erlangen 1940.
178. C. Müller, Karlsruhe im 18. Jahrhundert. Karlsruhe 1991.
179. W. Müller, Zur Wohlfahrt des gemeinen Wesens. Ein Beitrag zur Bevölkerungs- und Sozialpolitik Max III. Joseph (1745–1777). München 1984.
180. M. Näder, Organisation und Verlauf der Einwanderung deutscher Kolonisten in das Temesvarer Banat in der theresianischen Zeit (1740–1780). Diss. phil. Mainz 1976 (Masch.).
181. R. McNetting, Balancing on an Alp. Cambridge 1981.
182. W. Norden, Eine Bevölkerung in der Krise. Historisch-demographische Untersuchungen zur Biographie einer norddeutschen Küstenregion (Butjadingen 1600–1850). Hildesheim 1984.
183. D. Oeter, Sterblichkeit und Seuchengeschichte der Bevölkerung bayerischer Städte 1348–1871. Diss. med. Köln 1961.
184. T. Penners, Bevölkerungsgeschichtliche Probleme der Land-Stadt-Wanderung untersucht an der ländlichen Abwanderung in die Stadt Braunschweig und Wolfenbüttel um die Mitte des 18. Jahrhunderts. Wolfenbüttel 1956.
185. H. Penners-Ellwart, Die Danziger Bürgerschaft nach Herkunft und Beruf 1537–1709. Marburg/Lahn 1954.
186. C. Pfister, Das Klima der Schweiz von 1525 bis 1860 und seine Bedeutung in der Geschichte von Bevölkerung und Landwirtschaft. 2 Bde. 3. erw. Aufl. Bern 1988.
187. C. Pfister, Menschen im Kanton Bern, 1764–1980. Der Mensch in der Landschaft. Festschr. Georges Grosjean. Jahrb. der Geogr. Ges. Bern 55/1985, 475–499. Bern 1985.
188. C. Pfister, Grauzone des Lebens, in: Jb. der Schweiz. Ges. für Familienforsch. 16 (1986), 21–44.
189. C. Pfister, Fluctuations climatiques et prix céréaliers en Europe du XVIe au XXe siècles, in: Annales E.S.C. 20 (1988), 25–53.
190. C. Pfister, Der Rote Tod im Kanton Bern: Demographische Auswirkungen und sozio-hygienisches Umfeld von Ruhrepidemien im 18. und 19. Jahrhundert unter dem Einfluß einer umweltorientierten Medizin, in: P. Saladin et. al. (Hrsg.) ‚Medizin‘

für die Medizin; Arzt und Ärztin zwischen Wissenschaft und Praxis. Basel 1989, 345–374.
191. C. PFISTER, Entvölkerung: Genese, handlungsleitende Bedeutung und Realitätsgehalt eines politischen Erklärungsmodells am Beispiel des alten Bern in der Epoche der Spätaufklärung, in: 60, 283–314.
192. C. PFISTER/A. KELLERHALS, Verwaltung und Versorgung im Landgericht Sternenberg, in: Berner Z. f. Geschichte und Heimatkunde 51 (1989), 151–215.
193. H. U. PFISTER, Die Auswanderung aus dem Knonauer Amt 1648–1750. Zürich 1987.
194. U. PFISTER, Die Anfänge von Geburtenbeschränkung. Eine Fallstudie – ausgewählte Zürcher Familien im 17. und 18. Jahrhundert. Bern 1985.
195. U. PFISTER, Proto-industrialization and Demographic Change: The Canton of Zürich Revisited, in: J. of Europ. Econ. History 18 (1989), 629–662.
196. U. PFISTER, Protoindustrialisierung: Die Herausbildung von Gewerberegionen, 15.–18. Jahrhundert. In: SZG 41 (1991), 149–161.
197. J. D. POST, Nutritional Status and Mortality in Eighteenth-century Europe, in: L. F. NEWMAN (Hrsg.) Hunger in History. Oxford 1990, 241–280.
198. A. PREUSS, Industrielle Revolution in Lintorf? Ratingen 1990.
199. M. RAUH, Die bayerische Bevölkerungsentwicklung vor 1800, in: Z. f. bayer. Landesgesch. 51 (1988), 471–601.
200. J. C. RILEY, The Eighteenth-Century Campaign to Avoid Disease. Houndmills 1987.
201. T. ROBISHEAUX, Rural society and the search for order in early modern Germany. Cambridge 1989.
202. W. RÖDEL, Die demographische Entwicklung in Deutschland 1770–1820, in: H. BERDING (Hrsg.). Deutschland und Frankreich im Zeitalter der Französischen Revolution, Frankfurt 1989, 21–40.
203. W. RÖDEL, Mainz und seine Bevölkerung im 17. und 18. Jahrhundert. Wiesbaden 1985.
204. W. RÖDEL, Die Obrigkeiten und die Pest, in: Maladie et Société (XII–XVIIe siècles). Paris 1989.
205. W. RÖDEL, Pockenepidemien in Mainz im 18. Jahrhundert, in: Ärzteblatt Rheinland-Pfalz 43 (1990), 573–578.

206. W. RÖDEL, „Statistik" in vorstatistischer Zeit. Möglichkeiten und Probleme der Erforschung frühneuzeitlicher Populationen, in: 18, 9–27.
207. O. K. ROLLER, Die Einwohnerschaft der Stadt Durlach im 18. Jahrhundert. Karlsruhe 1907.
208. G. ROMING, Die Bevölkerung Mühlhausens i. Hegau. Magisterarb. Univ. Konstanz 1987 (Masch.)
209. H.RUESCH, Lebensverhältnisse in einem frühen schweizerischen Industriegebiet. Basel 1979.
210. G. RUSAM, Österreichische Exulanten in Franken und Schwaben. 2. Aufl., Neustadt an der Aisch 1989.
211. D. W. SABEAN, Landbesitz und Gesellschaft am Vorabend des Bauernkriegs. Stuttgart 1972.
212. B. SACHSE, Soziale Differenzierung und regionale Verteilung der Bevölkerung Göttingens im 18. Jahrhundert. Hildesheim 1978.
213. M. SCHAAB, Die Anfänge einer Landesstatistik im Herzogtum Württemberg in den Badischen Markgrafschaften und in der Kurpfalz, in: Z. für Württ. Landesgeschichte 26 (1967), 89–112.
214. U. SCHELBERT, Bevölkerungsgeschichte der Schwyzer Pfarreien Freienbach und Wollerau im 18. Jahrhundert. Zürich 1989.
215. H. SCHILLING, Niederländische Exulanten im 16. Jahrhundert. Gütersloh 1972.
216. R. SCHLÖGL, Bauern, Krieg und Staat. Göttingen 1988.
217. A. SCHLUCHTER, Das Gösgeramt im Ancien Régime. Basel 1990.
218. J. SCHLUMBOHM, Sozialstruktur und Fortpflanzung bei der ländlichen Bevölkerung Deutschlands im 18. und 19. Jahrhundert, in: V. ECKART (Hrsg.), Fortpflanzung: Natur und Kultur im Wechselspiel. Frankfurt/M. 1992, 322–346.
219. W. SCHNYDER, Die Bevölkerung der Stadt und Landschaft Zürich vom 14. bis 17. Jahrhundert. Zürich 1925.
220. E. SCHÜNZEL, Die deutsche Auswanderung nach Nord-Amerika im 17. und 18. Jahrhundert. Diss. phil. Würzburg 1959 (Masch.).
221. M. SCHÜRMANN, Bevölkerung, Wirtschaft und Gesellschaft in Appenzell-Innerrhoden im 18. und frühen 19. Jahrhundert. Appenzell 1974.
222. T. SCHULER, Die Bevölkerung der niedersächsischen Städte in der Vormoderne. Bd. 1. Das nördliche Niedersachsen. St. Kathrinen 1990.

223. H. SCHULTZ, Berlin 1650–1800. Berlin (Ost) 1987.
224. I. SCHWIDETZKY, Der Männerwall der Städte, in: Homo 2 (1951), 168–187.
225. R. SELIG, Räudige Schafe und geistliche Hirten. Studien zur Auswanderung aus dem Hochstift Würzburg im 18. Jh. und ihre Ursachen. Würzburg 1988.
226. A. SHARLIN, Natural decrease in early modern cities: a reconsideration, in: Past and Present 79 (1978), 126–138.
227. J. SIEGLERSCHMIDT, Die Herrschaft Langenstein im Hegau. Habil.arbeit. Konstanz 1985 (Masch.).
228. Die Bevölkerungsentwicklung Bremens seit 1700. Bremen 1979.
229. K. STUMPP, Die Auswanderung aus Deutschland nach Rußland in den Jahren 1763 bis 1862. Stuttgart 1973.
230. R. H. THADDEN/M. H. MAGDELAINE, Die Hugenotten 1685–1985. Zürich 1987.
231. C. TILLY/L. BERKNER/R. BRAUN/R. EASTERLIN/ R. LEE/F. MENDELS/C. TILLY/M. VINOVSKIS/E. VAN DE WALLE/E. WRIGLEY (Hrsg.), Historical Studies of Changing Fertility. Princeton 1978.
232. F. TRAUTZ, Die Pfälzische Auswanderung nach Amerika im 18. Jahrhundert. Heidelberg 1959.
233. F. TREUDE, Die Auswanderung aus dem Kurkölnischen Sauerland im Zuge der theresianischen Banatsiedlung, 1763–1772. Schriftenreihe des Kreises Olpe 14. Olpe 1988.
234. F. TROMMLER (Hrsg.), Amerika und die Deutschen. Bestandsaufnahme einer 300jährigen Geschichte. Opladen 1986.
235. V. TRUGENBERGER, Quellen zur bevölkerungsstatistischen Regionalstruktur des schwäbisch-fränkischen Raumes im späten Mittelalter und in der frühen Neuzeit (bis 1648), in 18: 27–46.
236. R. VAN DÜLMEN, Fest der Liebe. Heirat und Ehe in der frühen Neuzeit, in: DERS. (Hrsg.) Armut, Liebe, Ehe. Studien zur historischen Kulturforschung. Frankfurt 1988, 54–85.
237. H. VASARHELYI, Einwanderung nach Nördlingen, Esslingen und Schwäbisch Hall zwischen 1450 und 1550, in: E. MASCHKE/J. SYDOW (Hrsg.): Stadt und Umland. Prot. X. Arbeitstag. Arbeitskr. für südwestdt. Stadtgeschichtsforsch., Calw 1974, 129–165.
238. M. VASOLD, Pest, Not und schwere Plagen. Seuchen und Epidemien vom Mittelalter bis heute. München 1991.
239. P. P. VIAZZO, Upland communities. Cambridge 1989.

240. S. Volk, Peuplierung und religiöse Toleranz. Neuwied von der Mitte des 17. Jh. bis zur Mitte des 18. Jh., in: Rheinische Vierteljahresblätter 55 (1991), 205–231.
241. S. Weber, Stadt und Amt Stuttgart zur Zeit des Dreißigjährigen Krieges. Tübingen 1936.
242. I. Wechmar/ R. Biederstedt, Die schottische Einwanderung in Vorpommern im 16. und frühen 17. Jahrhundert, in: Greifswald-Stralsunder Jahrb., 5 (1965), Rostock 1965, 7–28.
243. H. U. Wehler, Deutsche Gesellschaftsgeschichte. Bd. 1. München 1987.
244. E. Woehlkens, Pest und Ruhr im 16. und 17. Jahrhundert. Grundlagen einer statistisch-topographischen Beschreibung der großen Seuchen, insbesondere in der Stadt Uelzen. Schriften des Niedersächs. Heimatbundes N. F. Bd. 26. Hannover 1954.
245. P. Zschunke, Konfession und Alltag in Oppenheim. Wiesbaden 1984.

Register

Aachen 49, 51
Aargau (Kanton) 109
ABEL 65, 103
Abendmahl 5, 8
Abort s. Abtreibung
Abtreibung 30, 32, 86
Abwanderung 4f., 27, 46, 64, 80, 122, 124
Achenwall 6
Adel 7, 8, 43, 68f.
Admissionsrödel 5
Admittierte 5
Advent 24
Agrarkrisen 65
Alba, Herzog von 49
ALBRECHT 104
Alpen 12, 26, 35, 62, 81f. 96, 116, 122ff.
Alphabetisierung 66, 93, 123
Altenburg (Sachsen) 5, 71
Altersaufbau 9, 40, 65, 67f.
ANDERMANN 68f. 71, 73f. 83, 119
Anerbenrecht 27f., 56, 80, 115
Ansbach 14, 69, 71ff., 77, 97, 107, 117ff.
Anthropologie 8, 65
Antwerpen 49
AUGEL 110f.
Augsburg 14
Auswanderung 18, 45f., 50, 51, 52, 54ff., 79, 104, 108ff., 112ff.
Auswanderungswelle 38, 57
Auswanderungsziffer 55

BADE 104
Baden 29, 72, 104, 113f.
Baden-Durlach (Mgr.) 7, 30
Baden-Württemberg 74
BAHL 69, 71ff. 77, 97, 107, 117ff.
BAIROCH 74, 76

BALTHASAR 67
Bamberg 7, 69, 78f.
Basel (Stadt) 107
Baubeschränkungen 26
Bauernkrieg 11, 50
Bauernkrieg, Schweizer 110
Bayern 7, 11, 18, 25, 27, 31, 50, 60, 72, 79ff., 87, 94f., 97
Beamtenschaft 7, 68
BECHBERGER 102
BECK 87, 92
BECKER 30, 66, 85ff., 88, 90, 92f., 122f.
BEHRE 72, 79, 112
Beisassen (Hintersassen) 7, 68, 107
BENNION 113ff.
Bergwerke, Bergbau 24, 38, 121
BERKNER 79, 80
Berlin 40, 52f., 61, 89, 98, 117
Bern (Kanton) 7, 11, 30, 89, 109ff.
Bern (Stadt) 7, 71, 110
Bestandesmassen, demographische 4
Bettler 7, 26
Bevölkerungsweise (Struktur, generative) 3f., 8, 33, 37, 81, 116ff., 119ff.
Bewegungsmassen, demographische 3ff.
Biedenkopf (Hessen) 75
BIELKE 89, 97
BIETENHARD 70, 84ff., 91f., 108
BIRNSTIEL 112
BLASCHKE 63, 77f., 95, 110, 112, 117, 120f.
BLENDINGER 118
Bodensee 12, 38, 61, 74, 78, 83, 87f., 97f., 113f.
BOELCKE 74
BOHL 74, 85ff., 91f., 95ff., 107, 119

Böhmen 18, 38, 50, 53, 110, 113
BOLOGNESE-LEUCHTENMÜLLER 72
BÖLSKER 109
BORCHARDT 79
BORSCHEID 85, 101, 103 f.
Brandenburg (Mgr.) 6, 18 f., 50 ff., 111 f.
Braudel, Fernand 122
Braunschweig-Wolfenbüttel, Hztm. 18, 45, 54, 106 ff.
BREIT 87 f., 92
Bremen 15, 42
BROCKSTEDT 70, 104 f.
BROSIG 78, 97 f.
BULL 69, 71, 74, 83
BULST 78, 99, 100 f., 106
Bürgerbücher 6 f., 47, 69, 106
BURRI 88 f.
Butjadingen (Niedersachsen) 102, 124

Calais 124
CALDWELL 93
Calvin, Jean 43
Calvinisten 51
Check preventive 9, 122
Coitus interruptus 34, 92

Dänemark 54, 56
Danzig 6, 42, 47, 107
Dauphiné 111
DE VRIES 76
Demographie, historische 1, 3 f., 25, 61 f., 64, 90, 92 ff., 98 f., 104
Diarrhöe 35, 97
Dienstboten s. Gesinde
Dimissionen (Entlassung v. Gemeindemitgliedern) 5
DIPPER 65
Dithmarschen 48
Donau 54, 56, 115
DUCHHARDT 111 ff.
DÜLMEN 90
DUPAQUIER 29, 64 f., 91

EBELING 92, 97, 120
Echoeffekt 9, 40, 78, 118
ECKHARDT 73 f., 79, 95, 102, 124
Edikt von Nantes 51
Edikt von Potsdam 52

EHBRECHT 69, 71
Ehebeschränkungen 24 f., 83, 121
Ehegesetzgebung s. Heiratspolitik
Ehen 24, 29, 34, 37, 39 f., 48, 83, 107, 117
Ehen, primär sterile 92
EHMER 64 f., 68, 81 ff.
Eiderstedt (Schleswig-Holstein) 48
Eidgenossenschaft s. Schweiz
Eigeltingen (Baden) 29
Einwanderung 15, 44, 45 ff., 78, 106, 109 ff.
Einwanderungsgesellschaften 105
Einzugsbeschränkungen 26
Elias, Norbert 86
Elsass 18, 49, 111
Emden (Niedersachsen) 49
Emmental (Kanton Bern) 110, 121
Empfängnisse 30 ff., 39, 90
Empfängnisse, voreheliche 30 f.
Empfängnisverhütung s. Geburtenkontrolle
ENDRES 101 f., 108, 112
England 41, 57, 58, 81
Englischer Schweiss 41 f.
Entlebuch (Kanton Luzern) 121
Epidemien 8, 12 ff., 26, 33, 35, 37 ff., 40 ff., 43, 63 f., 77, 98 ff., 100 ff., 117
Erbsystem 26
European Fertility Project 60
European Marriage Pattern s. Heiratsmodell, westeuropäisches
Exulanten s. Glaubensflüchtlinge

Familienrekonstitution 30 ff., 35 f., 59, 61 f., 66 ff., 80, 104, 117 f., 122 f.
Farnese, Alexander von 49
Fastenzeit 24
FENSKE 79, 110, 113 ff.
Feuerstätte 8, 64, 70 f.
Firmian, Erzbischof v. Salzburg 53
FISCHER 112
Fleckfieber 14, 41, 53
FLEISCHHAUER 83
FRANCOIS 98 ff., 102 f., 106, 108, 117 f.
Frank, Sebastian 11
Franken 18, 50, 57

Frankfurt 12, 49f., 51f., 60
Frankreich 13, 51f., 56
FRANZ 15, 50, 76ff., 110
Friedrich II. von Preussen 112
Friedrich III., Graf von Wied 51
Friedrich Wilhelm I. von Preussen 53f., 109
FRIEDRICHS 106
FROHNEBERG 83
Fruchtbarkeit 3, 9f., 29, 32ff., 37, 39, 64f., 78, 89ff., 94, 95f., 109, 120, 122f., 123
Fruchtbarkeit, „natürliche" 33f., 94
Fruchtbarkeit, innereheliche 35f., 80, 91f., 95, 98, 121
Fruchtbarkeit, schichtspezifische 90f.
Früchtezählung 6

Gabelbach (Bayern) 36f.
Galizien 54
Geburten 3f., 9, 11, 23, 32ff., 67f., 89ff., 92, 96, 104, 118, 121
Geburten, Saisonalität 90f.
Geburten, uneheliche s. Illegitimität
Geburtenabstände 34f., 39, 92, 94
Geburtenintervalle s. Geburtenabstände
Geburtenkontrolle (Geburtenplanung) 33ff., 80, 86, 91, 93f., 123
Geburtenüberschuss 11, 18, 23, 46, 55, 109, 120, 122, 124
GEHRMANN 48, 60f., 65ff., 84, 91ff., 104, 108
Geistlichkeit 7, 43, 68f., 87f.
Gelbfieber 55
Generalised Inverse Projection 67
GERLICH 61
Germantown (USA, PA) 55f.
GERTEIS 45, 116
Gesellen 11, 25, 47f., 49, 70, 117f.
Gesinde (Dienstboten) 5, 7, 9, 11, 25f., 28f., 32, 44, 47ff., 69, 81, 84f., 88, 111, 117f., 123
Giessen (Hessen) 61f., 66, 88f., 99
Glaubensflüchtlinge (Exulanten) 18, 49ff., 111f.
GÖBEL 61f., 79, 85, 88, 94f., 102, 121

Göttingen (Niedersachsen) 38, 70ff., 99, 118
GÖTTMANN 38, 64f., 78, 83, 87f., 97f., 120
Greifswald 49
Grippe 35
GRMEK 99
GRUBB 113
Grundherrschaft, Grundherr 25f., 27, 83
Guayana, franz. (Cayenne) 54, 56
Gutswirtschaft. 108

HACKER 104, 113f.
HAJNAL 25
Hamburg 14, 41f., 49, 84, 98, 107, 117
Hannover (Kfstm.) 42
Hannover (Stadt) 15, 107
HARNISCH 60, 63, 120
HAUSER 95
Haushalt („ganzes Haus") 6ff., 12, 25ff., 32, 38, 44, 48f., 61, 70f., 74, 81, 83ff., 97f., 108, 118ff.
Haushaltgrösse 28, 71f.
Haushaltsvorstand 7, 12, 25, 26
Haushaltverzeichnisse 5, 70, 72
Haushaltziffer 71f.
Hausierer 7, 50, 58, 111
Hazzi, Joseph 37
Hebammen 31, 36f., 89, 91
HECHT 68
HECKH 74, 78
Hegau 30, 61, 78, 91
HEINSOHN 91
HEINZMANN 60
Heirat 3f., 9f., 15f., 24ff., 34, 39, 44, 64, 66f., 81ff., 91f., 94, 101, 119
Heirat, Wochentag 25, 85
Heiratsalter 9, 11, 25, 27ff., 34, 39, 81ff., 91ff., 97, 119ff.
Heiratsalter, schichtspezifisches 84f., 91
Heiratshäufigkeit 15, 37, 64, 80ff., 121f.
Heiratskreise 104, 108
Heiratsmodell, westeuropäisches 9, 11, 24ff., 39, 81ff., 119
Heiratsmuster, saisonales 24, 85

Heiratspolitik 25, 27, 31, 83, 87 ff.
Heiratsverhalten 64 f., 81, 82 ff., 119
Herrnhuter 51
Hesel (Niedersachsen) 36
Hessen 11, 18, 52, 75, 112
Hessen-Darmstadt 7, 56
Hessen-Kassel 7, 51, 53, 56, 111
Heuerlinge (Insten) 30, 48, 84, 120
Hexen 91 f.
Hildesheim (Bm.) 18, 40
HINRICHS 92, 95, 102, 104, 113, 123 f.
HINTERMAYR 77
HINZ 102, 106 f., 117 f.
HINZE 78
HIPPEL 14, 57, 65, 74, 76, 113 ff.
HOFFMAN-NOWOTNY 104
Hohenlohe (Fstm.) 11 f.
HOOCK 68, 72
HOUDAILLE 60, 94
HUBBARD 97
Hubertusburg 56
Hugenotten 51 f., 109 ff.
Huldigungsrollen 4, 7, 68
Hungerkrisen s. Subsistenzkrisen
Hutterer 54
Hygiene 36, 41 f., 97, 103

Illegitimität 29 ff., 86 ff., 123
IMHOF 3, 25, 33, 36 f., 59 ff., 66 f., 80, 84 ff., 88 ff., 92 f., 96 ff., 103, 117
INGRAM 86
Insten s. Heuerlinge
Intervall, protogenetisches 30
Inwohner 8
Inzest 24
IPSEN 79
Italien 54

JERSCH-WENZEL 109, 112
Juden 5, 51, 53, 69
JUNGKUNZ 101
Justi, Johann Heinrich G. von 6
Jütland 48, 56

KALLBRUNNER 112
Kameralismus (kameralistisch) 58
KAMPHOEFNER 113 f.
Karl V., Dt. Kaiser 43
Karlsruhe 94, 98, 111, 117 f.

Kärnten 49
Kartoffel 23, 35 f., 95, 112, 121 ff.
Katharina II., Zarin von Russland 56
KELLENBENZ 76
KESSLER 78, 85, 97
KEYSER 1, 78, 100
KIER 38, 99
Kindersterblichkeit 14, 34, 36, 96, 117, 122
Kindsmord 30, 89
King, Gregory 45
Kirchenbücher 4 f., 33, 45, 46, 59 f., 66 f., 77, 96, 105, 117
KISS 114
KISSKALT 89, 96
KLEIN 68, 69, 78, 92, 97, 120
Kleve-Mark (Hztm.) 79
Klima 8, 12 f., 37, 39 f., 61, 64 f., 95, 99 f., 103, 120
KNIERIEM 120
KNODEL 60, 62, 67, 82, 84 ff., 90, 92, 94 ff.
Koblenz 46, 98 ff., 103, 106, 108, 117
KOHL 90, 97, 117
KÖLLMANN 62 f., 78 f., 95, 108, 109, 114
Köln (Kfstm.) 46
Köln (Stadt) 14, 49, 51
Kolonisation 56 f., 112 f.
Kommunikanten 5, 8, 70 f.
Kommunion 8, 69
Konfessionsgrenzen 46
Königsberg 42
Kontrazeption s. Geburtenkontrolle
Konzeptionen s. Empfängnisse
Krain 49
KRAUSS 94 f., 97
Krefeld (Nordrhein-Westfalen) 55
KRIEDTE 119
Krisen, epidemische 37 f., 98
KUHN 112
Kurpfalz s.a. Pfalz 7, 50, 52, 72
Kursachsen s. Sachsen

LANDES 68
Landesherrschaft 13 f.
LANG 70
LANGEWIESCHE 106

Langnau (Kanton Bern) 30, 48, 70, 84 ff., 91 f., 108
LASCH 51, 70, 74, 77, 111
LASCHKE 63, 77, 95, 110, 112, 117, 120 f.
LAUFER 69 f., 77, 96, 106 f., 117 ff.
Lausitz 50, 117
Lebenserwartung 43 f., 60 ff., 67, 80, 84, 92, 95 ff., 102 f., 117
Ledige, dauernd 9, 11, 26 f., 39, 40, 43, 48, 57, 82 f., 103, 119, 123
Ledigenquote 81 f.
LEE 60, 79 f., 84, 87, 94 f., 104 f.
Leezen (Schleswig-Holstein) 48, 66 f., 91 f., 95, 104, 108
Leibbücher 5
Leibherrschaft 4
Leichenpredigten 5, 43, 117
Lemberg 37
LENZ 43, 66, 97, 102 f.
Leptospirose (Morbus Weil) 41
LINDEMANN 98, 107
Lippe (Gft.) 38
Litauen 53
Lothringen 50
LUCASSEN 124
Ludwigsburg 51
Lüneburg (Niedersachsen) 15, 38, 42, 102, 106 f., 117 f.
Lutheraner 51 f.
Luzern (Kanton) 67, 84, 88 f., 110

MACKENROTH 3, 60, 78, 97
Magdeburg (Erzstift) 18, 50, 79
MAGDELAINE 110
Mähren 54
Maine (USA) 55
Mainz (Kfstm.) 2, 61, 78, 85, 88 f., 90, 96, 98 f., 103, 107 f., 117
Malaria 41, 55, 102
Mallorca 56
Malthus, Thomas Robert 9, 64, 82
Mannheim 2, 51
Mannschaftsverzeichnisse 8, 74
Mark (Gft.) 18, 50, 79, 120
Markgräflerland 49
Masern 37
MATHIS 76
MATTMÜLLER 61, 64 f., 68 ff., 76, 84, 94 f., 98, 100 ff., 104 f., 109 ff., 121

MATZ 83
MAUERSBERG 68, 69, 70 f., 71 f., 74, 78, 95, 107 ff.
MCKEOWN 103
Mecklenburg 13, 18, 50
MENDELS 80
Mennoniten 51, 55, 111
MENOLFI 84, 97, 101
Merseburg (Bistum) 5
MESMER 108
Milch 95, 121, 123
Minorat 30
MITTENZWEI 112
MITTERAUER 61, 65, 70, 81, 85, 88, 97, 123
Mobilität, geographische 32, 44, 45, 57, 106 ff., 117
MOLTMANN 114
MOMSEN 86, 89, 108, 117, 123
Morbus Weil 41
MORLINGHAUS 69, 78 f.
Mortalität s. Sterblichkeit
Mosel 114
München 107
Mutterkorn 38
Müttersterblichkeit 36 f.

Nahrungsmittel 38, 41, 120
Nahrungsmittelversorgung 64
Neckar 114
NETTING 94, 95, 122
Nettowanderung 48
Neuschottland 55
Neuwied (Rheinland-Pfalz) 51
Niederlande 13, 47, 49, 54, 58, 92, 97, 104 f., 109, 113, 120, 124
Niederlausitz 50
Nordamerika 55 f., 57, 112 ff.
NORDEN 61, 62, 86 ff., 91, 93 f., 102, 108
Nördlingen (Bayern) 13, 46, 47
Nordsee 12, 35, 41, 102, 124 f.
Nuptialität s. Heiratshäufigkeit
Nürnberg 14, 71, 101 f., 108

Oberbayern 27, 29
Oberitalien 13, 42, 50, 110 f.
Oberschwaben 113, 120
Oerlinghausen (Nordrhein-Westfalen) 38

OETER 99
Ökosystem 8
Ökotyp (ökotypisch) 65, 67, 71, 116, 123 f.
Oldenburg (Gft., Hztm.) 15, 73 f., 79 f., 87, 91, 93, 95, 102, 124 f.
Oppenheim 15, 32, 35, 36 f., 39 f., 44, 78, 85 f., 88 ff., 101 ff.
Oranier 52
Ortssippenbücher 59 ff.
Ostelbien 27
Ostpreussen 41, 53, 109
Ovulation 37

PALLAVER 86
Pauperismus 12, 24, 83
PENNERS 106 ff.
PENNERS-ELLWART 107
Pennsylvania (USA) 55
PERRENOUD 36, 39, 93
Pest, 11 ff., 26 ff., 34, 38 ff., 47 f., 53 f., 77 ff., 94, 99 ff., 103, 109 f.
Peuplierung 51 f.
PFISTER C. 9, 64 ff., 71 f., 89, 95, 97, 99 ff., 120
PFISTER H. U. 108, 111 f., 115
PFISTER U. 2, 62, 92 ff., 121 f.
PHAYER 87
Philadelphia (USA, PA) 55, 114 f.
PILLORGET 111
Pocken 35, 38 ff., 101 f.
Polen 38, 42, 50, 54
Pommern 18, 42, 50, 79
POST 98 f.
Potsdam 52
POUSSOU 108
PREUSS 67, 95
Preussen 6, 38, 42, 45, 50, 52 ff., 56, 78 f., 95, 108 ff.
Prostitution 32, 89
Protoindustrie 8, 18, 23 f., 30, 34, 38 f., 66, 85, 95, 116, 120 f.
Pull-Faktor 56
Push-Faktor 56, 107, 115
Pythoneffekt 9, 40

Quäker 55 f.
Quarantäne 101 f.
Quotitätssteuern 5, 69

Ravensberg (Gft.) 23, 30, 120
Reagrarisierung 122
Realteilung 24, 27 f., 80, 115 f., 122
Rebbau (Weinbau) 12 f.
RECHTER 73
Reduktionsfaktoren 7, 71
Reformierte 30, 46, 50 ff., 70, 89, 91
Regensburg 42
Rekuperation 15, 18, 40, 76 ff., 94, 98, 101
Repartitionssteuern 4
Resilienz 9
Rheinland 15, 55, 110 f.
RILEY 101
ROBISHEAUX 74, 78
RÖDEL 68, 78, 85 ff., 96, 98 ff., 103, 108, 117
ROLLER 59, 86, 97, 107
Rotterdam 55
RUESCH 97, 99
Ruhr 14, 35, 37 ff., 96, 101
RUSAM 50
Russland 54, 56, 113 f.

Saarland 50
Sachsen 5, 7, 18, 27, 38, 50, 79, 112, 120
SACHSE 70 ff., 118
Salzburg 11, 15, 29, 53, 110
Säuglingssterblichkeit 15, 35 f., 43, 71, 95, 96 ff.
Savoyen 52
SCHAAB 72
SCHELBERT 67, 95, 97, 103 f.
SCHILLING 49, 111
Schlepper 55
Schlesien 18 f., 53
Schleswig 123
Schleswig-Holstein 15, 42, 48 f., 62, 70, 91, 104 f., 108
SCHLUCHTER 85, 89 f.
SCHLUMBOHM 81, 84, 119
SCHNYDER 70, 74
Schötmar 38
SCHULER 62, 68, 71
SCHÜNZEL 112, 114, 116
SCHÜRMANN 95, 97
Schwaben 11 f., 50
Schwalm (Hessen) 29, 43
Schwarzwald 13, 15, 114

Schweden 6, 18
Schweiz, Schweizer 5, 10, 15, 29, 42, 49 ff., 60 f., 64, 70 f., 76, 82, 94, 109 ff., 115, 121 f.
SCHWIDETZKY 118
Seckendorff, Veit Ludwig von 6
SELIG 80, 115
Sexualität, ausserehelich 86
Sexualität, eheliche 24, 29, 34, 92 f.
Sexualität, voreheliche 24, 30, 32, 87 f.
Sexualmoral, dörfliche 30
Sexualmoral, obrigkeitliche 29
Sexualproportion 97
SHARLINS 117
SHORTER 87 f.
Siebenjähriger Krieg 18, 39, 55 f.
SIEDER 85, 97
Siegen-Nassau (Fstm.) 24, 102, 120
SIEGLERSCHMIDT 78, 97
Solddienst 53, 108 f.
Söldner (Soldaten) 14, 32 f., 38, 53 f., 56, 88 f., 98, 109
South Carolina 55, 58, 116
Sozialmedizin 62
Spanien 54, 56
Spanischer Erbfolgekrieg 41, 55
Spenge (Nordrhein-Westfalen) 30, 120
Speyer (Hochstift) 5, 71, 74, 83
St. Lambrecht 31, 85, 90 ff., 122 f.
St. Petersburg 25
Stammtafelmethode 59
Status Animarum 5, 70
Steiermark 49
Sterbefälle 37 f., 66, 72, 95, 117
Sterbefälle, saisonal 96
Sterbetafel 43, 68, 80, 96, 117
Sterblichkeit 3, 9, 14 f., 29, 34 ff., 43 f., 45, 48, 63 f., 71, 78 f., 84, 89 f., 94 ff., 102 f., 113, 117, 121 ff.
Sterblichkeitskrise (Mortalitätskrise) 9, 11, 15, 37, 98
Stillen 33, 36
Stockach (Baden) 30, 85, 87, 89, 91 f., 95 ff., 107
Stollhamm (Oldenburg) 91
Stralsund (Mecklenburg-Vorpommern) 49
Strassburg 37, 71

Struktureffekte 9 f., 67 f., 78, 94, 120
Studenten 25, 49, 69
STUMPP 113
Stuttgart 12, 60, 74, 78
STUTZER 72
Subsistenzkrisen 14, 37 f., 65
Süssmilch, Johann Peter 6, 45, 64, 117
System, homöostatisches 8, 35, 46, 64, 78, 81 f., 94 f., 109, 122

Taufen 4, 6, 37, 66 f., 72, 89, 90, 92, 108
THADDEN 111 f.
THISTLETHWAITE 113 f.
Thünen, Johann H. von
Thüringen 8, 11, 18, 69 ff., 74
Tilly, Johann Tserclaes 38
Tirol 15, 50 f.
Todesursachen 38, 102
Todgeburten 89 f.
Toleranzedikt 56
Toleranzpolitik 110
Törbel (Kanton Wallis) 26, 35, 94, 122
Tragfähigkeit 63 ff., 82, 120 f.
TREUDE 116
Trient, Konzil von 24
Trier (Kfstm.) 18
Trier (Stadt) 69 ff., 77 f., 90, 96 f., 106 f., 117 ff.
Triest 25
TROMMLER 113 f.
TRUGENBERGER 69 f.
Tuberkulose (tuberkulös) 102
Türken 15, 56, 69
Typhus 37

Übervölkerung, Überbevölkerung 13, 63
Uelzen 40
Unabhängigkeitskrieg, amerikanischer 55 f.
Ungarn (Kgr.) 54, 114
Untersteiermark 92, 122

VASARHELYI 106
VASOLD 77, 100 f., 109
Verlobung 24, 30, 32
Versorgungszählungen 5 f., 71

VIAZZO 63, 80, 82, 90, 96, 122f.
Vogelsberg 12
VOLK 111
Volkskunde 62
Volkszählungen 67ff., 72, 79
Vorarlberg 50
Vorpommern 49
Vorratshaltung 38, 65, 100

Wachstumseffekte 9, 67
Wanderarbeit 7, 58, 109
Wanderungen 1, 4f., 9, 15, 44ff., 55f., 58, 67, 72, 80, 104ff., 108ff., 118
Wanderungssaldi 104
Warthe 53
WEBER 15, 60f., 74, 78, 93
WEHLER 65, 77
Weimar 14
Wenden 51
Werber 49, 55, 57, 115
Wesel 49, 51
Weser 124
Westfalen 15, 58, 100, 113, 114
Wiedertäufer 5
Wiederverheiratung s. Zweitehen

Wien 56
Wilhelm III. von Oranien 52
WILKE 112
Winningen (b. Koblenz) 46
Witwen, Witwer 25f., 29f., 43, 85, 91, 103
WOEHLKENS 77, 100
WOKECK 114
Wolfenbüttel 45, 109
Wolga 56
WRIGLEY 81
Wuppertal 120f.
Württemberg (Hztm.) 7, 13f., 18, 50, 54f., 58, 72f., 79, 115
Würzburg (Hochstift) 26, 80, 115

Zentrale Orte 105f.
Zölibatsquote 26
ZSCHUNKE 78, 85ff., 94ff., 101ff.
ZURFLUH 96
Zürich (Kanton) 5, 11, 49, 70, 74, 93, 111, 121
Zürich (Stadt) 34
Zuwanderung 15, 39, 45ff., 100, 106f., 117f., 120ff.
Zweitehen 15, 29, 34, 39, 84f.

Enzyklopädie deutscher Geschichte
Themen und Autoren

Mittelalter

Agrarwirtschaft, Agrarverfassung und ländliche Gesellschaft im Mittelalter (Werner Rösener) 1992. EdG 13
Adel, Rittertum und Ministerialität im Mittelalter (Werner Hechberger) 2004. EdG 72
Die Stadt im Mittelalter (Frank Hirschmann)
Die Armen im Mittelalter (Otto Gerhard Oexle)
Frauen- und Geschlechtergeschichte des Mittelalters (Hedwig Röckelein)
Die Juden im mittelalterlichen Reich (Michael Toch) 2. Aufl. 2003. EdG 44

Gesellschaft

Wirtschaftlicher Wandel und Wirtschaftspolitik im Mittelalter (Michael Rothmann)

Wirtschaft

Wissen als soziales System im Frühen und Hochmittelalter (Johannes Fried)
Die geistige Kultur im späteren Mittelalter (Johannes Helmrath)
Die ritterlich-höfische Kultur des Mittelalters (Werner Paravicini) 2. Aufl. 1999. EdG 32

Kultur, Alltag, Mentalitäten

Die mittelalterliche Kirche (Michael Borgolte) 2. Aufl. 2004. EdG 17
Mönchtum und religiöse Bewegungen im Mittelalter (Gert Melville)
Grundformen der Frömmigkeit im Mittelalter (Arnold Angenendt) 2. Aufl. 2004. EdG 68

Religion und Kirche

Die Germanen (Walter Pohl) 2. Aufl. 2004. EdG 57
Die Slawen in der deutschen Geschichte des Mittelalters (Thomas Wünsch)
Das römische Erbe und das Merowingerreich (Reinhold Kaiser) 3., überarb. u. erw. Aufl. 2004. EdG 26
Das Karolingerreich (Klaus Zechiel-Eckes)
Die Entstehung des Deutschen Reiches (Joachim Ehlers) 2. Aufl. 1998. EdG 31
Königtum und Königsherrschaft im 10. und 11. Jahrhundert (Egon Boshof) 2. Aufl. 1997. EdG 27
Der Investiturstreit (Wilfried Hartmann) 2. Aufl. 2005. EdG 21
König und Fürsten, Kaiser und Papst nach dem Wormser Konkordat (Bernhard Schimmelpfennig) 1996. EdG 37
Deutschland und seine Nachbarn 1200–1500 (Dieter Berg) 1996. EdG 40
Die kirchliche Krise des Spätmittelalters (Heribert Müller)
König, Reich und Reichsreform im Spätmittelalter (Karl-Friedrich Krieger) 2., durchges. Aufl. 2005. EdG 14
Fürstliche Herrschaft und Territorien im späten Mittelalter (Ernst Schubert) 2. Aufl. 2006. EdG 35

Politik, Staat, Verfassung

Frühe Neuzeit

Bevölkerungsgeschichte und historische Demographie 1500–1800 (Christian Pfister) 2. Aufl. 2007. EdG 28
Umweltgeschichte der Frühen Neuzeit (Reinhold Reith)

Gesellschaft

Bauern zwischen Bauernkrieg und Dreißigjährigem Krieg (André Holenstein) 1996. EdG 38
Bauern 1648–1806 (Werner Troßbach) 1992. EdG 19
Adel in der Frühen Neuzeit (Rudolf Endres) 1993. EdG 18
Der Fürstenhof in der Frühen Neuzeit (Rainer A. Müller) 2. Aufl. 2004. EdG 33
Die Stadt in der Frühen Neuzeit (Heinz Schilling) 2. Aufl. 2004. EdG 24
Armut, Unterschichten, Randgruppen in der Frühen Neuzeit (Wolfgang von Hippel) 1995. EdG 34
Unruhen in der ständischen Gesellschaft 1300–1800 (Peter Blickle) 1988. EdG 1
Frauen- und Geschlechtergeschichte 1500–1800 (Heide Wunder)
Die deutschen Juden vom 16. bis zum Ende des 18. Jahrhunderts (J. Friedrich Battenberg) 2001. EdG 60

Wirtschaft Die deutsche Wirtschaft im 16. Jahrhundert (Franz Mathis) 1992. EdG 11
Die Entwicklung der Wirtschaft im Zeitalter des Merkantilismus 1620–1800 (Rainer Gömmel) 1998. EdG 46
Landwirtschaft in der Frühen Neuzeit (Walter Achilles) 1991. EdG 10
Gewerbe in der Frühen Neuzeit (Wilfried Reininghaus) 1990. EdG 3
Kommunikation, Handel, Geld und Banken in der Frühen Neuzeit (Michael North) 2000. EdG 59

Kultur, Alltag, Renaissance und Humanismus (Ulrich Muhlack)
Mentalitäten Medien in der Frühen Neuzeit (Andreas Würgler)
Bildung und Wissenschaft vom 15. bis zum 17. Jahrhundert (Notker Hammerstein) 2003. EdG 64
Bildung und Wissenschaft in der Frühen Neuzeit 1650–1800 (Anton Schindling) 2. Aufl. 1999. EdG 30
Die Aufklärung (Winfried Müller) 2002. EdG 61
Lebenswelt und Kultur des Bürgertums in der Frühen Neuzeit (Bernd Roeck) 1991. EdG 9
Lebenswelt und Kultur der unterständischen Schichten in der Frühen Neuzeit (Robert von Friedeburg) 2002. EdG 62

Religion und Die Reformation. Voraussetzungen und Durchsetzung (Olaf Mörke) 2005.
Kirche EdG 74
Konfessionalisierung im 16. Jahrhundert (Heinrich Richard Schmidt) 1992. EdG 12
Kirche, Staat und Gesellschaft im 17. und 18. Jahrhundert (Michael Maurer) 1999. EdG 51
Religiöse Bewegungen in der Frühen Neuzeit (Hans-Jürgen Goertz) 1993. EdG 20

Politik, Staat, Das Reich in der Frühen Neuzeit (Helmut Neuhaus) 2. Aufl. 2003. EdG 42
Verfassung Landesherrschaft, Territorien und Staat in der Frühen Neuzeit (Joachim Bahlcke)
Die Landständische Verfassung (Kersten Krüger) 2003. EdG 67
Vom aufgeklärten Reformstaat zum bürokratischen Staatsabsolutismus (Walter Demel) 1993. EdG 23
Militärgeschichte des späten Mittelalters und der Frühen Neuzeit (Bernhard R. Kroener)

Staatensystem, Das Reich im Kampf um die Hegemonie in Europa 1521–1648 (Alfred Kohler)
internationale 1990. EdG 6
Beziehungen Altes Reich und europäische Staatenwelt 1648–1806 (Heinz Duchhardt) 1990. EdG 4

19. und 20. Jahrhundert

Bevölkerungsgeschichte und Historische Demographie 1800–2000 (Josef Ehmer) 2004. EdG 71	Gesellschaft

Migrationen im 19. und 20. Jahrhundert (Jochen Oltmer)
Umweltgeschichte des 19. und 20. Jahrhunderts (Frank Uekötter)
Adel im 19. und 20. Jahrhundert (Heinz Reif) 1999. EdG 55
Geschichte der Familie im 19. und 20. Jahrhundert (Andreas Gestrich) 1998. EdG 50
Urbanisierung im 19. und 20. Jahrhundert (Klaus Tenfelde)
Von der ständischen zur bürgerlichen Gesellschaft (Lothar Gall) 1993. EdG 25
Die Angestellten seit dem 19. Jahrhundert (Günter Schulz) 2000. EdG 54
Die Arbeiterschaft im 19. und 20. Jahrhundert (Gerhard Schildt) 1996. EdG 36
Frauen- und Geschlechtergeschichte im 19. und 20. Jahrhundert (Karen Hagemann)
Die Juden in Deutschland 1780–1918 (Shulamit Volkov) 2. Aufl. 2000. EdG 16
Die deutschen Juden 1914–1945 (Moshe Zimmermann) 1997. EdG 43

Die Industrielle Revolution in Deutschland (Hans-Werner Hahn) 2., durchges. Aufl. 2005. EdG 49	Wirtschaft

Die deutsche Wirtschaft im 20. Jahrhundert (Wilfried Feldenkirchen) 1998. EdG 47
Agrarwirtschaft und ländliche Gesellschaft im 19. Jahrhundert (Stefan Brakensiek)
Agrarwirtschaft und ländliche Gesellschaft im 20. Jahrhundert (Ulrich Kluge) 2005. EdG 73
Gewerbe und Industrie im 19. und 20. Jahrhundert (Toni Pierenkemper) 1994. EdG 29
Handel und Verkehr im 19. Jahrhundert (Karl Heinrich Kaufhold)
Handel und Verkehr im 20. Jahrhundert (Christopher Kopper) 2002. EdG 63
Banken und Versicherungen im 19. und 20. Jahrhundert (Eckhard Wandel) 1998. EdG 45
Technik und Wirtschaft im 19. und 20. Jahrhundert (Christian Kleinschmidt) 2007. EdG 79
Unternehmensgeschichte im 19. und 20. Jahrhundert (Werner Plumpe)
Staat und Wirtschaft im 19. Jahrhundert (Rudolf Boch) 2004. EdG 70
Staat und Wirtschaft im 20. Jahrhundert (Gerold Ambrosius) 1990. EdG 7

Kultur, Bildung und Wissenschaft im 19. Jahrhundert (Hans-Christof Kraus)	Kultur, Alltag und Mentalitäten

Kultur, Bildung und Wissenschaft im 20. Jahrhundert (Frank-Lothar Kroll) 2003. EdG 65
Lebenswelt und Kultur des Bürgertums im 19. und 20. Jahrhundert (Andreas Schulz) 2005. EdG 75
Lebenswelt und Kultur der unterbürgerlichen Schichten im 19. und 20. Jahrhundert (Wolfgang Kaschuba) 1990. EdG 5

Kirche, Politik und Gesellschaft im 19. Jahrhundert (Gerhard Besier) 1998. EdG 48	Religion und Kirche

Kirche, Politik und Gesellschaft im 20. Jahrhundert (Gerhard Besier) 2000. EdG 56

Politik, Staat, Verfassung

Der Deutsche Bund 1815–1866 (Jürgen Müller) 2006. EdG 78
Verfassungsstaat und Nationsbildung 1815–1871 (Elisabeth Fehrenbach) 1992. EdG 22
Politik im deutschen Kaiserreich (Hans-Peter Ullmann) 2., durchges. Aufl. 2005. EdG 52
Die Weimarer Republik. Politik und Gesellschaft (Andreas Wirsching) 2000. EdG 58
Nationalsozialistische Herrschaft (Ulrich von Hehl) 2. Aufl. 2001. EdG 39
Die Bundesrepublik Deutschland. Verfassung, Parlament und Parteien (Adolf M. Birke) 1996. EdG 41
Militär, Staat und Gesellschaft im 19. Jahrhundert (Ralf Pröve) 2006. EdG 77
Militär, Staat und Gesellschaft im 20. Jahrhundert (Bernhard R. Kroener)
Die Sozialgeschichte der Bundesrepublik Deutschland bis 1989/90 (Axel Schildt) 2007. EdG 80
Die Sozialgeschichte der DDR (Arnd Bauerkämper) 2005. EdG 76
Die Innenpolitik der DDR (Günther Heydemann) 2003. EdG 66

Staatensystem, internationale Beziehungen

Die deutsche Frage und das europäische Staatensystem 1815–1871 (Anselm Doering-Manteuffel) 2. Aufl. 2001. EdG 15
Deutsche Außenpolitik 1871–1918 (Klaus Hildebrand) 2. Aufl. 1994. EdG 2
Die Außenpolitik der Weimarer Republik (Gottfried Niedhart) 2., aktualisierte Aufl. 2006. EdG 53
Die Außenpolitik des Dritten Reiches (Marie-Luise Recker) 1990. EdG 8
Die Außenpolitik der BRD (Ulrich Lappenküper)
Die Außenpolitik der DDR (Joachim Scholtyseck) 2003. EDG 69

Hervorgehobene Titel sind bereits erschienen.

Stand: (Oktober 2006)

www.ingramcontent.com/pod-product-compliance
Lightning Source LLC
Chambersburg PA
CBHW020412230426
43664CB00009B/1268